北大版长期进修汉语教程

高级汉语精读教程 Ⅱ

总主编　周小兵
主　编　邓小宁
副主编　莫秀英
编写者　邓淑兰　邓小宁　李　蕊
　　　　林华生　莫秀英　彭淑莉
　　　　徐霄鹰　张　舸

图书在版编目(CIP)数据

高级汉语精读教程Ⅱ/邓小宁主编. —北京：北京大学出版社，2007.4
(北大版对外汉语教材·基础教程系列)
ISBN 978-7-301-11679-1

Ⅰ.高… Ⅱ.邓… Ⅲ.汉语-对外汉语教学-教材 Ⅳ.H195.4

中国版本图书馆CIP数据核字(2007)第031026号

书　　　名：	高级汉语精读教程Ⅱ
著作责任者：	邓小宁　主编
责 任 编 辑：	贾鸿杰　吕幼筠
正 文 插 图：	刘德辉
标 准 书 号：	ISBN 978-7-301-11679-1
出 版 发 行：	北京大学出版社
地　　　址：	北京市海淀区成府路205号　100871
网　　　址：	http://www.pup.cn
电　　　话：	邮购部 010-62752015　发行部 010-62750672　编辑部 010-62752028　出版部 010-62754962
电 子 邮 箱：	zpup@pup.cn
印 刷 者：	北京虎彩文化传播有限公司
经 销 者：	新华书店
	787毫米×1092毫米　16开本　20印张　512千字
	2007年4月第1版　2024年10月第4次印刷
定　　　价：	50.00元

未经许可，不得以任何方式复制或抄袭本书之部分或全部内容。
版权所有，侵权必究　举报电话：010-62752024
　　　　　　　　　　　电子邮箱：fd@pup.cn

前　言

随着"汉语热"的不断升温,市场对高级汉语精读教材的需求量越来越大。本教材正是为了满足具有中级汉语水平的外国人的需求而编写的,教学对象是在全日制学校学过两年(约1500学时)汉语的外国留学生,已经掌握《汉语水平词汇与汉字等级大纲》中的甲、乙、丙级词汇或《高等学校外国留学生汉语教学大纲》(长期进修)中的初、中等阶段词汇(约4500—5000个),对于其他HSK成绩达到中等B级、A级(七、八级)的外国人也适用。

本教材为高级汉语精读教材,编写上有别于泛读和写作教材,体例上基本沿用中山大学赵新教授主编、周小兵教授审订的《中级汉语精读教程》(北京大学出版社,1999年)。主要遵循以下几点原则：一、选材广泛。所用语料包括社会生活、自然科学、中国文化、道德法律、历史地理、名人逸事、民情风俗、奇观胜景、珍禽异兽、社会自然、旅游探险、饮食起居、体育休闲、科幻发明等,均选自报刊杂志及网上的报道,以最新的语料为主。二、体裁多样化。有散文、小说、随笔、论文、杂文、通讯报道、熟语故事等等。三、书面语为主,避免使用口语材料。四、练习形式与高等汉语水平考试题型部分接轨。五、讲究实用性与通用性。在选材上尽量贴近生活,使学习者能够学以致用。语言准确规范,适用范围广,避免使用地方色彩浓的语料。六、知识性与趣味性并重。在向学生传授语言知识的同时,还向他们灌输一些科普、法律、生活等知识;话题能引起当代年轻人的共鸣,使他们在生动有趣、诙谐幽默、自然的语言风格中轻松地掌握汉语。七、注重训练学习者的语段表达能力。高级阶段的语言学习者除了词汇量加大,同义词辨析、特殊句式的掌握、复句的熟练运用等技能外,还应该在修辞、篇章的衔接手段上有进一步的提高。

教材分Ⅰ、Ⅱ两册,Ⅰ册16课、Ⅱ册14课,共30课,一个阶段设一个单元练习,Ⅱ册最后有一个总复习,使学习者能通过形式多样的练习巩固本单元的词汇和语法知识,达到熟练运用的目的。每课主要由生词表、提示、正课文、注释、练习、副课文等组成,4—6学时学完一课。生词部分Ⅰ册高级词(丁级词)70%、超纲词30%,Ⅱ册高级词(丁级词)60%、超纲词40%。Ⅰ册每课生词50—60个,Ⅱ册每课60—70个。生词的等级划分及语法注释项目主要根据国家对外汉语教学领导小组办公室编写、北京语言文化大学出版社出版的《高等学校外国留学生汉语教学大纲》长期进修(附件),另外还参考了国家对外汉语教学领导小组办公室汉语水平考试部编写的《汉语水平词汇与汉字等级大纲》(北京语言学院出版社,1992年)。生词注释全部用汉语,尽量使用低中级词汇。用法特殊的生词配有例句或短语。生词配有近义词、反义词、同语素的合成词、多音词、形近字等,其使用的符号分别为:近义词用"≈",反义词用"⟵⟶",同语素的合成词用">",多音词有下画线标注并列出另一读音和例词,形近字用"–"。注释中的例句及练习尽量使用本课和本教材的生词。主课文长度控制在2000字左右,分两、三个段落,每段一个提示。课文中的生词有标记。

注释中有近义词辨析、特殊句式、语法要点、成语典故、熟语、中国文化知识及与课文内容相关的术语,Ⅱ册还增加一些修辞基础知识等。注释语言力求简明,使用低中级词汇,尽量重现本课生词。注释点控制在每课10—15个。

生词释义,主要结合课文中的用法,不求全面。

练习注重题型多样,每课有八道左右的练习题,题型包括选词填空、词语与解释连线、语素义解释、同义词选择填空、近义词选择替换、形近字注音并组词、根据课文内容判断正误、回答问题、句子次序重排、改错、根据解释猜词、用指定词语或根据情景完成句子、给括号里的词语选择适当的位置、给词语选择合适义项、句式转换、用指定词语改写句子、词语搭配连线、根据提示概括课文内容、综合填空、用指定词语写作文、改写课文内容等等。Ⅱ册更增加了篇章连接技巧训练和修辞的练习。

副课文长度Ⅰ册为1000—1500字,Ⅱ册为1500—2000字,尽可能重现本课生词和语法,内容与主课文相关,生词控制在15—20个。配一道练习题,主要目的是训练学习者的理解能力。

本教材是在中山大学国际交流学院的周小兵教授组织指导下,由国际交流学院对外汉语系的几名骨干教师及中文系语言学及应用语言学专业的几位博士生共同合作编写的。

Ⅱ册具体分工如下:第一课、第十一课、三个单元练习及总复习由邓小宁负责编写;第三课、第五课由张舸负责;第四课、第七课由徐霄鹰负责;第六课、第八课由彭淑莉负责;第九课、第十课由李蕊负责;第十二课由莫秀英负责;第十三课由邓淑兰负责;第二课由林华生、邓小宁共同完成;第十四课由莫秀英、邓小宁共同完成。全书的一校、三校及最后的定稿由邓小宁负责,二校由莫秀英负责。

本教材之所以能够顺利出版,与北京大学出版社的大力支持是分不开的,尤其是吕幼筠、贾鸿杰女士,对教材的修订工作提出了不少宝贵的意见和建议,在此表示衷心的感谢。我们还要感谢中山大学国际交流学院的其他对我们的工作给予热情支持和帮助的老师,尤其是李英老师,她对我们的教材提出了很多具有建设性的意见,并且慷慨地把她和赵新教授即将出版的近义词词典提供给我们参考,使我们从中获益良多。

受编者水平所限,错漏在所难免,敬请读者及同行批评指正。

编者

2006年5月于广州康乐园

目 录

第 一 课　妈妈,我找了你好久 ································· 1
注释
1. 迷惘—迷惑　2. 无奈　3. 嘉奖—奖励　4. 时分—时候
5. 叮嘱—嘱咐—吩咐　6. 诧异—惊讶　7. 诚挚—真诚
8. 辞格(1):比拟

第 二 课　悲剧的预感与应验 ································· 19
注释
1. 略微—稍微　2. 推断—推测　3. 荒唐—荒诞—荒谬　4. 总归—终究
5. 困惑—疑惑　6. ~论　7. 争执—争论—争吵　8. 多重复句
9. 修辞知识:"把"字句的运用

第 三 课　过年 ································· 39
注释
1. 坦白—老实　2. 滋味—味道　3. 形形色色—各种各样　4. 漫步—散步
5. 就算—即便　6. 多少　7. 认同—认可　8. 修辞知识:声音的锤炼

第 四 课　有话为何不好好说 ································· 55
注释
1. 枯燥—沉闷　2. 贫乏—贫穷　3. 一棍子将其打死　4. 颁布—公布
5. 钦佩—佩服　6. 东施效颦　7. 带劲儿—有意思　8. N迷
9. 当心—小心　10. 辞格(2):双关　11. 辞格(3):反语

单元练习(一) ································· 71

第五课　"亚洲飞人"刘翔 ·········· 79
注释

1. 光芒—光线—光彩　2. 涌现—呈现—展现　3. 表彰—表扬　4. 迷失—迷惑

5. 口头禅　6. 擦边球　7. 勉励—鼓励　8. 开小灶　9. 延续—继续

10. 辞格(4)：比喻

第六课　拉萨风情 ·········· 96
注释

1. 弥漫—充满　2. 中意—喜欢　3. 如此一来　4. 反~　5. 幽静—寂静—宁静

6. 走俏—畅销　7. 一……就是……　8. 有一句没一句　9. 时光—时间

10. 擅长—拿手—善于　11. 足以　12. 辞格(5)：夸张

第七课　国旗国徽趣闻录 ·········· 115
注释

1. ~感　2. 仓促—匆忙　3. 下令—命令　4. 掌管—管理

5. 变换—变更—变动　6. 采纳—接受　7. 迁移—转移

8. 未尝　9. 遵照—依照　10. 起程—出发—动身

11. 辞格(6)：设问

第八课　马可·波罗和他的游记 ·········· 135
注释

1. 到来—来临　2. 任用—任命—起用　3. 敷衍—应付　4. 大为

5. 恰如其分—恰到好处　6. 免不了—难免　7. 展示—展现

8. 激发—激起　9. 修辞知识：主动句和被动句

单元练习(二) ·········· 153

目 录

第 九 课　动物器官移植会毁灭人类吗? 161
注释
1. 忘怀—忘却—忘记　2. 捐献—捐赠　3. 寻求—寻找　4. 固然
5. 试图—尝试　6. 起码—至少　7. 忧虑—担忧—顾虑　8. 匮乏—缺乏
9. 不然　10. 擅自—私自　11. 辞格(7)：反问

第 十 课　联盟抢亲的海豚 180
注释
1. 圆滑—狡猾　2. 多~　3. 引诱—吸引　4. 恐惧—恐怖　5. 追随—追逐
6. 琢磨—思考—考虑　7. 参与—参加　8. 傲慢—骄傲　9. 辞格(8)：排比

第十一课　中国的载人航天事业 196
注释
1. 历程—过程　2. 截然　3. ~型　4. 弊病—缺点　5. 卓越—出色
6. 凭借—依靠　7. 辞格(9)：反复　8. 辞格(10)：对比

第十二课　翻开黄土万卷书 211
注释
1. ……来看　2. 入侵—侵入—侵蚀　3. 贫瘠—贫穷　4. 携带—带　5. ~体
6. 致使—使　7. ……来说　8. 测算—测定　9. 修辞知识：长句和短句

单元练习（三） 230

第十三课　生命之源——水 237
注释
1. 传送—传递　2. 保养—保健　3. 延缓—推迟　4. 势必　5. 烦躁—烦恼
6. 缓解—缓和　7. 空虚—无聊　8. 辞格(11)：婉曲

第十四课　近在眼前的历史——紫禁城 ………………………………………… 253
注释
1. 更换—更改　2. 坐落—位于　3. 强制—强迫　4. 耗费—消耗　5. 反之
6. 解除—消除　7. 必定—必然　8. 意向—意图　9. 存放—放
10. 修辞知识：肯定句和否定句

总复习 …………………………………………………………………………… 271

参考答案 ………………………………………………………………………… 282

生词表 …………………………………………………………………………… 296

第一课　妈妈,我找了你好久

一　生词语

1. 孤儿	gū'ér	(名)	死了父亲或失去父母的儿童:~寡母｜~院。
			孤—抓—呱。
2. 心地	xīndì	(名)	指人的内心:~善良。
3. 忧郁　←→开朗	yōuyù	(形)	忧伤,愁闷:神情~｜~症。
			＞忧愁　忧虑　忧心　郁闷　抑郁
4. 修女	xiūnǚ	(名)	天主教或东正教中出家修道的女子。
5. 迷惘　≈迷惑	míwǎng	(形)	由于分辨不清而困惑,不知怎么办:精神~。
6. 狠心	hěnxīn	(动)	下定决心不顾一切:狠一狠心｜狠了心了。
			狠—狼—很—恨—跟—根—银
7. 抛弃　←→接受	pāoqì	(动)	扔掉不要:~孩子｜~旧观念。
			＞抛舍　抛却　舍弃　放弃
8. 无奈　≈无可奈何	wúnài	(动)	没有办法,没有办法可想:出于~｜万般~｜~之下。
			奈—夸—夺—弈
9. 眺望	tiàowàng	(动)	从高处往远处看:站在山顶~。
			＞远眺　张望
10. 流淌	liútǎng	(动)	液体流动:热血~｜泉水在山间静静地~。
			淌—倘—躺—趟—响
11. 燃烧	ránshāo	(动)	比喻某种感情、欲望高涨:怒火在胸中~。
			＞燃放　点燃　烧毁
12. 播放　≈播送	bōfàng	(动)	通过广播放送:~讲话录音｜~音乐。
			播—潘

1

13. 奉献	fèngxiàn	（动）		恭敬地交付；呈献：把青春~给祖国｜要有~精神。
				＞奉送 贡献 献身
14. 汗流浃背	hànliújiābèi			汗水湿透了背上的衣服，形容汗出得很多：干活干得~｜工人们~地在修路。
15. 草坪	cǎopíng	（名）		平坦的草地：请勿践踏~。
≈草地				坪—评
16. 热泪盈眶	rèlèiyíngkuàng			盈：充满。眶：眼眶。形容非常感动或悲伤，满眼含泪：感动得~｜~的观众。
				＞盈盈 眼眶
17. 川流不息	chuānliúbùxī			（行人、车马等）像水流一样连续不断：马路上的汽车~地经过｜~的人群。
				＞生生不息
18. 围棋	wéiqí	（名）		棋类运动的一种：下~。
19. 嘉奖	jiājiǎng	（动）		称赞和奖励：~有功人员｜特此~。
≈奖励				＞嘉勉 奖赏 奖金 获奖 评奖 颁奖
				嘉—喜 奖—浆—桨
20. 赏	shǎng	（动）		指地位高的人或长辈把财物送给地位低的人或晚辈：~他一千块钱。
⟷罚				＞赏罚 赏钱 赏赐
				赏—党—裳—堂—棠
21. 棋盘	qípán	（名）		下棋时摆棋子用的盘，上面画着一定形式的格子。
22. 递增	dìzēng	（动）		一次比一次增加：收入逐年~。
⟷递减				＞递降 递进 递升 增加 增强
≈递加				
23. 传递	chuándì	（动）		由一方交给另一方；辗转递送：~消息｜~信件｜~真情｜~友情｜~方式。
				＞传播 递交 投递
24. 资深	zīshēn	（形）		资历深或资格老的：~专家｜~导演｜~教授。
25. 稳健	wěnjiàn	（形）		稳重；不轻举妄动：办事~。
				＞沉稳 稳当 稳妥
26. 爱戴	àidài	（动）		敬爱并且拥护：深受人民的~｜~领袖。
≈拥戴				
27. 阴暗面	yīn'ànmiàn	（名）		比喻思想、生活、社会风气等不健康的

			方面:揭露~｜人性的~｜掩盖~。
28. 休养	xiūyǎng	(动)	休息调养:~所｜他到外地~去了。
29. 时分	shífēn	(名)	时候:三更~｜梦醒~｜秋雨~｜凌晨~。
30. 发作	fāzuò	(动)	(隐伏的事物)突然暴发或起作用:胃病~｜药性~。
31. 苏醒 ⟵昏迷	sūxǐng	(动)	昏迷后醒过来:伤员已从昏迷中~过来｜春天万物~。 >复苏 醒悟
32. 报答	bàodá	(动)	用实际行动来表示感谢:以优异的成绩~老师的辛勤培育。
33. 奇特	qítè	(形)	跟寻常的不一样;奇怪而特别:装束~｜~的景象。
34. 叮嘱 ≈嘱咐 叮咛	dīngzhǔ	(动)	再三嘱咐:老师~他通知家长来学校｜千叮万嘱。 >叮咛 嘱托 遗嘱 医嘱
35. 力所能及	lìsuǒnéngjí		自己的能力所能办到的:参加~的劳动。
36. 心头	xīntóu	(名)	心上;心里:记在~｜涌上~。
37. 瞬间 ≈刹那	shùnjiān	(名)	转眼之间:精彩~｜~的幸福。 >转瞬 瞬息 瞬时 瞬息万变
38. 履行 ⟵违背 违反	lǚxíng	(动)	实践(自己答应做的或应该做的事):~诺言｜~合同｜~手续。 >履约 履职 履—屡—覆
39. 诧异 ≈惊讶	chàyì	(形)	觉得奇怪。 >惊诧 异样
40. 开朗	kāilǎng	(形)	(思想、心胸、性格等)乐观、畅快,不阴郁低沉:性格~。 朗—郎—浪—狼
41. 魔力 ≈魅力	mólì	(名)	使人爱好、沉迷的吸引力:足球的~｜具有超常的~。 >魔术 魔幻 魔法 魔—摩—磨—蘑
42. 哽咽 =梗咽 (咽喉) (狼吞虎咽)	gěngyè yān yàn	(动)	哭时不能痛快地出声。 >哽塞 哽噎 哽—梗 咽—烟—姻—胭

43. 付出	fùchū	（动）	交出(款项、代价等)：~现款｜~代价｜~辛勤的劳动｜不惜~一切。
			付—附—咐—府
44. 热血沸腾 (吐血了)	rèxuèfèiténg xiě		比喻情绪高涨、激动：~的球迷｜听了他的演讲，很多人都~地站了起来。
			沸—佛—拂　腾—藤—滕
45. 深沉	shēnchén	（形）	形容程度深：~的夜｜~的爱｜暮色~。
46. 浪潮	làngcháo	（名）	比喻大规模的社会运动或声势浩大的群众性行动：改革的~｜掀起学汉语的~。
			＞波浪　海浪　浪涛　潮水　高潮　涨潮　退潮
47. 麻木不仁	mámùbùrén		肢体麻痹，没有感觉，比喻对外界的事物反应迟钝或漠不关心：有的医生面对被病痛折磨得死去活来的病人~，真是悲哀。
			＞仁慈　仁爱　仁道　仁义
48. 成名	chéngmíng	（动）	因某种成就而有了名声：一举~｜一夜之间就成了名。
49. 围攻	wéigōng	（动）	包围起来加以攻击：~敌人｜他在会上多次遭到~。
			＞包围　围观　围困　攻击　攻打
50. 殴打	ōudǎ	（动）	打(人)：互相~｜遭到流氓~。
			＞斗殴　痛殴
			殴—欧—呕
51. 搏斗	bódòu	（动）	徒手或用刀、棒等激烈地对打：赤手空拳与敌人展开~｜殊死的~。
			＞搏击　搏杀　拼搏　肉搏
			搏—博—傅—缚
52. 腹 ≈肚子	fù	（名）	躯干的一部分。通称"肚子"。
			＞腹腔　腹泻
53. 当场 (当天)	dāngchǎng dàng	（副）	就在那个地方和那个时候：~表演了一次｜~许下诺言｜~晕倒。
			＞当地　当时　当年
54. 直至 ≈直到	zhízhì	（动）	直到：我会一直等你，~你原谅我｜保卫国家财产~生命的最后一刻。
55. 呼唤	hūhuàn	（动）	呼喊：大声~｜~你的名字。

56. 直播	zhíbō	(动)	广播电台不经过录音或电视台不经过录像而直接播送:~足球比赛｜~大会实况。 ＞转播 插播 传播 播发 播放 播映 播音
57. 病情	bìngqíng	(名)	疾病变化的情况:~好转｜~恶化｜~稳定｜控制~。 ＞军情 敌情 实情 灾情 险情
58. 祈祷 ≈祷告	qídǎo	(动)	一种宗教仪式,信仰宗教的人向神默告自己的愿望:默默地~｜为你~。 ＞祈盼 祈求 祈—析—折　祷—铸—涛
59. 动情	dòngqíng	(动)	情绪激动:她越说越~。 ＞动心 动怒 动气 动火
60. 欣慰	xīnwèi	(形)	喜欢而心安:备感~｜~的笑容。 ＞欣喜 欣然 欢欣 安慰 宽慰 欣—所—祈　慰—蔚—熨
61. 诚挚 ≈真诚	chéngzhì	(形)	诚恳真挚:我把最~的祝福送给你｜会谈是在~友好的气氛中进行的。 ＞诚实 诚心 诚意 诚信 挚爱 挚友
62. 口音	kǒuyīn	(名)	方音:~很重｜有~｜说话带山东~。
63. 苍白	cāngbái	(形)	白而略微发青;灰白:脸色~｜~的头发。 苍—仓—疮
64. 慈爱	cí'ài	(形)	(年长者对年幼者)仁慈而充满怜爱之情:~的目光｜充满~之情。 ＞慈祥 慈善 慈悲 慈眉善目 心慈手软

专 名

莱茵河	Láiyīn Hé		欧洲的一条大河,发源于瑞士的阿尔卑斯山,长约1300公里。

课 文

提示一 德比的性格为何有些忧郁?他打算如何寻找母亲?这个念头是怎样产生的?

德比是在孤儿院里长大的,他心地善良,但性格却有些忧郁。7岁那年,有一次他问修女:"我的父母为什么不要我,他们是不是不爱我?"德比的声音里充满了一种与年龄不相称的迷惘。修女安慰他:"世界上没有不爱自己孩子的母亲。当年你母亲之所以狠心抛弃你,一定是很无奈的。"德比没有说话,但是他仿佛突然长大了许多,经常独自站在孤儿院的窗口眺望。窗外是莱茵河,静静流淌的河水带走了德比对母亲的思念之情。

2003年母亲节,节日的温馨气氛再次燃烧起德比对母爱的强烈渴望。那天每个电视台都在播放庆贺母亲节的节目,他们拍摄了孩子们在母亲节里为妈妈奉献爱心的镜头。有一个6岁的小男孩在汗流浃背地帮父母修剪草坪,他的母亲在一旁看着儿子,激动得热泪盈眶。德比对修女说:"我也想帮我父母干活儿!你知道他们在哪里吗?"

修女沉默了,几年来,没有任何关于德比父母的消息。德比伤心地跑到街上,街上有那么多母亲,可没有一个母亲是他的。望着川流不息的人流,德比哭了。

几个月后,9岁的德比到附近一所小学读书。一次,老师给学生们讲了一个故事:"古时有个皇帝,爱上了下围棋,于是决定嘉奖围棋的发明者。他问发明者有什么愿望,发明者希望皇帝赏他几粒米,他在棋盘的第一格上放上一粒米,在第二格上放上两粒米,在第三格上加倍至四粒……如此递增,直到放满棋盘。最后是一千八百亿万粒米,相当于全世界的米粒总数的十倍。"

这个故事让德比的眼睛顿时亮了。他想,如果他帮助一个人,然后请这个人帮助另外十个人,以这样的方

式传递爱心,也许有一天,受帮助的就是自己的妈妈。这个念头令德比兴奋异常,此后他每帮别人做一件好事,别人要感谢他时,他总说:"请帮助另外十个人吧,那就是对我最大的感谢!"

德比编织的爱心之网就这样在该市悄悄地展开了……

提示二 为什么瑞克能找到生活的希望?他的忧郁症是怎样治好的?十件好事产生了什么魔力?

瑞克是德国电视台的资深主持人,50岁了,但稳健的台风和风趣幽默的语言使他成为德国人爱戴的主持人。也许是看到了太多的社会阴暗面,也许是电视台的工作压力太大、竞争太激烈,2003年瑞克患上了忧郁症,几乎到了无法继续工作的地步。10月,瑞克向电视台请了一年的长假,打算到外地休养一段时间,希望能在旅游中放松身心,恢复健康。不久,瑞克到了德比所在的城市,他被莱茵河的美丽深深吸引。傍晚时分,他独自沿着莱茵河河边散步,突然他的心脏病发作,还没来得及把药从口袋里拿出来就昏倒在地上。多亏正在河边钓鱼的德比及时发现了,他给医院打了急救电话,把瑞克送到医院。

经抢救,瑞克终于苏醒过来了。当他得知是德比救了他时,他握着德比的手万分感激地说:"孩子,我该怎么报答你?如果你需要钱,我可以给你很多钱。"德比摇摇头说:"如果你能帮助十个需要帮助的人,就是对我最大的报答!"

瑞克被这个奇特的少年吸引了。临走时,德比再次叮嘱他:"请一定做十件力所能及的好事!"瑞克低头望着德比,心头一热,认真地点了点头。在这一瞬间,瑞克找到了生活的希望,德比让他感觉到生活的美好。此后他认真履行了当初对德比许下的诺言,帮助了十个人。每一次帮助别人,他都觉得心里非常快乐,觉得自己的生命特别有价值。瑞克提前结束了本来还有大半年的假期,回到了工作岗位。所有的同事都十分诧异,他们发现瑞克

变了,变得开朗乐观、乐于助人了。

十件好事产生的魔力改变了瑞克,他的忧郁症就这样奇迹般地好了。

2003年12月1日,是瑞克节目重新开播的第一个晚上,瑞克对全国千百万观众讲述了自己的经历。最后他哽咽道:"也许没有人相信这是真的,但是当我付出爱的时候,那种快乐真是让我热血沸腾。请你也去帮助十个人,你会有一种奇妙的感觉。"

通过电波,瑞克的节目传遍了德国的千家万户。人们都被这个故事深深触动了。有很多观众强烈要求把德比请到演播室,他们想认识这位富有爱心的男孩。

2004年1月,德比被请到了演播室,他犹豫地道出了自己的想法。没人能料到一个孩子对母亲的爱竟然如此深沉,德比的话触动了人们内心最柔软、最人性的那部分,很多现场观众都热泪盈眶。

瑞克紧紧抱住了德比瘦弱的身体,说:"你的母亲一定非常爱你,你一定会找到她的!"

提示三 德比的故事令德国发生了什么变化?德比遭遇了什么不幸的事情?最后找到他的母亲了吗?

随后,整个德国掀起了一股"做十件好事"的浪潮。昔日麻木不仁的人们变得有人情味了,人们都盼望着自己所帮助的那个人正是德比的母亲。

德比的形象与声音出现在德国的大街小巷,他的故事家喻户晓。同时,电视台加紧了对德比母亲的寻找,然而德比的母亲却迟迟没有出现。

2004年2月,一件更为不幸的事降临到这个善良的少年身上。德比成名后,就被一些坏孩子盯上了,他们认为成名的德比一定有很多钱,于是在德比回学校的路上围攻他。可是他们在德比身上没能找到钱,小流氓就开始殴打德比,在搏斗中,德比被他们用小刀刺中了。

德比的腹部以及肝脏被刺破,当场倒下了。直至两个小时后,才被警察发现并送到医院。在医院里,昏迷中的德比一直在呼唤:"妈妈,妈妈……"

电视台直播了德比的病情,所有关心德比的人都在祈祷他能苏醒。德国的几十个大学生来到亚历山大广场,手拉手连成一颗心形,他们大声呼唤:"妈妈,妈妈!"这呼喊声感动了路人,他们红着眼睛也加入到这颗"心"中。随着人数的增加,这颗心越来越大。

第一课 妈妈,我找了你好久

更为感人的是,自德比被送到医院后两小时内,电视台接到几百个女人的电话,她们纷纷表示愿意当德比的妈妈。其中一个叫朱迪的女人,她的孩子几年前失踪了,一直在寻找孩子的她动情地说:"如果我的孩子像德比那样思念我,我会觉得非常欣慰。我希望用一颗母亲的心真诚地爱他!"朱迪表达了几百个母亲最诚挚最迫切的心声:"让我做德比的妈妈吧!"

可是,德比只能有一个母亲。时间紧迫,经过大家的激烈讨论,一致同意让朱迪做德比的母亲,因为她就住在德比所在的城市,口音和德比相同,会更有亲切感。

2004年2月17日早晨,昏迷多时的德比终于睁开了眼睛,朱迪捧着一束美丽的鲜花出现在德比的床边,她握着德比的小手说:"亲爱的德比,我就是你的母亲。"德比仿佛看到了太阳一般,他的眼睛突然亮了,惊讶地说:"你真的是我的母亲吗?"朱迪含着泪用力地点点头,在场的所有人也都朝德比微笑着点头。两行热泪从德比的眼睛里滚落:"妈妈,我找了你好久啊!请你再也不要离开我,好吗?"

朱迪点点头,哽咽道:"放心吧,妈妈再也不会离开你了。"德比苍白的小脸露出了笑容,他还想说更多的话,可是已经没有力气了。这是德比在人间停留的最后一天,他的手一直握着朱迪的手,不肯松开,他也不愿闭上眼睛,他要多看一眼慈爱的母亲。在场的所有医护人员的眼泪就没有干过。

2004年2月18日凌晨2时,德比闭上了眼睛,永远离开了人间,他那只握着母亲的手直至最后一刻都没有松开过。

(据《读者》2004年第21期)

注　释

1. 迷惘—迷惑

都可以做形容词,表示分辨不清。但"迷惘"更多用于精神上出现的困惑或混乱,"迷惑"指辨不清是非、摸不着头脑或使人迷惑。如:

(1) 原本开朗的小王最近十分迷惘,像是找不着人生的方向。(迷惑×)
(2) 德比对母亲为什么要抛弃自己感到迷惑不解。(迷惘×)

"迷惘"可以做名词,"迷惑"一般不行。如:

(3) 在那个孤儿苏醒过来的一瞬间,他那苍白的小脸上露出了几分迷惘、几分恐惧。(迷惑×)

"迷惑"可以做动词,"迷惘"不行。例如:

(4) 孩子们心地太单纯,很容易被花言巧语迷惑。(迷惘×)

(5) 即使你会施展魔力也迷惑不了我们。(迷惘×)

2. 无奈

做动词,可以受"很"、"非常"、"十分"、"万般"、"有些"等程度副词的修饰。如:

(1) 面对麻木不仁的人们,修女有些~。

(2) 万般~之下,她对家人隐瞒了病情,独自承受着苦痛。

还可以做连词,用在转折句的开头,表示由于某种原因,不能实现上文所说的意图,有"可惜"的意思。如:

(3) 瑞克本想好好报答德比的救命之恩的,~德比坚决谢绝了。

(4) 作为医生当然希望病人能从昏迷中苏醒过来,~病情太重,已经不是他们力所能及的了。

3. 嘉奖—奖励

"嘉奖"除了有"奖励"的意思外,还有"称赞"的意思,即用言语表达对人或事物的优点的喜爱。当奖励的方式是具体的物质时,一般用"奖励"。如:

(1) 领导决定嘉奖那些为企业付出辛勤劳动的员工。(奖励√)

(2) 鉴于杨老先生的突出贡献,国家奖励了他一套房子。(嘉奖×)

"嘉奖"着重在精神上的奖励,通常用于郑重的场合。而"奖励"既可用于郑重的场合,也可用于随便的场合。如:

(3) 边防战士们的奉献精神受到上级领导的嘉奖。(奖励√)

(4) 聪明的小狗按照主人的命令站了起来,并转了一个圈,当场得到了主人的奖励。(嘉奖×)

4. 时分—时候

"时分"适用的范围很窄,一般仅限于书面语,与前边的修饰语之间不能有"的",而且修饰语一般是双音节词语。"时候"适用的范围很广,其修饰语不受音节的限制,但与修饰语之间一般有"的"。如:

(1) 去年暮春时分,学校学生会发起"向孤儿奉献爱心"的活动。(时候×)

(2) 他报名的时候,看到了一个很久没联系的老朋友。(时分×)

"时候"前边的修饰语可以是代词,与修饰语之间不需用"的"。"时分"的修饰语不能是代词。如:

(3) 任何时候都不能忘记履行自己曾经许下的诺言。(时分×)

(4) 那时候,就连平时麻木不仁的人听了这个故事也动了情。(时分×)

"时分"表示的时间跨度一般较小,"时候"表示的时间跨度可大可小。如:

(5) 读小学的时候,陆正曾经得过全市小学生围棋比赛的冠军。(时分×)

5. 叮嘱—嘱咐—吩咐

"嘱咐"意思是告诉对方记住应该怎样,不应该怎样;"叮嘱"是"再三嘱咐",担心对方忘了;"吩咐"是口头指派或命令,也有嘱咐的意思。"吩咐"只能用于上对下,而"嘱咐"、

"叮嘱"有时可用于下对上。如：

(1) 出门的时候,孩子叮嘱我今晚别忘了去开家长会。(嘱咐√ 吩咐×)

三个词都是动词。"嘱咐"使用的范围最广,可以和修饰语一起构成名词性短语,如"临终嘱咐"、"新婚嘱咐"、"离别嘱咐"、"灵魂的嘱咐"、"温暖的嘱咐"。"叮嘱"、"吩咐"这样的用法不多,一般是告诉对方某件具体的事情,其修饰语一般是指人名词,如"母亲的叮嘱/吩咐"、"领导的叮嘱/吩咐"。

"吩咐"可以作为客套语使用。如：

(2) 请问,您有什么吩咐？(叮嘱× 嘱咐×)

(3) 我们一定按照您的吩咐做一些力所能及的事情。(叮嘱× 嘱咐×)

成语"千叮万嘱",形容不厌其烦地反复叮嘱。

6. 诧异—惊讶 ✲✲

都是形容词,都有"感到奇怪"的意思。"惊讶"可用于口语和书面语,比"诧异"常用,"诧异"一般只用于书面语,用于对某种行为或出现的事情感到不解或不明白。如：

(1) 那位英雄见义勇为的义举使那些麻木不仁的旁观者感到十分惊讶。(诧异√)

(2) 多年后旧地重游,很多人对中国这些年的巨大变化都感到惊讶不已。(诧异×)

(3) 一夜之间成名的歌星对媒体宣称自己是北京人,可她的口音却一点儿也没有"京味",人们感到有点儿诧异甚至怀疑。(惊讶√)

(4) 魔术表演一结束,台下立即响起惊讶的叫喊声和欢笑声。(诧异×)

(5) 三伏天,人们穿着单衣仍然汗流浃背,而他竟然还穿着厚厚的棉衣,这不得不令人感到诧异了。(惊讶√)

7. 诚挚—真诚 ✲✲

都是形容词。都有"诚恳"的意思,都可以指感情。如"诚挚/真诚的友谊"。"真诚"更强调真实、没有一点儿虚假,常用于指对人的态度、言语、行为。如：

(1) 他们在我困难的时候给予了我最真诚的帮助,我不知如何报答他们的恩情。(诚挚√)

(2) 党中央向灾区人民表示诚挚的慰问,对死难者表示深沉的哀悼。(真诚√)

"真诚"和"诚挚"都可做定语,"真诚"还可以做状语、谓语,"诚挚"则一般不做谓语,但有时候可做状语。如：

(3) 那个播音员心地善良、对人特别真诚。(诚挚×)

(4) 中国人民真诚地欢迎世界各地所有爱好和平的人们。(诚挚√)

此外,"真诚"还可以做名词,可以做主语、宾语,而"诚挚"一般不行。如：

(5) 那些志愿者在奉献真诚和爱心时可曾考虑过要得到回报？没有！(诚挚×)

(6) 母子俩的真诚,使老人感动得热泪盈眶。(诚挚×)

8. 辞格(1):比拟 ✲✲

根据想象把物当做人或把人当做物写,或把甲物当乙物来写,这种修辞方式叫比拟。比拟可分为拟人和拟物两大类。被比拟的事物称为"本体",用来比拟的事物称为"拟体"。如：

(1) 窗外是莱茵河,静静流淌的河水带走了德比对母亲的思念之情。
(2) 我买的这些菜,……小辣椒都翘起了尾巴。

例(1)的"河水"本来不会"带走思念之情",但是这里却把它当做人来写了。起到寓情于景、借景抒情的作用。例(2)把"小辣椒"当做人或动物来写。这样可以引起丰富的联想。

四 练习

(一) 把词语和解释用线连起来

1. 无可奈何　　　　　A. 形容极短的时间内变化快而多。
2. 呼风唤雨　　　　　B. 比喻用粗浅的、不成熟的意见引出别人高明的、成熟的意见。
3. 心血来潮　　　　　C. 没有办法,没有办法可想。
4. 瞬息万变　　　　　D. 指在国家大动荡或大变革以后,减轻人民负担,安定生活,发展生产,恢复元气。
5. 欣喜若狂　　　　　E. 头发灰白,形容人的苍老。
6. 抛砖引玉　　　　　F. 比喻能够支配自然或左右局面。有时也比喻进行煽动性的活动。
7. 惘然若失　　　　　G. 像沸腾的水一样喧闹。多形容议论纷纷。
8. 白发苍苍　　　　　H. 形容突然产生某种念头。
9. 休养生息　　　　　I. 形容高兴到了极点。
10. 沸沸扬扬　　　　　J. 心情不舒畅,好像丢掉了什么东西似的。

(二) 为带点的字选择一个合理的解释,如是多音字请注音

咽:A. 使嘴里食物或别的东西通过咽头到食管里去　B. 呼吸道和消化道的共同通路
　　C. 声音受阻而低沉
及:D. 赶上　E. 比得上　F. 达到　G. 达到
朗:H. 声音清晰响亮　I. 光线充足;明亮　J. 是"明亮"的比喻义
递:K. 由一方交给另一方,传送　L. 顺次
苍:M. 指天或天空　N. 灰白色

1. 咽喉:＿＿＿＿＿＿　　2. 哽咽:＿＿＿＿＿＿
3. 咽口水:＿＿＿＿＿＿　4. 及格:＿＿＿＿＿＿
5. 及时:＿＿＿＿＿＿　　6. 我不及他:＿＿＿＿＿＿
7. 力所能及:＿＿＿＿＿＿　8. 朗读:＿＿＿＿＿＿

9. 晴朗：_____ 10. 开朗：_____

11. 传递：_____ 12. 递增：_____

13. 上苍：_____ 14. 苍白：_____

(三) 选择合适的词语填空

A. 迷惘—迷惑

1. 即将大学毕业、走向社会的年轻人都会有点儿_____。

2. 爱美的姑娘有时难免会被报刊的美容广告所_____，不惜一掷千金。

3. 忧郁的小燕仰望着天空，仿佛发现今天的星星也多了一分_____。

B. 嘉奖—奖励

4. 陈丰不顾个人安危，与抢劫银行的歹徒激烈搏斗，受到上级领导的_____。

5. 为了回报广大消费者的厚爱，本公司决定拿出50000元，用来_____那些一贯支持我们的顾客。

6. 女儿把幼儿园老师_____她的一朵小红花献给妈妈，使母亲感到非常欣慰。

C. 时分—时候

7. 即便是在午夜梦醒_____，小丽也会为父母祈祷。

8. 任何_____都不应该忘记履行自己曾经许下的诺言。

9. 小陈苏醒过来的_____，看见身边站满了陌生人，他觉得十分诧异。

D. 叮嘱—嘱咐—吩咐

10. 耳边时常响起父亲的临终_____：要做一个心地善良的人，不可有害人之心。

11. 经理_____我们把今年各人的销售业绩报给他。

12. 小区保安_____我们出门前要检查煤气阀、门窗是否关好。

E. 诧异—惊讶

13. 那位修女的病情好转得非常快，连医生也有点儿_____。

14. 到底是谁把草坪修剪得那样整齐的呢？一家人都感到很_____。

15. 昨天听说整个公司公认身体最棒的老刘因心脏病发作去世了，大家都十分_____和难过。

F. 诚挚—真诚

16. 将心比心,_____换来了更多的合作伙伴。

17. 职工们被他的一片_____和坦率感动了。

18. 播音员向全国人民献上了她最_____的新年祝福。

(四) 完成成语,并选择合适的填空

(1) 汗流____背 (2) 热泪____眶 (3) 热血____腾
(4) 力____能及 (5) 川流不____ (6) 麻木不____

1. 世界足球锦标赛的直播令许多球迷_____。

2. 麦收时节,是农民腰酸腿疼、_____的艰难时节。

3. 我们愿意帮助群众解决一些_____的实际问题。

4. 虽然我们还不时听到一些冷漠的围观者_____、见死不救的消息,但是更多的见义勇为者正在神州大地涌现。

5. 一望无际的雪地上,公路交错,各种车辆_____,打破了昔日冬天的宁静。

6. 送温暖、献爱心的浪潮在全校师生中掀起,得到捐助的病患禁不住_____。

(五) 选择本课合适的生词完成短文

相传中国古时候有一种叫"年"的怪兽,每到除夕就出来吞食牲畜伤害人命。有一年除夕,桃花村的人们正扶老携幼上山避难,从村外来了个手拄拐杖、步伐_____的乞讨老人。乡亲们都顾着逃难,只有村东头一位_____善良的老婆婆给了老人一些食物,并劝他赶快上山躲避"年"兽,可那老人笑道:"婆婆若让我在家呆一夜,_____我一口饭吃,我一定把'年'兽赶走。"老婆婆觉得很_____,继续劝说,乞讨老人笑而不语。婆婆_____,只好_____老人自己小心,并_____上苍保佑他,然后上山避难去了。半夜_____,"年"兽闯进村,却被老婆婆院内"砰砰啪啪"的炸响声吓得脸色_____,又看见婆婆家门上贴着红纸,屋里点着几根红蜡烛,院内站着一位身披红袍的老人,于是,_____逃走了。原来,"年"最怕红色、火光和炸响声。第二天是正月初一,避难回来的人们见村里安然无恙,十分惊讶。这时,老婆婆才恍然大悟,赶忙向乡亲们述说了乞讨老人的许诺。欣喜若狂的乡亲们为庆贺吉祥的来临,纷纷换新衣戴新帽,到亲友家道喜问好。从此每年除夕,家家贴红对联、_____爆竹,户户烛火通明,守岁_____第二日。初一大早,还要走亲串友道喜问好。这风俗越传越广,成了中国民间最隆重的传统节日——春节,也称"过年"。

第一课 妈妈 我找了你好久

(六) 判断以下句子的内容是否与课文一致

1. (　) 迷惘本来是不属于像德比这种年纪的小孩的。
2. (　) 母亲节的温馨气氛让德比更加思念母亲。
3. (　) 学校老师讲的关于围棋游戏发明者的故事给了德比很大的启发。
4. (　) 德比编织了一个很大的网用来帮助有需要的人。
5. (　) 瑞克患上忧郁症,毫无疑问是因为电视台激烈的竞争和巨大的工作压力。
6. (　) 瑞克本来想用金钱报答德比,可是被德比谢绝了。
7. (　) 因为德比的帮助,瑞克的忧郁症终于治好了。
8. (　) 瑞克说当他去帮助别人时,被帮助的人一定会获得快乐。
9. (　) "这颗心越来越大"中的"心"指的是帮助德比的心意。
10. (　) 人们一致同意让朱迪当德比的母亲是因为她长得很像德比。

(七) 判断以下空格处哪里该用"了"

　　周末和女友购物归来　1　,乘　2　地铁回　3　家　4　,一进车厢,我们便找　5　个座位坐　6　下来　7　。到　8　复兴门时,车厢里的人马上多　9　起来　10　。人挨人、人挤人的,显而易见,想找个落脚地儿很难　11　。

　　看到这种情况,我对女友说　12　:"当皇帝很不容易　13　,咱这座位就好比皇上的宝座,多少人等着坐呢!"正说着,目的地快到　14　,我拉着女友起身往外走　15　。这时有一个大胡子男人,身手很灵巧,一下子就蹦到　16　我们之前的座位　17　,生怕座位被人抢掉一样　18　,坐好　19　嘴里还念叨着:"这下该我当皇帝　20　。"

(八) 说出以下句子运用了拟人还是拟物的修辞方式,本体和拟体分别是什么

1. 星星倦了,睡在大海的绵软的被上。
2. 春风放胆来梳柳,夜雨瞒人去润花。
3. 时雨点红桃千树,春风吹绿柳万枝。
4. 真理总是悄悄地走进勇敢者的心间,向他昭示智慧的魔力。
5. 风儿大概喝多了,跌跌撞撞地跑进枣林,竟把满树的大枣染得通红通红。
6. 月牙儿用淡淡的爱的光波在轻抚着我。我忽然觉得我们不是长久地相知么?
7. 站在山肩的月亮,将她银色的轻纱掷给大海做一件睡衣。
8. 我到了自家的房外,我的母亲早已迎着出来了,接着便飞出了8岁的侄儿宏儿。
9. 那肥大的荷叶下面,有一个人的脸,下半截身子长在水里。那不是水生吗?
10. 临时伙房设在草地上,几口行军锅成一字形排列着,蓝色的火苗舔着锅底,锅里热气腾腾。

（九）把课文缩写成500字的文章，尽量用上本课的生词

五、副课文

善小亦为

　　平常日子里，你我的生活，基本上是由芝麻绿豆、鸡毛蒜皮般的小事组成，其中不乏小恶、小善。有人因恶小而不以为意，有人因善小而不屑为之。其过程虽则不知不觉，其终结却有令人深思之处。

　　日前，在出租车上，听司机讲了一件事：那天中午，他去虹桥机场接生意，排了两个半小时的队，上来一位德国先生，他问："先生，去哪里？"先生答："去龙柏新村。"

　　各位，你我不是司机，对距离没有感觉。但凡开出租车的，在虹桥机场听到龙柏新村，是要气得吐出血来的。此龙柏新村，乃是飞机场边上的一片公寓楼，一个拐弯，连起步费都用不了便可到达。人家耗了两个半小时，就赚十元钱啊！

　　德国先生小心翼翼地候着。

　　司机此番是有点儿窝火，心里将自己骂了一句，今天是我运气不好。脸上倒是不露声色，心里想着，这事与客人无关，生意再小也要做的。遂将先生的行李放入后车座，请先生上车，一路送去。待到先生住地，结了账，又关照一句："先生，别忘了东西。"就到后车座，替先生将行李取出，他说了句再见，便要离去。

　　德国先生却欲言又止，欲去还留。司机以为自己哪里服务不周，便问："先生，有问题吗？"德国先生说："噢，不。你能等我一会儿吗？我还想用车。"这司机就等了大概十五分钟，德国先生匆匆出门上车对司机说："我要去金山。"

　　各位，我们又要上一堂距离课了。此金山，在上海最南面，从龙柏新村开过去，基本上需要横跨大半个上海，这可是一桩美差。路上，司机与先生聊天道："那你为什么在机场上车时，不说要去金山呢？"先生说："我在上海工作，一个月要进出机场数次，每次上车说去龙柏新村，就遭司机的冷眼相待，有的还骂人，我能听懂上海话。今天坐你的车，受到礼遇，临时决定提前去金山办事，还愿意坐你的车。"

　　这真是，求之不可得，不求可自得呀。这一路开过去，微风徐徐，拂面而来，司机的心情真是爽透了。

到了金山的一家宾馆,德国先生临下车时,犹豫片刻道:"你还能不能再等我?"司机问:"等多长时间?"先生说:"一个多小时吧。"司机便说好的。先生走出两步又回头关照:"请将计程器开着,车费应算我的。"先生走了,司机就将计程器关了,他认为,车子没在跑,不能算人家的。

大概两个小时左右,德国先生办完事出来了。先生面有歉意,请司机将车子再开回龙柏新村。到了目的地,来回车程是400元,德国先生执意要付500元,等的两个小时,必须算他的。

这件事的发展,真是有些高潮迭起,开头与结尾大相径庭。三国时期,刘备教导儿子刘禅说:"勿以恶小而为之,勿以善小而不为。"事隔千年,意犹未尽。我以为,这位司机是善待了最初的那一趟短差的,在我将这件事情转述给他人听的时候,有人这么说,这叫好心有好报呀。

是呀,生活中,有人看重做大的好事,不鸣则已,一鸣惊人。其实,能做好每一件小的好事,才是成就大的好事的铺垫呢。

有一年,我去福建泉州,在清源山上,拜谒了弘一法师的墓塔。讲解员讲到弘一法师说过的一段话,我一直难以忘怀。大意是:一个人如果能一辈子做好事,那是很不容易的,是很好的;一个人如果能做一件好事,那也是不容易的;一个人如果没有做好事,但是他能在家里思过,没有出去做妨碍他人的事,那也是好的。

大师襟怀坦荡,深入浅出,给我们以善待各种事情的勇气和信心。

大师的忠告,令人感悟迭出。我们每个人,若能做到一举一动、一言一行,善小亦为,恶小不为,你我平常的日子,岂不春意盎然、莺歌燕舞了!

(据《读者》2004年第3期)

请联系上下文,给带点词语选择一个最合适的解释

1. 司机此番是有点儿窝火。
　　A. 憋气　　　B. 烦恼　　　C. 忧郁　　　D. 矛盾
2. 每次上车说去龙柏新村,就遭司机的冷眼相待。
　　A. 热情接待　　B. 冷嘲热讽　　C. 冷言冷语　　D. 冷淡的待遇
3. 开头与结尾大相径庭。
　　A. 大同小异　　B. 相差很远　　C. 令人意外　　D. 互相矛盾
4. 勿以恶小而为之,勿以善小而不为。
　　A. 可恶的小人　　　　B. 凶恶的小人
　　C. 小的坏事　　　　　D. 让人恶心的小事

5. 不鸣则已,一鸣惊人。
   A. 比喻太恐怖　　　　　B. 形容叫声大
   C. 形容叫声好听　　　　D. 比喻成绩惊人

第二课　悲剧的预感与应验

一　生词语

1. 悲剧　　　bēijù　　（名）　比喻不幸的遭遇：~｜家庭~｜恋爱~｜对造纸术的发展有重大贡献的蔡伦因为宫廷斗争的影响而服毒自杀,这是一个~。
   ←→喜剧
   >悲伤　悲哀　悲痛　悲观　悲歌　戏剧　话剧　歌剧　京剧
   悲—辈

2. 预感　　　yùgǎn　　（动、名）　事先感觉;事先的感觉:天气异常闷热,大家都~到将要下一场大雨｜不祥的~｜他的~常常很准。
   >预报　预测　预定　预防　预想　预言　感觉　感情　感受　感想
   预—视　现—规

3. 应验　　　yìngyàn　　（动）　(预言、预感)和后来发生的事实相符:没想到现实竟然~了马克·吐温的梦。
   ≈印证　证实
   >验收　验算　验证

4. 暗杀　　　ànshā　　（动）　趁人不备,进行杀害:总统被人~了。
   ≈暗害　刺杀
   >暗藏　暗号　暗箭　暗示　暗箱
   杀害　杀菌　杀伤　杀生

5. 惨案　　　cǎn'àn　　（名）　悲惨的事件:坠机~｜在这起事件中,恐怖分子杀害了一百多个贫民,制造了一起~。
   ≈惨剧　惨祸
   >惨败　惨境　惨死　惨笑　惨重　悲惨　案件　案子
   惨—渗—掺

6. 恍惚　　　huǎnghū　　（形）　(记得、听得、看得)不真切;不清楚:我~听见她回来了。
   ≈恍恍惚惚
   惚—葱

19

7.	解	jiě		了解,理解:不~之谜｜迷惑不~。
	(解数)	xiè		解—懈
	(解送)	jiè		
8.	住所 ≈住处	zhùsuǒ	(名)	居住的地方:临时~｜固定~。 >住房 住宿 住院 住址 处所 场所 住—佳—驻—柱—注—往
9.	废墟	fèixū	(名)	城市、村庄遭受破坏或灾害后变成的荒凉的地方:地震过后,那座城市变成了一片~。 >废话 废气 废品 废人 废物 废除 废—度—库—虎 墟—虚—嘘—虎
10.	过后 ≈以后 后来	guòhòu	(名)	事情完了之后;后来:现在先这么办,有问题~再说。
11.	消防	xiāofáng	(动)	救火和防止火灾:~车｜~设备｜~队员们终于扑灭了工厂里燃起来的熊熊大火。 >消除 消灭 消失 防止 防毒 防风 消—宵—销—削
12.	夜游症	yèyóuzhèng	(名)	在睡眠中无意识地起来并完成复杂动作的症状,如打开柜子,爬树等,但由于大脑皮层机能发生障碍,自己并不知道这些行为。 >夜盲症 夜尿症 肥胖症 精神分裂症 儿童多动症 夜车 夜校 夜市 症—病—疼—疾
13.	幻觉	huànjué	(名)	视觉、听觉、触觉等方面没有外在刺激而出现的虚假感觉,例如没有声音而听见声音。有某种精神病或在睡眠状态中的人时常有幻觉:产生~｜出现~。 >幻想 幻景 感觉 听觉 味觉 嗅觉 幻—幼—约
14.	不对劲儿	búduìjìnr	(形)	不正常:他觉得身体有点儿~,就上床睡觉了。
15.	死神	sǐshén	(名)	神话传说中的人物,掌管人的死亡:~来了｜战胜了~。 >死人 死活 财神 门神 山神 神医 神—禅—福—伸—袖
16.	临近	línjìn	(动)	靠近;接近:~北京｜~死亡｜春节~了。
17.	谨小慎微	jǐnxiǎo-shènwēi		对细小的事情过分小心,形容过于注重小节:别把小事看得过重,~很难做成大事。

				谨—勤
18.	跟头 ≈斤斗 筋斗	gēntou	（名）	（人物等）失去平衡而摔倒或向下弯曲而翻转的动作：翻一个~｜栽~。
19.	惯例	guànlì	（名）	一向的做法；常规：国际~｜赔偿~｜遵守~。
				＞惯犯 惯贼 惯用 事例 例句 例外
				惯—贯—愤—惜
20.	难以置信	nányǐzhìxìn		很难让人相信：他说他看到了外星人，这真让人~｜她五分钟之内吃了十个汉堡包，这简直叫人~。
				＞置疑
				置—署—暑—罩
21.	略微 ≈稍微	lüèwēi	（副）	稍微。
				＞大略 粗略 略读 略知一二 微小 微风 微热
				略—备—畸 微—徽—薇
22.	来临 ≈到来	láilín	（动）	来到。
				临—监—盐
23.	坠毁	zhuìhuǐ	（动）	（飞机等）落下来毁坏。
				＞坠落 下坠 毁坏 毁灭 毁约
24.	空难	kōngnàn	（名）	飞机或其他航空器在航行的过程中发生的灾难，多造成人员伤亡等：~事件｜昨天发生了一起重大的~事故，机上人员无一生还。
				＞天空 航空 空气 空军 空姐
25.	噩梦	èmèng	（名）	可怕的梦：做了一个~。
26.	熊熊	xióngxióng	（形）	形容火势旺盛：~的火光,把天空照得通红｜大火~，一下子就包围了整座房子。
27.	辐射	fúshè	（动）	从中心向各个方向沿着直线伸展出去：太阳~出热能。
				＞发射 放射 射线
				辐—福—幅—副
28.	推断	tuīduàn	（动）	推测并做出结论。
				＞推理 推算 断定 断言
				推—难—准—雄—雅
29.	似是而非	sìshì'érfēi		似，像；非，错误，不对。好像是对的，实际上并不对：历史不能有~的东西｜他的话~，不要上当。

>相似 近似 类似 似乎 非法 非礼
似—拟

30. 荒唐　　huāngtáng　　（形）　（思想、言行）错误到使人觉得奇怪的程度：你这样做真是~｜他居然想出这样的办法,太~了!
≈荒诞 荒谬
荒—慌—谎

31. 查明　　chámíng　　（动）　调查清楚:~原因｜~情况。
>查问 查询 查证

32. 不了了之　　bùliǎoliǎozhī　　了,完结。该办的事情没有办完,放在一边不去管它,就算完事:这事就这样~了吗?

33. 相仿　　xiāngfǎng　　（形）　大致相同,相差不多:颜色~｜年龄~｜他们俩的习惯~。
≈相似
>相比 相差 相等 相对 相逢 仿—访—纺—防—坊—肪

34. 没精打采　　méijīngdǎcǎi　　精:精神;采:精神,神色。形容不高兴,烦恼,提不起精神:她~地坐在地上｜看你那~的样子,是什么事让你不高兴?
=无精打采
>精力 聚精会神 神采
精—睛—情—晴—清—请—猜 采—彩—踩—睬

35. 目瞪口呆　　mùdèng-kǒudāi　　瞪大眼睛,说不出话来。形容因受惊或生气而呆了的样子:王林被那孩子气得~｜看见强盗拿着枪,他吓得~。
>瞪眼 呆头呆脑 发呆
瞪—蹬

36. 预言　　yùyán　　（名）　预先说出的关于将来要发生什么事情的话:科学的~｜荒谬的~。

37. 限于　　xiànyú　　（动）　因某些条件或情形而限制在一定范围之内:~水平｜~条件｜能免费坐车的仅~某一高度的孩子。
>限定 限量 限期 限制
限—很—艰—银—眼—根

38. 生前　　shēngqián　　（名）　指死者还活着的时候:这棵树是爸爸~种的｜他~常说做事要对得起自己的良心。
>生还 生命

第二课　悲剧的预感与应验

39. 救生艇	jiùshēngtǐng	（名）	在轮船上或港口等处设置的一种救助用的小船：一只(艘)~。 ＞救火 救活 救命 救灾 救济 救助 救生圈 小艇 快艇 游艇 艇—挺—船—舱
40. 酿	niàng	（动）	逐渐形成：~成悲剧｜~成大祸。 酿—酬—醉—配
41. 配备 ≈配置	pèibèi	（动）	根据需要分配(人力或物力)：~电脑｜根据需要给公司职员~手机。 ＞配料 配制 配药 配售 准备 备件 备课 备用 备查
42. 总归 ≈终归	zǒngguī	（副）	表示无论怎样一定如此；终究：事实~是事实｜不符合科学的实验，~是要失败的。 归—扫—妇
43. 遇难	yùnàn	（动）	因迫害或发生意外而死亡：因飞机失事不幸~｜很多人都在这次地震中~。 ＞遇到 遇见 遇害 遇救 遇险 遇—隅—愚—寓
44. 浩劫	hàojié	（名）	大灾难。浩，大；劫，灾难：遭遇~｜经过这场~，她成熟了。 ＞浩大 劫难 劫—劝—功—劲—勘
45. 困惑 ≈疑惑	kùnhuò	（形）	感到疑难,不知道该怎么办：十分~｜她脸上露出~的表情。 ＞困苦 困境 疑惑 迷惑 困惑不解 惑—域
46. 随心所欲	suíxīnsuǒyù		欲,想要。指随着自己的想法,想要干什么就干什么：王林做事总是~,从来不顾别人的感受｜要是能~地说英语,说明你的英语水平已经很高了。
47. 顺应	shùnyìng	（动）	顺从,适应：~潮流｜~自然规律。 ＞顺服 顺序 顺心 顺耳 顺—须—项—烦—顽—预—领
48. 玫瑰 ≈蔷薇	méigui	（名）	一种人们常来表示爱情的、有刺的漂亮的植物。花多为紫红,也有白和黄等颜色：一朵(枝)~｜红~。 玫—枚 瑰—愧—魄

49. 确认	quèrèn	（动）	明确承认，确定认可：这张证书是否有效，还要经主管部门~｜你~是他吗？
			>确保 确定 确实 确信 确诊
			确—硕—硬
50. 争执 ≈争论	zhēngzhí	（动）	争论中各自坚持自己的意见，不肯互相让步：发生~｜避免~。
			>争吵 争论 争夺 争议
			争—角—鱼—龟
51. 惨重	cǎnzhòng	（形）	（损失）非常严重：乐昌市在今年的水灾中损失~｜他们为此付出了~的代价。
			>严重 沉重 慎重 注重 重病 重大 重任
52. 辨认	biànrèn	（动）	根据特点辨别并认定某一事物：~行李｜~尸体｜这对孪生姐妹长得几乎一模一样，让人难以~谁是姐姐，谁是妹妹。
			>辨别 辨明 辨析 明辨是非
			辨—辩—辫
53. 看护 ≈照料 （看见）	kānhù kàn	（动）	照顾（伤病的人）：~病人｜他们日夜~着病重的老人。
			>看管 看家
54. 太平间	tàipíngjiān	（名）	医院里停放尸体的房间。
55. 自发 （理发）	zìfā fà	（形）	由自己产生，不受影响的；不自觉的：~组织｜这是他们~的，没有谁要求他们这么做。
			>自爱 自便 自称 自得 发起 发生
56. 募捐	mùjuān	（动）	广泛地用公告或口头询问的方式收集人们自发拿出来的帮助别人的财物：为艾滋病人~｜~活动。
			>募集 捐款 捐献 捐赠
			募—幕—墓—慕—暮 捐—绢
57. 遗体	yítǐ	（名）	遗，这里指死人留下的。遗体，即所尊敬的人死后的身体。
			>遗产 遗言 遗物 遗愿
58. 安放	ānfàng	（动）	使物件处于一定的位置：~仪器｜她把花圈~在亲人墓前。
			>安置 安排 安家
59. 点缀	diǎnzhuì	（动）	装饰，使原有事物更加美好：几十万盆鲜花~

下的北京显得既庄严又美丽｜无数的小星星~着黑色的天空。

60. 奔丧 (丧失)	bēnsāng sàng	（动）	从外地急忙赶回去处理长辈亲属死后的事情，中间可插入名词"父"或"母"：因为奔父丧，他请假一个月｜小李回老家~去了。 >奔忙 奔跑 奔走 奔流 丧—表—衷—哀
61. 错过	cuòguò	（动）	失去(机会、时机)：小时候，因为家里没钱，他~了上学的机会｜~了最后的班车，今天就走不了了。
62. 变形	biànxíng	（动）	形状发生变化：她的手因为烧伤而~｜这件衣服洗了就~了。 >变化 变色 变速 变天 变心 变质 形—刑—型
63. 生怕	shēngpà	（副）	很怕：我们在独木桥上小心地走着，~掉到水里｜他~被老板辞退，所以一直很努力地工作。
64. 承受 ≈经受	chéngshòu	（动）	接受：~压力｜~痛苦。 >承办 承包 承担 承重 承接
65. 梦境	mèngjìng	（名）	梦中经历的情景，常用来比喻美妙的境界：在漓江上游览，如入~一样｜弗洛伊德认为，不同的~有不同的含义。
66. 一模一样 (模仿)	yìmú-yíyàng mó		形容完全相同，没什么两样：这对双生姐妹长得~。｜这儿跟我想象的几乎~。 >模样 模子 模具 模—莫—摸—膜
67. 自传	zìzhuàn	（名）	叙述自己生平经历的书或文章。 >自杀 自问 自用 自习 传记《水浒传》 自—目—白
68. 巧合	qiǎohé	（形）	(事情)刚好相合或相同：这不是故意安排的，只是~｜张华跟他是同一个地方来的，他们同年，现在又住在一起，真是~。 >巧遇 凑巧 恰巧 偏巧 巧—朽

专 名

1. 泰坦尼克	Tàitǎnníkè	Titanic，20世纪初最大最豪华的客轮，1912年4月首航便于北大西洋纽芬兰海岸附近与冰山相撞而沉没。
2. 肯尼迪	Kěnnídí	Kennedy John Fitzgerald（1917—1963）美国前总统，1963年在美国得克萨斯州达拉斯市遇刺身亡。
3. 阿伯芬惨案	Ābófēn Cǎn'àn	1966年发生于英国阿伯芬的不幸事件，事故中有140人身亡，死者几乎全部是孩子。
4. 芝加哥	Zhījiāgē	Chicago，地名。位于美国中部，是美国第三大城市。
5. 俄亥俄州	Éhài'é Zhōu	Ohio，美国五十个州之一，位于东部。
6. 辛辛那提	Xīnxīnnàtí	Cincinnati，地名，俄亥俄州的主要城市之一。
7. 联邦航空局	Liánbāng Hángkōngjú	FAA，美国政府下属的一个负责民用航空、联邦航空的机构。
8. 马克·吐温	Mǎkè Tǔwēn	Mark Twain，人名，美国著名作家。
9. 密西西比州	Mìxīxībǐ Zhōu	Mississippi，美国五十个州之一，位于南部。
10. 格林维尔	Gélínwéi'ěr	美国地名。
11. 孟斐斯	Mèngfēisī	Memphis，地名，位于美国中南部。
12. 圣路易斯	Shènglùyìsī	Saint Louis，地名，位于美国中西部。
13. 新奥尔良	Xīn'ào'ěrliáng	New Orleans，地名，位于美国南部。

二、课 文

> 提示一 你相信人类有预知未来的能力吗？课文中举了哪些事例？

据说豪华巨轮"泰坦尼克"号沉没、肯尼迪遭暗杀、阿伯芬惨案等事件发生前就有人有预感。那么，人类真的有预知未来的能力吗？

1979年的一天凌晨5点，海伦·希洛特逊在睡梦中突然被敲门声惊醒，恍惚之间，她听到门外母亲马乔丽在大喊："海伦在家吗？刚才你来我家有什么事？"她慌忙起来开门，见住在对面公寓的母亲正站在门外。母亲问海伦几分钟前敲她家的门有什么事，海伦觉得不解，她向母亲解释说昨夜11点就上床睡觉了，直到敲门前一直没醒。马乔丽夫人却坚持说："我看到你了，还和你说了话。不过，你什么也没回答，马上就回自己家去了。"

第二课　悲剧的预感与应验

就在她们说话的时候，外面突然发出巨大的声响，两人朝窗外望去，只见马乔丽夫人的住所发生爆炸，她所住的那一层已被炸成了废墟。过后，消防队长说："那时如果夫人还在屋里睡觉，肯定没命了。"

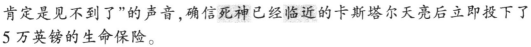

是海伦有夜游症，还是她母亲产生了幻觉？反正两人中有一人感觉不对劲儿，结果救了马乔丽夫人的命。

1979年初，西班牙饭店经理卡斯塔尔在梦中听到"3个月后出生的孩子，你肯定是见不到了"的声音，确信死神已经临近的卡斯塔尔天亮后立即投下了5万英镑的生命保险。

几周后的一天，一向谨小慎微的卡斯塔尔以每小时80公里的速度驾车回家。途中，对面车道上行驶着的一辆时速160公里的汽车撞上了护栏，在空中翻了几个跟头后，恰好落在卡斯塔尔的车上，两车司机当场身亡。

保险公司向卡斯塔尔的妻子支付了5万英镑的保险金后说："按照惯例，买下这样的保险后不久就死亡的，公司应进行彻底的调查。但是对这个令人难以置信的事故，没有怀疑的必要。因为只要略微快那么零点几秒，他都不会被撞上。"

事实上，有些人在某些灾难事件来临之前是会有一些异样的感觉。

1979年5月26日，美国航空公司的DC10型客机在离开芝加哥的奥海耶机场后不久坠毁，造成273人死亡，成为美国航空史上最大的空难之一。住在俄亥俄州辛辛那提市的戴维·普斯预感到了这个事故。他在事故发生前一周接连几天做同样的噩梦：一开始听到发动机异常的声音，而后庞大的机身在空中急剧摇摆，接着一头栽到地上，燃起熊熊大火。他在梦中不仅听到爆炸声，而且还感觉到火焰所辐射出来的热气。经过一番思考，普斯确信自己的梦是预感。5月22日，他将自己的预感打电话告诉了联邦航空局和辛辛那提大学的精神科医生。

联邦航空局接到普斯的电话后，从其噩梦的内容推断，似乎说的是国内的机场和飞机，但他们认为为了普斯似是而非的梦而花费大量人力是荒唐的，而且也无法具体查明，于是不了了之。事后他们听到坠机的新闻，其中所描述的坠机过程与普斯梦中所见几乎完全一致。如梦中看到的飞机是类似

DC10型的客机,飞机是头朝下坠落的,就连梦中飞机坠落的地点在许多方面也与奥海耶国际机场相仿。难怪联邦航空局的新闻发言人帕加没精打采地说:"这真是令人沮丧。"事故当天,普斯看到播放的新闻,也不由得目瞪口呆。

提示二 预言与预感有何差异?史狄德和马克·吐温的预感都应验了没有?现代科学可以解释吗?

通常,关于预言或预知信息的报告仅限于事件发生之后,但是,偶尔也有事前被公布的预言。把自己的命运与"泰坦尼克"号连在一起的英国著名记者史狄德,生前曾写过一篇小说,讲述与冰山相撞的客船因救生艇不足而酿成悲剧的故事。作者在小说的最后还加了一段警告性的预言:"如果客船没有配备足够多的救生艇而出海航行,那么这样的事故说不定真的会发生,不,总归会发生。"

显然,史狄德心里对将要发生的悲剧已有预感。事实上,在"泰坦尼克"号事件中,正是因配备的救生艇不足而使很多人遇难。可悲的是,史狄德自己也难逃浩劫,不幸成了"泰坦尼克"号的遇难者之一。

为什么有的人对灾难事件的发生会有预感?这令很多人感到困惑不解,现有的科学对此亦解释不清。怀疑论者认为预见未来是不可能的,而随心所欲地或顺应别人的要求预测未来更是难上加难。尽管如此,历史上还是留下了一些关于预知事件发生的惊人的记录。

马克·吐温成名之前名叫萨米埃尔·克莱曼斯。萨米埃尔有一段时间在"宾夕法尼亚号"船上工作,这是一艘在圣路易斯与新奥尔良之间航行的客船。当时他的弟弟亨利也在同一条船上做事。

萨米埃尔在圣路易斯时经常住在姐姐家里。有一天他在那里做了一个梦:二楼的客厅内放着金属棺材,里面躺着弟弟亨利,亨利穿着他的衣服,胸口上放着一个大花环,花环正中是一朵红色的玫瑰,四周是白色玫瑰。棺材架在两把椅子上。由于那个梦太逼真了,以至于他醒后分不清这到底是梦还是现实,特地到客厅去验证后才确认那是一个梦。

几天后,回到船上的萨米埃尔与宾夕法尼亚号上的船员发生争执,于是被调到另一条叫"莱希号"的船上,而他的弟弟仍留在宾夕法尼亚号上。宾夕法尼亚比莱希早两天出航了。

第二课 悲剧的预感与应验

当莱希号到达密西西比州格林维尔的时候,萨米埃尔听说宾夕法尼亚号在孟斐斯下游的希普岛附近发生了锅炉爆炸事故,船上伤亡惨重。弟弟亨利还有呼吸,但全身严重烧伤,几乎难以辨认。萨米埃尔在弟弟身旁看护了6昼夜,直到其去世。弟弟的尸体被移到太平间后,疲惫不堪的萨米埃尔在一个朋友家睡了一觉。

就在萨米埃尔睡觉的时候,意想不到的事情发生了。通常,棺材都是用松木制作的,但是孟斐斯的妇女们自发募捐,准备了金属棺材,上了岁数的妇女还扎了一些花环。因此,当萨米埃尔醒来再看到弟弟时,穿着萨米埃尔的衣服的亨利的遗体已安放在尚未盖上的棺材里,他的胸口上放着一个大花环,花环四周是白色的玫瑰,而正中则点缀着一朵红色的玫瑰。

萨米埃尔护送弟弟的棺材到达圣路易斯时是早上8点。到那儿以后,萨米埃尔先去找姐夫,但他跟赶回家奔丧的姐夫错过了,姐夫已经去码头迎接了。因而,当萨米埃尔再返回船上时,棺材已经运到了姐姐家。待他赶到那儿时,姐夫正打算把棺材抬到二楼安放。由于萨米埃尔不想让母亲看到弟弟已变了形的样子,生怕母亲脆弱的神经承受不了,便反对把棺材抬上去。

随后,他独自上了二楼,一看就惊呆了,眼前所见竟然与梦境一模一样:两把椅子面对面摆着,正准备往上放棺材。后来,马克·吐温在自传中做了这样的回忆,他说:"如果我再晚赶到两三分钟,则与几周前的梦境完全一样,弟弟的棺材已被安放在两把椅子上了。"

瞧,马克·吐温的梦应验了。这是巧合还是预感?显然,现代科学还无法做出解释。

(据《读者》2004年第12期)

注 释

1. 略微—稍微 ✽✽

都是副词,都表示数量不多、程度不深或时间不长。"略微"多用于书面语;"稍微"则既可用于书面语,也可用于口语。其经常使用的格式是:

A. 略微/稍微+动词+一下/一点儿/一会儿/一些。

(1) 晚饭他~喝了一点儿葡萄酒。

B. 略微/稍微+形容词+一点儿/一些,常跟"比"一起用于表示比较的句子里。

(2) 这件衣服你穿~红了一些。

(3) 他比你~高了一点儿。

C. 略微/稍微+有点儿/有些+动词/形容词,多用于表示不如意的事情。

(4) 我对他~有些意见。

D. 略微/稍微+动词重叠式。

(5) 她把杯子~洗了洗。

注意,"略微/稍微"后接的动词或形容词一般来说不能是单独一个的词,而应该有表示量少的补语或状语。如:

(6) 她有点儿不好意思,脸略微/稍微红。(×)

(7) 你让我略微/稍微看这本书吧。(×)

"略微"和"稍微"的区别是"稍微"后面可带否定词"不",然后再加与人的心理活动有关的动词或形容词,如"注意"、"小心"、"留神"、"留心"、"留意"、"如意"等。而"略微"则不行。如:

(8) 汉字太难写,~不注意就会写错。(略微×)

(9) ~不高兴就骂人,这怎么行?(略微×)

2. 推断—推测 ✽✽

"推断"和"推测"是动词,也是名词。"推测"是根据已知道的事情来想象不知道的事情;而"推断"是在推测的基础上做出结论。例如:

(1) 请大家推测一下这次比赛的结果。(推断×)

(2) 从教育的现状可以推断社会的未来。(推测√)

(3) 由句子推断整个段落的意思,这就需要多读书。(推测×)

(4) 关于甲骨文的推测,到了20世纪50年代初期开始得到印证。(推断×)

3. 荒唐—荒诞—荒谬 ✽✽

都是形容词,都有不合情理的意思,含贬义。他们的区别主要在意思的侧重点上和某些搭配上。"荒唐"侧重指思想、言行错误到让人觉得奇怪的程度;而"荒诞"侧重在不真实,和"不经"搭配;"荒谬"侧重指言辞、理论错误,可和"绝伦"搭配。如:

(1) 迷信的人认为本命年"流年不利、诸事不宜",这是十分荒谬的。(荒唐√荒诞×)

第二课　悲剧的预感与应验

(2) 一些电影、电视剧中那荒唐离奇的情节,那令人眼花缭乱的武打、那自作多情的点缀,又怎能收到感人的效果？(荒诞√/荒谬×)

(3) 他们惯用的手法就是,接过革命的口号,加以歪曲、篡改、夸大,使之变为荒谬绝伦的东西。(荒唐×荒诞×)

(4) 社会上荒诞不经的事情仍屡见不鲜。(荒唐×荒谬×)

此外,"荒唐"还有"(行为)放荡、没有节制"的意思,另外两个词没有。如：

(5) 事情往往就是这样,不实事求是,一步步发展,就会失控,不断扭曲,直至达到荒唐的地步。(荒谬×荒诞×)

这几个词里,"荒诞"的程度最高,且书面语色彩浓厚;"荒谬"程度比"荒诞"轻,"荒唐"程度最轻。"荒谬"和"荒唐"都可用于口语。

4. 总归—终究　✹✹

"总归"和"终究"都是副词,一般用在动词前,都可以表示无论怎样最后必然如此。如：

(1) 他们说,该发生的总归会发生。(终究√)

不过,"终究"还有"毕竟"、"最终"的意思,表示追根究底所得的结论或结果,而"总归"却没有。如：

(2) 老师让我造句,结果我终究没有想出合适的句子。(总归×)

"总归"和"终究"还可以构成"A 总归/终究是 A"的结构,A 为名词,强调所指事物的特点,如：

(3) 孩子终究是孩子,看着什么都觉得好玩儿。(总归√)

5. 困惑—疑惑　✹✹

都可以做动词和名词,都可表示迷惑、不知道为什么的意思。有时可互换。如：

(1) 他为什么要这么做？他们对此感到困惑不解。(疑惑√)

(2) 该节目主持人沈霞热忱细致地为许多人解除心里的困惑,被称为电台里的"心理医生"。(疑惑√)

"疑惑"指有疑问或怀疑;"困惑"指陷入艰难痛苦中或受环境、条件的限制无法摆脱,语义比"疑惑"重。如：

(3) 东京外汇市场本周开盘后,日元还将升值。这种局面已经使日本政府和银行界感到困惑。(疑惑×)

(4) 事故原因都调查清楚了,没什么可疑惑的了。(困惑×)

"困惑"可带宾语,"疑惑"不行。如：

(5) 外面的世界越来越精彩,但一些似是而非的"新观念"困惑着涉世未深的青少年,家长们为此深感忧虑。(疑惑×)

6. ~论 ❈❈

"论"可以做后缀,表示学说,例如:达尔文的"进化~"、爱因斯坦的"相对~"、马克思的"唯物~";还可以表示主张,如:"怀疑~"、"学习无用~"、"无神~"等等。

7. 争执—争论—争吵 ❈❈

都是动词,都可指争辩。"争执"指双方各持己见,互不相让,可有"争执不下"、"发生争执"的搭配,是中性词,书面语色彩较浓;"争论"指双方就某个问题展开讨论,不含贬义;"争吵"指大声争辩,贬义色彩较重。三个词都可与"不休"搭配使用,有时可互换,如:

(1) 他们在这里争执了半天仍没有结果。(争论√ 争吵√)

(2) 双方在这些条件上争执不下,无法达成一致的意见。(争论× 争吵×)

(3) 你们为一点儿鸡毛蒜皮的事情就这么大声争吵,不觉得脸红吗?(争执× 争论×)

"争论"可以带宾语,另外两个词不行。如:

(4) 我们在堤坝上漫步,漫无边际地争论着黄河的形象到底像父亲还是母亲。(争执× 争吵×)

8. 多重复句 ❈❈

结构上有两个或两个以上层次的复句叫多重复句,如:

(1) 联邦航空局接到普斯的电话后,从其噩梦的内容推断,似乎说的是国内的机场和飞机,但他们认为为了普斯似是而非的梦而花费大量人力是荒唐的,而且也无法具体查明,于是不了了之。

运用多重复句要注意以下两点:

A. 注意先后次序

要照顾逻辑关系和语言习惯,否则就会引起结构混乱,违反逻辑。如:

(2) 这个道理很简单,连大人都懂了,何况是孩子呢?

例(2)应该把"大人"与"孩子"调换一下位置。

B. 准确使用关联词语

关联词语使用有误的主要表现在:位置或搭配不当、漏用、误用、滥用。如:

(3) 他在工作中遇到困难的时候,不仅不灰心、不后退,而是迎着困难上。

(4) 我不但爱上了滑冰,而且以前不喜欢运动的朋友也爱上了滑冰,所以周末我们约好一起去滑冰。

(5) 玉梅二十多年来一直照顾附近的孤寡老人,尽管刮风下雨,但是她从不间断,于是使我们非常感动。

例(3)最后的分句和前面应该是递进关系,应把"而是"改成"而且"。例(4)的"我"应位于"不但"后,因为前后分句主语不同。例(5)的"尽管"应改为"不管",去掉"但是"和"于是"。

9. 修辞知识:"把"字句的运用 ❈❈

除了某些既带宾语又带补语的句子和动词为"当做"、"称做"、"作为"等时必用"把"字句外,汉语很多时候都可用可不用"把"字句。但是使用"把"字句和一般的主动句意味有差别。"把"字句更强调处置,表示甲使乙受到一定的影响。既然要处置,自然需要有确定的被处置的事物;要表示被处置事物所受到的影响,就要有结果或者能说明其受影响的词语,这就是为什么"把"字句的宾语应该是确指的和动词不能单独出现的原因。而"把"字句的另一个主要的功能是强调责任者或动作行为的发起者。请比较:

(1) 小王喝醉酒了。

(2) 一杯酒就能把小王喝醉了。

例(1)只是一般的叙述,告诉别人小王喝醉酒这一件事情。例(2)则更强调"酒"的作用,使小王受到的影响是"醉了"。再如:

(3) 我累死了。

(4) 把我累死了。

例(3)叙述"我"很累,没有强调使"我"累的原因。如果别人叫你一起去吃饭,你不想去,向他或她说明你不去的原因时,宜用例(3)。例(4)则着重指出"我"的累是别人或别的事物带来的。例如"我"刚搬完一块大石头,当"我"要强调那块石头很重,是它使"我"这么累的,就宜用例(4)。

四 练 习

(一) 把词语和解释用线连起来

1. 明辨是非   A. 形容迟钝的样子。
2. 谨言慎行   B. 把是非分清楚。
3. 置之不理   C. 别人说什么,就跟着说什么,形容没有主见。
4. 兴高采烈   D. 好像懂,又好像不懂。
5. 呆头呆脑   E. 说话做事都谨慎小心。
6. 似懂非懂   F. 兴致高,情绪热烈。
7. 随声附和   G. 由于主要的事情解决了,其余的事情也跟着结束了。
8. 一了百了   H. 放在一边不理不睬。
9. 大惑不解   I. 形容精神兴奋,得意。
10. 神采飞扬   J. 感觉十分疑惑,不能理解。

(二) 选择合适的词语填空,每个词语限用一次

> 难以置信　总归　略微　稍微　不对劲儿　目瞪口呆
> 随心所欲　似是而非　没精打采　荒谬　荒诞　荒唐　终究

1. 看着就发生在眼前的撞车事故,她吓得_____。

2. 下雨天路太滑,_____不小心就会摔倒。

3. 事实_____是事实,谁也不能否认。

4. 他编的这个电影,其情节确是_____不经。

5. 干出这样的事来,简直_____透顶。

6. 把事情夸张到_____的程度,就会使人马上想到这是"醉翁之意不在酒",是别有所图。

7. 这种啤酒的味道有点儿_____。

8. 漫长的狱中生活曾使曼德拉饱尝磨难,但这位"全世界最著名的政治犯"对这段令人_____的痛苦经历却没有发出抱怨。

9. 历史难道是可以_____地删改的吗?

10. 在科技方面,日本有可能超过美国目前_____领先的五个领域。

11. 现在,时常有一些_____的"新观念"困惑着涉世未深的青少年,老师们为此深感忧虑。

12. 因为不会游泳,我不敢跳到水里去救那个落水的孩子,我_____不是个勇敢的孩子。

13. 看你那_____的样子,是什么事让你这么不开心?

(三) 判断句子正误并改正错句

1. (　)请稍微等,他马上就来。
2. (　)你的表略微慢。
3. (　)1994年全国粮食总产量44450万吨,与需求大致平衡,略微偏紧。
4. (　)"这幅画真是你画的吗?"老师困惑地问小明。
5. (　)记事本里出现了许多令人困惑的句子。
6. (　)书中有一个句子困惑了我很久。
7. (　)在改革开放的大潮中,各种事物千变万化,我们每个人都会有成功的喜悦、失意的苦恼、探索的疑惑。
8. (　)大卫找了很久,总归没有找到他喜欢的样式。
9. (　)女孩子终究是女孩子,做事总是那么细心。
10. (　)我们总归不能一同搭上开往春天的地铁。是的,总归不能。
11. (　)据杨天乐推断,这些药物已过时,没人再服用。
12. (　)视耕地为我们民族的生命线,完全是科学的推测。
13. (　)专家推断,此庙当建于宋代。
14. (　)据科学家们考察,塔克拉玛干沙漠腹地的年降水量远高于过去"低于10毫米"的推测,达20—80毫米。

第二课　悲剧的预感与应验

(四) 选择合适的词语完成句子(每个词语限用一次)

　　来临　推断　总归　生怕　谨小慎微
　　不了了之　无神论者　确认　一模一样　过后

1. 她才不怕鬼呢,她＿＿＿＿＿＿＿＿＿＿＿＿＿＿＿＿＿＿＿＿＿＿＿。
2. 玛丽长得＿＿＿＿＿＿＿＿＿＿＿＿＿＿＿＿＿＿＿＿＿＿＿＿＿＿。
3. 现在你先照着他说的去做,有意见＿＿＿＿＿＿＿＿＿＿＿＿＿＿＿。
4. ＿＿＿＿＿＿＿＿,琼斯在这次比赛中一定能拿冠军。
5. 虽然他没有承认,但警察＿＿＿＿＿＿＿＿＿＿＿＿＿＿＿＿＿＿＿。
6. ＿＿＿＿＿＿＿＿,家家户户都忙着打扫卫生,贴春联。
7. 那件事他们追查了半年毫无结果,最后＿＿＿＿＿＿＿＿＿。
8. 大卫＿＿＿＿＿＿＿＿,我看很难办成什么大事。
9. 虽然现在是严冬,但＿＿＿＿＿＿＿＿＿＿＿＿＿＿＿＿＿＿＿＿＿＿。
10. 小龙是个超级球迷,世界杯期间,他守着电视机寸步不离,＿＿＿＿＿＿＿＿＿＿。

(五) 选择最合适的词语替换下面句子中画线的词语

　　限于　惯例　点缀　错过　荒唐　荒诞　争执　生怕　不解　惨重

1. 在中国,不允许妇女改嫁的那个<u>令人不可思议</u>的年代已经过去了。
2. 对母亲那一点儿也不客气的话语,小王觉得<u>不可理解</u>。
3. 她黑色的礼服上<u>装饰</u>着许多闪闪发光的小珠子,显得既漂亮又庄重。
4. 玛丽在一边靠山、一边靠海的环山公路上小心地开着车,<u>很怕</u>发生什么意外。
5. 我们已经<u>失去</u>了很多发展经济的大好机会,如今再不努力往前赶,将来可就愧对后人了。
6. 作者是在看似<u>荒唐虚妄、不合情理</u>的画面中表达他对生活的某种感受。
7. 在广州,可免费乘公共汽车的<u>仅仅是</u>某一高度以下的孩子以及六十岁以上的老人。
8. 在超强台风中,那个著名的旅游城市损失<u>极其严重</u>。
9. 他们俩曾经有过很多<u>争吵</u>,而今却成了非常要好的朋友。
10. 他们国家已经把存款利率和贷款利率的计息方法统一起来,并和国际上<u>惯用的做法</u>逐步一致。

(六) 根据课文内容判断正误

1. (　)海伦有夜游症,所以她半夜去敲了母亲的门。

2. （　）是海伦的夜游症，或者是她母亲的幻觉，使海伦的妈妈幸免于难。
3. （　）保险公司向卡斯塔尔太太支付保险金，是因为她肚子里有一个尚未出生就没了父亲的孩子。
4. （　）普斯看到电视里播放奥海耶机场发生坠机事故的新闻时目瞪口呆，是因为这个事故过于悲惨。
5. （　）联邦航空局接到普斯的电话后，认为普斯的梦是荒唐的。
6. （　）坠机事故发生后，联邦航空局感到沮丧，是因为他们觉得，假如他们能根据普斯的话，花费人力物力去调查，事故也许就不会发生。
7. （　）正是因为没有配备足够多的救生艇而出海航行，"泰坦尼克"才会发生因撞上冰山而沉没的不幸事故的。
8. （　）马克·吐温曾经写过一篇小说，叙述发生在弟弟死后的离奇事件。
9. （　）孟菲斯的妇女们主动拿出钱来，为在宾夕法尼亚号爆炸事故中死亡的船员们购买了金属棺材。
10. （　）萨米埃尔上二楼后，眼前所见竟然与梦境完全一样。

（七）仔细阅读短文，找出不自然或错误的关联词语和"把"字句，并改正

　　在美国一个传统市场里，有个中国妇人的摊位生意特别好，这引起其他摊贩的嫉妒，于是大家常有意无意地把垃圾扫到她的摊位前面。

　　这个中国妇人本着和气生财的道理，不予计较，但是把垃圾都清到自己的角落。

　　旁边卖菜的墨西哥妇人把她观察了好几天，忍不住问道："大家都把垃圾扫到你这里来，为什么你都不生气？"

　　中国妇人笑着回答："在我们国家，过年的时候，都会把垃圾往家里扫，垃圾越多就代表会赚越多的钱。现在每天都有人把钱送到我的摊位上，我怎么舍得拒绝呢？你看我不是把生意做得越来越好吗？"

　　从此以后，那些垃圾就不再出现了。

　　多么有智慧的办法啊！面对一些难题，你可以把它处理得更妥善，甚至换一个角度来思考，这不但能把诅咒化为祝福，反而能把危机化为转机。

五　副课文

20世纪的预言

　　《南方都市报》的报道说，2005年6月10日日本公布了《2004年度科学技术白皮书》，以《20世纪的预言》为题，回顾了日本百年前的科学预言有多少变成了现实。

第二课　悲剧的预感与应验

《20世纪的预言》是日本《报知新闻》1901年刊登的23项预言,100多年后的今天,12项变为现实,部分变为现实的有5项。这又一次说明科学需要想象和理想。想象是创造的翅膀,单纯的想象虽然不能真正征服自然,但会给科学以灵感和启迪。对已经实现的预言的回顾是我们对人类创造力的信心的鼓励。只要活着就有希望,只要创造就有精彩。

一、12个完全变成现实的预言

(1) 写真电话(即现在的可视电话)

可视电话概念早在50年前便已出现,美国AT&T公司在1965年研制出了首部"图像电话",但由于费用昂贵而未能被推广应用。

(2) 人类7天可环绕世界一周

这项预言在1933年便由美国飞行家威利·波斯特实现,他当时独自驾驶单引擎飞机花了7天18个小时48分钟,首创最短时间环游世界纪录。今年3月,美国的福塞特单独驾驶飞机,只用了67小时便环游了世界。

(3) 能调节寒暑、送出适宜空气的机械(即现在的空调)

空调的概念在预言提出前便已存在,不过真正将空调概念转化为日常家电的,要归功于美国工程师威利斯·开利博士。他在1902年7月17日发明了世界上第一套科学空调系统,并在纽约布鲁克林一家印刷厂安装使用。

(4) 无线电信及电话

(5) 远程照片传送

(6) 借助电力培养植物

(7) 声音远距传输

(8) 电力普及

(9) 高速铁路

(10) 城市高架铁路和地铁

(11) 汽车普及

(12) 电力传输

二、5个部分成为现实的预言

(1) 利用可视电话远程购物并通过地下铁管送达

跟网上购物概念接近,除了通过图片让顾客审视物品,科学家正在致力开发新科技,针对香水、食物、衣料等商品,让顾客坐在家中也能闻到、尝到、触摸到物品。

(2) 人越来越高,达到6尺以上

现在通过增高术确实可以帮助人变高,不过除手术费昂贵、要冒风险外,更需忍受大半年钻心疼痛的折磨。

(3) 撒哈拉沙漠变沃野从而使东半球文明发达起来

撒哈拉沙漠还是一片荒野,不过现代文明确实在日本、中国等地发达起来。

(4) 铁道贯通五大洲

(5) 空中军舰和空中炮台

三、6个未能成为现实的预言

(1) 发射炮弹抵挡暴风

暴风每年都会夺走无数生灵,美国一些天文爱好者曾提出过众多抵抗暴风的计划,包括在沿岸建造巨型风扇把暴风吹散,以核弹或用载有大量化学粉末的飞机撞向暴风。无奈这些计划很难变为现实。

(2) 人与兽自由对话

美国两名科学家仍在努力尝试研制出一个电脑人兽沟通器。理论上只要对挂在颈上的特殊仪器说话,内容便可以被翻译成动物语言。

(3) 蚊子和跳蚤灭亡

(4) 野兽灭亡

(5) 医学进步使人类不再饮用药剂

(6) 废除幼儿园

上述时代到来的可能性有多大,毕竟还难以断言。不管怎样,21世纪肯定将是一个充满奇异的时代。

一个世纪过去了,科技有了更大的进步,但同时也面临更为复杂的课题。下个百年预言是什么,如何引导后人让预言梦想成真,这需要今天的胆识和智慧。

(据《南方都市报》,《中学时事报》2005年6月21日)

 根据课文内容填空

1. 想象是创造的_____,这句话的意思是_____。

2. 只要活着就有_____,只要创造就有_____。

3. 写真电话也叫_____,其概念早在50年前已出现。

4. 借助电力培养植物是_____成为现实的预言之一。

5. 通过增高术确实可以帮助人增高,但需要忍受_____。

6. 铁路贯通五大洲是_____成为现实的预言之一。

7. 6个未能成为现实的预言何时得以实现目前难以_____。

第三课 过 年

一、生词语

1. 邮差	yóuchāi	(名)	邮递员的旧称。
(差错)	chā		
(差不多)	chà		
2. 坦白	tǎnbái	(形)	心地纯洁,语言直率:襟怀~。
≈老实			
3. 腻味	nìwei	(形)	因次数过多或时间过长而感到厌烦:老唱这首歌,你不觉得~吗?
			>腻烦 乏味
4. 劲头	jìntóu	(名)	积极的情绪:看他那兴高采烈的~|他们学习起来~十足。
5. 咀嚼	jǔjué	(动)	用牙齿磨碎食物,比喻对事物反复体会:诗句的意境,耐人~。
(细嚼慢咽)	jiáo		
			咀—组—祖—租—阻
6. 滋味	zīwèi	(名)	味道;比喻某种感受:菜的~不错|挨饿的~不好受|听了这话,心里真不是~。
≈味道			
7. 享有	xiǎngyǒu	(动)	在社会上取得(权利、声誉、威望等):~盛名|在我国,男女~同样的权利。
≈拥有			
8. 莲子	liánzǐ	(名)	莲的种子,椭圆形,当中有绿色的莲心,肉呈乳白色,可以吃,也可以入药。
9. 芝麻	zhīma	(名)	一年生草本植物,种子小而扁平,有白、黑、黄等不同颜色,可以吃,也可以榨油。
10. 海鲜	hǎixiān	(名)	供食用的新鲜的海鱼、海虾等。
11. 活蹦乱跳	huóbèng-luàntiào		形容健康、活泼、生命力旺盛:幼儿园的孩子个个都是~的|你看,这些鱼~的,多新鲜啊!

12. 生猛	shēngměng	(形)	指活蹦乱跳的(鱼虾等):~海鲜。
13. 钳子	qiánzi	(名)	用来夹住或夹断东西的器具。课文指螃蟹前面长着的一对像钳子一样的东西。
14. 横行	héngxíng	(动)	横着走,有时比喻行动蛮横。
15. 翠绿	cuìlǜ	(形)	像翡翠那样的绿色:满山~|~的松林。

>青翠 翡翠 翠竹
翠—翌—笠 绿—缘—禄

| 16. 鲜红 | xiānhóng | (形) | 形容颜色红而鲜艳:~的朝霞。 |

>鲜艳 鲜亮 鲜明

17. 金黄	jīnhuáng	(形)	黄而微红略像金子的颜色:~色的头发|麦收时节,田野里一片~。
18. 饱满	bǎomǎn	(形)	丰满:颗粒~。
19. 南瓜	nánguā	(名)	一种草本植物,果实一般扁圆形或梨形,可做蔬菜,种子可以吃,也可入药。
20. 鹅黄	éhuáng	(形)	像小鹅绒毛那样的黄色;嫩黄。
21. 碧绿	bìlǜ	(形)	青绿色:~的荷叶|田野一片~。

>碧玉 碧波 碧蓝 碧空

| 22. 墨绿 | mòlǜ | (形) | (颜色)深绿:那湖水~~的,让人心醉。 |

>墨黑 墨镜

| 23. 形形色色 (变色儿) | xíngxíngsèsè shǎi | | 各种各样:一到中秋节,商店里就摆出~的月饼\|一进博物馆,那些~的手表马上引起了大家的兴趣。 |
| 24. 优雅 ⟵⟶庸俗 | yōuyǎ | (形) | 优美高雅:~的姿态\|举止~。 |

>典雅 雅致 雅座 雅俗共赏

25. 水仙	shuǐxiān	(名)	多年生草本植物,叶子条形,花白色,中心黄色,有香气。
26. 争奇斗艳	zhēngqí-dòuyàn		竞相展示形貌、色彩的奇异、艳丽,以比高下:百花盛开,~|各式时装~。
27. 漫步 ≈散步	mànbù	(动)	没有目的而悠闲地走:~江岸|独自在田间小道上~。

漫—慢—馒

| 28. 气息 | qìxī | (名) | 气味:一阵芬芳的~从花丛中吹过来\|生活~\|时代~。 |

>气味 喘息

| 29. 烟花 ≈焰火 烟火 | yānhuā | (名) | 燃放时能发出各种颜色的火花,或同时变幻出各种景物而供人观赏的东西:放~\|看~。 |

30. 欢笑	huānxiào	（动）		快活地笑:室内传出一阵阵~声。
31. 盛开	shèngkāi	（动）		茂盛地开放:百花~。
				＞兴盛 繁盛 鼎盛
32. 棍子	gùnzi	（名）		用树枝、竹子截成的长条形东西,也有用金属或其他材料制成的。
33. 飞舞	fēiwǔ	（动）		像跳舞似的在空中飞:雪花~|蝴蝶在花丛中~。
34. 缓	huǎn			迟;慢:迟~|~步。
35. 盘旋	pánxuán	（动）		环绕着飞或走:飞机在天空~|山路曲折,游人~而上。
				＞盘绕 盘山 旋转
36. 眨	zhǎ	（动）		(眼睛)闭上立刻又睁开:~眼|眼睛一~也不~。
37. 惊慌	jīnghuāng	（形）		害怕,慌张:神色~|~失措。
←→镇定 镇静				
38. 眉飞色舞	méifēi-sèwǔ			形容喜悦或得意:说到得意的地方,他不禁~|陈老师上课总是~的,特别能吸引学生的注意力。
39. 就算	jiùsuàn	（连）		即使:~有困难,也不会太大。
≈即使 即便				
40. 籍贯	jíguàn	（名）		祖居或个人出生的地方。
41. 外籍	wàijí	（名）		外国国籍:加入~|~货轮。
42. 隔阂	géhé	（名）		彼此情意沟通的障碍;思想上的距离:感情~|消除~。
←→融洽				
				＞隔绝 隔断 隔离
43. 认同	rèntóng	（动）		认为跟自己有共同之处而感到亲切:民族~感。
				＞认可 认定 同意 共同
44. 若即若离	ruòjíruòlí			好像接近,又好像不接近:王小姐对万强总是~的,让万强觉得很苦恼|你不喜欢他就告诉他,不要对他这样~的。
45. 悄然	qiǎorán	（形）		形容静寂无声:~离去。
（悄悄）	qiāo			＞悄声 悄寂
46. 交融	jiāoróng	（动）		融合在一起:水乳~。
				＞融合 融汇 融会 融洽
47. 尽情	jìnqíng	（副）		尽量由着自己的情感,不加拘束:~欢

				笑｜孩子们~地唱着、跳着。
48. 耀眼	yàoyǎn	（形）		光线强烈,使人眼花:金光闪闪,十分~。
49. 掠	lüè	（动）		轻轻擦过或拂过：凉风~面｜燕子~过水面。
				掠—凉—晾—谅
50. 融洽	róngqià	（形）		彼此感情好,没有抵触:关系~｜~无间。
51. 断断续续	duànduànxùxù			时而中断,时而继续:沿路可以听到~的歌声｜这本书~写了五年才写成。
52. 爆竹 ≈鞭炮 炮仗	bàozhú	（名）		用纸把火药卷起来,两头堵死,点着引火线后能爆裂发声的东西,多用于喜庆事。
				爆—暴—瀑—曝
53. 震动	zhèndòng	（动）		颤动;使颤动:火车~了一下,开走了｜春雷~着山谷。
54. 包容	bāoróng	（动）		宽容:大度~｜一味~。
55. 迎面	yíngmiàn	（副）		冲着脸:西风正~刮着｜~走上去打招呼。
56. 舞	wǔ	（动）		舞蹈,拿着某种东西舞蹈:~剑｜~龙灯。
				>舞伴 舞动
57. 腾跃	téngyuè	（动）		奔跑跳跃:骏马~。
				>腾飞 腾云驾雾 奔腾 欢腾
58. 凶狠 ≈凶恶	xiōnghěn	（形）		(性情、行为)凶恶狠毒:~的豺狼。
59. 蹿	cuān	（动）		向上或向前跳:身子往上一~把球接住｜猫~到树上去了｜他一下子~得很远。
60. 贺词	hècí	（名）		表示祝贺的话。
61. 来年 ≈明年	láinián	（名）		明年:估计~的收成会比今年好。
62. 祝福	zhùfú	（动）		祝人平安和幸福:~老师一路平安｜请接受我真诚的~。
63. 根深蒂固	gēnshēn-dìgù			比喻基础稳固,不容易动摇:我对水有种~的恐惧,这可能和我小时候曾经掉到水里有关｜王妈妈的封建思想是~的,要改变她非常困难。
				蒂—帝—缔—谛

第三课 过 年

专 名

唐人街	Tángrén Jiē	指海外华人聚居并开设较多具有中国特色的店铺的街市。也叫中国城。

二 课 文

提示一 为什么作者现在过年的劲头不同以往了？作者在唐人街通过什么感受到了过年的气氛？

到美国三个月，忙得晕头转向，压根儿就忘了过年这回事。那天下课回家，刚走到楼门口，听见一声："Happy new year！"抬头看，是送信的邮差，满脸笑容的。心想：都什么时候了，还新年好？正纳闷，猛然明白了他的意思，忙问："你怎么知道中国的新年？"邮差得意地说，他有几个中国朋友，而且一到中国的农历年前，寄自或寄往中国的邮件特别多。

于是，开始想怎么在美国过年。在广州，过年已经程序化了，买年货、逛花市、三十晚上看电视。坦白说，真是觉得有些腻味了，过年的劲头也不同以往了。此时独身一人，咀嚼起过年的滋味，又觉出了亲切和温暖。人就是这么奇怪，享有时不懂得珍惜，失去时才知道价值。

年三十，一个人去逛街。一进唐人街，就感受到节日的气氛。虽然天气很冷，店铺却早早开了门。食品店里各类年货都有，什么莲子啊，年糕啊，芝麻饼啊，光是瓜子就有七八种。顾客很多，收款机前排着长长的队。海鲜店里，柜台上摆满各种各样的海鱼；玻璃水箱里，肥鱼活蹦乱跳，大虾鲜活生猛，各种螃蟹挥舞着钳子横行。走在店里，好像走进了海底世界似的。蔬菜店则色彩丰富：青白的北方大葱，翠绿的南方油菜，鲜红透亮的番茄，金黄饱满的南瓜，透着鹅黄的大白菜，透着碧绿的小白菜，还有墨绿鲜嫩的细黄瓜，深紫放光的长茄子……这些形形色色的菜都吸引着我，可我却不知该买什么好。

我最喜欢的还是人行道上的花摊，优雅的水仙，热情的玫瑰，各色花儿争奇斗艳。人人脸上挂着笑，个个手中捧着花，我觉得好像正漫步在广州的花市上，到处都是节日的气息。花摊前偶尔也有几个白人。我问过两位，女的说她喜欢中国的春节；男的说他妻子是华人，每年春节他和妻子都分别买花，然后比比看谁买的漂亮。

初一晚上应邀去唐人街聚餐。一走进大街，就看见许多人在放鞭炮和烟花,一张张开心欢笑的脸仰望着盛开在夜空的那一串串美丽神奇的花朵。一个美国姑娘想放鞭炮又怕炸着自己,忙着找绑鞭炮的棍子。我说那没意思,拿起一串鞭炮,抓着一头,点燃另一头,让它在手里炸响,快炸到手边了,再扔上半空。金色的火光在天上飞舞,轻烟在湿冷的空气中缓缓地盘旋,红色的碎纸纷纷飘洒在白色的雪地上,洒在过往的车辆上,也洒在那姑娘棕色的头发上。她看呆了。一咬牙,提起一串鞭炮,转过

头,细胳膊伸得直直的,很英勇地说:"点吧!"我说:"叫你扔你就扔。"鞭炮响了。她咬紧牙,脸涨得红红的,胳膊僵僵的,眼睛一眨也不眨。炸完一大半了,我说:"扔!"她竟木头人似的,完全没有反应。周围有人惊慌地叫喊起来。眼看就到手边了,我凑到她耳边大喊一声:"快扔!"她这才松手。几个旁观的白人黑人大概都觉得这种方法可行,也试着这样放,一边放,还一边眉飞色舞地大喊:"Funny(好玩儿)!Funny!"

　　餐厅是华人开的。聚餐的有中国人、美国人、日本人、德国人和韩国人,一共坐了三桌。有些是初次见面。有四对夫妻三对恋人,都由不同民族的人组成,就算都是中国人,彼此籍贯也不一样。服务员都是华人,说的是家乡话,喝的是家乡茶,吃的是家乡菜,就像在家乡过年似的。但饭桌旁好些是外籍人士,跟他们聊天儿得说英语。当然,他们多少了解一些中国文化,有的会中国武术,有的懂中国气功,有的对中国美术有研究,还有的到中国学过汉语。近几年,他们大年初一都到唐人街跟华人一起过年。有一个美国人在中国跟我学过汉语,说:"回来几年了,汉语忘了一些,但中国文化已经留在我血肉里了。我常来唐人街吃中国菜,逛中国商店,用汉语跟华人聊天。来这里就像回到中国一样。"

提示二 在国外过年,作者有什么特别的感受?

　　跟他们用英语交谈,我感到文化的隔阂,但同时也感到文化认同。有他们对中国文化的认同,也有我对异国文化的认同。既非全同又非全异的文化相互接触,有一种若即若离的感觉,有一种既新鲜又熟悉的体验。多种文化

就在这种感觉和体验中悄然无声地交融着。

走出餐厅,还有不少人,华人、白人、黑人,在尽情地燃放鞭炮。当一道道耀眼的火光在空中掠过,当一串串鞭炮在耳边炸响,在那融洽的气氛中,在那断断续续的声响中,忽然间,我竟不知是在美国还是在中国。我知道,此时的中国,正在新春的爆竹声中震动。我也感受到,此时的美国,也在鞭炮声中震动。一种历史久远的文化,能把它深厚的影响传播到世界每一个角落。一个胸怀博大的国家,能包容多种文化习俗。

年初四,我去了纽约市一个仅次于唐人街的华人居住工作区。买东西的时候,迎面碰上一个舞狮队,舞动的狮子时而在半空中腾跃,时而在雪地上打滚,时而凶狠,时而淘气。鼓点时缓时急,时高时低。初二下雪,路边堆起高高的雪坡。狮子蹿上滚下的,比在平地上更加生动逼真。

舞狮队在每一个店铺前狂舞,得到一个红包后又移到下一个店铺。到了跟前,才发现舞狮队的人竟然都不是华人,连舞狮的两位也不例外。一个白人说,他从小喜欢看舞狮,最早是在功夫片里。几年前开始学舞狮,现在还会中国功夫。

华人华裔在美国公民和移民中的人口不到百分之五,但对美国社会的影响力和推动力却是巨大的。美国总统克林顿在春节前特地发表讲话,给美国的华人拜年,给全世界的华人拜年。

年过完了。我觉得像在中国,又不像在中国。我给华人寄贺年卡,也给其他人寄。我收到华人寄来的贺年卡,也收到其他人寄来的,大家都在传递着大同小异的贺词,表达对来年美好的祝福。

农历年是中国人和一些亚洲人的传统节日,对这个节日,人们的感情是根深蒂固的。在美国,在全世界,有数不清的华人在过年,也有数不清的美国人和其他国家的人在过年。

(据《南方日报》1995年2月8日 周小兵文)

三、注 释

1. 坦白—老实 ✽✽

都是形容词,都可以表示说话诚实:"坦白"偏重语言直率,心地纯洁;"老实"偏重为人诚实。如:

(1) 坦白说,她对我那种若即若离的态度让我非常不舒服。(老实√)

(2) 那位邮差是一个襟怀坦白的人。(老实×)

(3) 父亲有一个根深蒂固的观念,就是做人要做老实人,说话要说老实话,办事要办老实事。(坦白×)

"老实"可以指为人规矩,不惹事,"坦白"没有这种用法。如:

(4) 这孩子很老实,跟别人相处非常融洽,从来不会跟人吵架打架什么的。(坦白×)

"坦白"还可以做动词,表示如实地说出(自己的错误或罪行),"老实"没有这种用法。如:

(5) 当警察把那根溅满血的棍子放到他面前,他终于坦白了自己的罪行。(老实×)

2. 滋味—味道 ✽✽

都是名词,都可以指物质那种能使舌头得到某种味觉的特性。如:

(1) 这种南瓜海鲜浓汤的味道真不错。(滋味√)

都可以指心中的某种感受。如:

(2) 细细咀嚼他的话,我心里有种说不出的滋味。(味道√)

两个词相比,"滋味"的书面语色彩比较浓。

"味道"还可以指气味,"滋味"没有这种用法。如:

(3) 由于在海鲜店里工作,他身上好像总是有鱼虾的味道。(滋味×)

3. 形形色色—各种各样 ✽✽

两个词语都指各种式样,但"形形色色"的使用范围比"各种各样"窄,往往限于描写一些有形的事物,"各种各样"没有这种限制。如:

(1) 他在自家的园子里种满了花,冬天一过,形形色色的花儿相继盛开,争奇斗艳,园子里充满了春天的气息。(各种各样√)

(2) 关于文化隔阂这个问题,人们有各种各样的观点。(形形色色×)

(3) 在这条小吃街上,你可以尝到莲子汤、芝麻饼什么的,总之,各种各样的风味都有。(形形色色×)

4. 漫步—散步 ✽✽

"漫步"指没有目的而悠闲地走,"散步"的意思是随便走走,指一种休息方式。"漫步"的书面语色彩比较浓。二者有时可以互换。如:

(1) 雨中的小街有种独特的气息,我最喜欢的就是下雨时在那条小街上漫步。(散步√)

指一种休息方式时,常常用"散步"。如:

(2) 昨天吃完饭我去散步,迎面碰上了一个多年未见的老同学。(漫步×)

此外,人们常说"散散步"、"散了一会儿步",但不说"漫漫步";使用"漫步"时可以用"漫步在+地点"结构,"散步"很少这样用。如:

(3) 那位外籍老师每天晚上都要到河边散散步。(漫漫步×)
(4) 雪花在空中飞舞,轻烟在灯光中盘旋,我漫步在这广场上,有一种与这个世界若即若离的感觉。(散步×)

5. 就算—即便 ✿✿

都是连词,表示假设的让步,与"也"、"还"等呼应。"就算"多用于口语,"即便"多用于书面语。如:

(1) 就算这些海鲜不够生猛,能在这内陆小城吃到海鲜,也很不错了。(即便√)
(2) 就算放烟花很危险,我也想试一试。(即便√)

6. 多少 ✿

副词。表示或多或少;一定程度。常常和"有点儿"、"一点儿"、"一些"等相配合。如:

(1) 虽然你们的籍贯不同,生长环境不同,思想上有些隔阂,但毕竟你们做了那么久的同班同学,你~也应该了解一些他的性格吧。
(2) 每年春节都是放烟花爆竹、看舞狮、吃团圆饭,~有点儿腻味了。

7. 认同—认可 ✿✿

都是动词,都可以表示肯定、同意。如:

(1) 通过举行舞狮大赛来庆祝节日的方案得到大家的认同。(认可√)

"认同"除了以上意思外,还可以表示认为跟自己有共同之处而感到亲切。如:

(2) 相同民族的人之间文化隔阂较少,而有较强的民族认同感。(认可×)

8. 修辞知识:声音的锤炼 ✿✿

声音的锤炼是指在选择词语的时候要注意声音美,声音美具体可以体现在音节匀称、平仄相调、韵脚和谐、叠音自然等方面。如:

(1) 青白的北方大葱,翠绿的南方油菜,鲜红透亮的番茄,金黄饱满的南瓜,透着鹅黄的大白菜,透着碧绿的小白菜,还有墨绿鲜嫩的细黄瓜,深紫放光的长茄子……

在这个句子中,每两个小句构成一组,每一组内的两个小句字数大致相等,音节对称,如"北方"对"南方"、"大葱"对"油菜"、"青白"对"翠绿"、"鲜红"对"金黄"、"鹅黄"对"碧绿"、"墨绿"对"深紫"等,音节结构非常整齐,使得句子读起来节奏鲜明,悦耳动听。再如:

(2) 当一道道耀眼的火光在空中掠过,当一串串鞭炮在耳边炸响,在那融洽的气氛中,在那断断续续的声响中,忽然间,我竟不知是在美国还是在中国。

在这个句子中,前面的两组结构分别是"当……在……"和"在……中",中间的"一道道"和"一串串"相对应,音节结构大致对称,整齐中又有变化。第一部分的最后一个字是"过",这个句子最后一个字是"国",平仄相应,韵脚和谐,使整个句子读起来自然流畅,而且回味悠长。

四、练 习

(一) 在下列四字词语中填入缺少的汉字,并分别用这些词语造句

1. 活___乱___：_____。
2. ___奇___艳：_____。
3. 眉___色___：_____。
4. 若___若___：_____。
5. ___深___固：_____。
6. ___嚼___咽：_____。

(二) 从以下答案中为加点字选择一个最合适的解释

生：A. 出生　B. 生长　C. 具有生命力的,活的　D. 生疏
融：E. (冰、雪等)变成水　F. 几种不同的事物合成一体　G. 流通
容：H. 比喻事物所呈现的景象、状态　I. 脸上的神情和气色　J. 包含

1. 生猛：_____　2. 生词：_____
3. 生日：_____　4. 野生：_____
5. 融洽：_____　6. 融化：_____
7. 金融：_____　8. 包容：_____
9. 笑容：_____　10. 市容：_____

(三) 选择合适的词语填空

　　争奇斗艳　气息　漫步　腻味　滋味　隔阂
　　断断续续　尽情　就算　坦白　多少

1. 我知道你不想吃东西,可这汤是王师傅专门为你做的,你就_____喝一点儿吧!
2. _____我相信你这么晚出去只是想散散步,你总得解释一下你为什么要拿根棍子吧!

3. 如果不是男朋友出差,我还不知道思念的_____是这么难受。

4. _____说,我真的不喜欢他说话时那种眉飞色舞的样子。

5. 中心大街有各种各样的新鲜玩意儿,如果你想感受一下时代_____,去那儿准没错儿。

6. 我知道你最喜欢吃海鲜,所以带你来这个本市最大的海鲜城。你看,这里有形形色色的生猛海鲜,你就_____地吃吧!

7. 春节时,我最喜欢逛广州的花市了,看着_____的花朵,听着_____的爆竹声,享受着节日的快乐。

8. 在这样一个美好的夜晚,独自_____在小树林里,看着雪花悄然飘落,感觉无比的浪漫。

9. 尽管他们是亲兄弟,可是从小就分开了,又在不同的环境中长大,所以感情上还是有_____的。

10. 从中秋节开始,我们家天天早餐都是吃月饼,今天莲子的,明天芝麻的,开始还喜欢,吃到后面,简直_____死了。

(四) 根据课文填上相应的词语,并在后边括号中写出这些词语的同义词

1. 人就是这么奇怪,_____时不懂得珍惜,失去时才知道价值。(　　)

2. 这些_____的菜都吸引着我,可我却不知该买什么好。(　　)

3. 我最喜欢的还是人行道上的花摊,_____的水仙,热情的玫瑰,各色花儿争奇斗艳。(　　)

4. 炸完一大半了,我说:"扔!"她竟木头人似的,完全没有反应。周围有人_____地叫喊起来。(　　)

5. 一个胸怀博大的国家,能_____多种文化习俗。(　　)

6. 买东西的时候,迎面碰上一个舞狮队,舞动的狮子时而在半空中腾跃,时而在雪地上打滚,时而_____,时而淘气。(　　)

(五) 第三段中出现很多描写颜色的词语,总结一下这些颜色词语的构词特点,按颜色类别填空(不限于本课出现的词语,能填多少填多少)

1. 红:_____、_____、_____、_____、_____

2. 黄:_____、_____、_____、_____、_____

3. 绿:_____、_____、_____、_____、_____

4. 白：_____、_____、_____、_____
5. 黑：_____、_____、_____、_____
6. 蓝：_____、_____、_____、_____

（六）熟读下列各句并用括号里的格式造句

1. 在广州,过年已经程序化了,买年货、逛花市、三十晚上看电视。坦白说,真是觉得有些腻味了,过年的劲头也不同以往了。(……,坦白说,……)

2. 食品店里各类年货都有,什么莲子啊,年糕啊,芝麻饼啊,光是瓜子就有七八种。(……,什么……啊,……啊,……啊,光是……)

3. 跟他们用英语交谈,我感到文化的隔阂,但同时也感到文化认同。(……,我感到……,但同时也感到……)

4. 当一道道耀眼的火光在空中掠过,当一串串鞭炮在耳边炸响,在那融洽的气氛中,在那断断续续的声响中,忽然间,我竟不知是在美国还是在中国。(当……,当……,在那……,在那……,……)

5. 买东西的时候,迎面碰上一个舞狮队,舞动的狮子时而在半空中腾跃,时而在雪地上打滚,时而凶狠,时而淘气。(……,时而……,时而……,时而……,时而……)

第三课 过 年

(七) 从声音锤炼的角度,为下列句子找出最合适的"下一句"

1. 日落江水白　　　　　A. 做好事乐在其中
2. 草枯鹰眼疾　　　　　B. 月涌大江流
3. 星垂平野阔　　　　　C. 江船火独明
4. 读好书乐趣无穷　　　D. 秋声雁声声声寒
5. 高高下下树叮叮咚咚泉　E. 兰亭古本学海珍藏
6. 松叶竹叶叶叶翠　　　F. 潮来天地青
7. 草店新书词林欣赏　　G. 雪尽马蹄轻
8. 野径云俱黑　　　　　H. 重重叠叠山曲曲环环路

(八) 选择合适的词语填空,完成下面的短文

1. 只好　只　就　所以　只要　因为　都

我爱花,_____也爱养花。我可还没成为养花专家,_____没有工夫去做研究与试验。我_____把养花当做生活中的一种乐趣,花开得大小好坏_____不计较,_____开花,我_____高兴。在我的小院中,到夏天,满是花草,小猫儿们_____上房去玩耍,地上没有它们的运动场。

2. 原来　忽而　确实　时深时浅　只见

山里慢慢起风了。山风劲吹的时候,_____云雾在山间翻滚、奔涌、升腾、追逐。_____温柔沉静的云雾,这时竟成了诡秘的魔术师了。它令原来图画似的景致变化万千,万山苍翠时隐时现、_____、时远时近;忽而滚滚而来,从深深的山谷中汹涌而出,淹没了眼前的一切;_____它又挥袖而去了,只见袖带飘飘,瞬间似乎一切都没有发生过,但一切_____又已经发生,给人留下了莫名的惊奇与喜悦。

3. 宁愿　都　就　如果说　更　然而　而　那么　再

每个追求者_____渴望成功,_____,还有比成功_____宝贵的东西,这就是追求本身。我_____做一个未必成功的追求者,_____不愿是一个不_____追求的成功者。_____成功是青春的一个梦,_____,追求即是青春本身,是一个心灵年轻的最好证明。谁追求不止,谁_____青春常在。一个人的青春是在他不再追求的那一天结束的。

五 副课文

难忘过年

一年一度的春节快到了,久离故乡在外工作的我,忍不住想起童年时代过年的美好时光。

小时候,过年是一种最令人兴奋快乐的事。每每新年一到,平时得不到的东西都能在这短短几天中得到。过年好,不但有"炮米糖"吃,有鞭炮放,有新衣裳穿,更重要的是,还能从母亲手中拿到一个装有两元钱的压岁红包,我就可以买上十几本连环画了。于是,我天天盼望着过年。数星星数日月,数过了三百六十五天,终于过年了,我那份雀跃的心情,直到如今还能体味到。

20世纪80年代初期的家乡很穷,乡亲们起早摸黑,面朝黄土背朝天,天天辛苦劳作过日子。在我们家,由于父亲带着哥哥长年在外做木工,姐姐远嫁他乡,而我和妹妹都未成年,家中里外一切全靠母亲独自操劳。她白天在地里劳动,晚上还要在昏黄的煤油灯下做家务,平日节吃省用,难得吃上一回肉。只是到了春节,母亲才拿出一年节余的七八十元钱,剁肉称鱼买鸡鸭,我们穷人家也冒出了股股醉人的油香。

乡下人再穷,对春节这个传统民族节日总是十分地看重。在外工作的人,都会在春节前夕冒着风寒千里迢迢赶回家乡同家人团聚。记忆里,父亲年年都是在过小年这天回家。他每次回来,总要给我和妹妹各带一套从城里买来的新衣服。每到腊月,我们就要算计着父亲回家的日子,盼着早日穿上新衣裳。记得我读小学三年级那年冬天,接连下了几天几夜的鹅毛大雪,我们一直等到大年三十还不见父亲的身影。二伯父说,一定是因为大雪交通中断了,父亲不能回来了。父亲不能回家过年,就意味着我们穿不上新衣裳了。母亲看到我和妹妹不高兴的样子,决定向二伯借钱去八里外的商店给我们买新衣裳。我知道家里很困难,就说年年穿新衣服没意思,洗洗旧的就行。我嘴里这么说着,心里却空落落地,热辣辣的泪珠硬憋在眼眶里。母亲当然看得出来,但还是决定不买了,并夸我懂事。可是,母亲翻箱倒柜好一阵,实在翻不出一件像样的衣服,倒是我和妹妹身上穿了好几天的外套还过得去。可是,因为下雪,就算洗了也干不了,母亲就说不洗算了,我们总觉得穿着一件不洗的衣服过年不像样,妹妹追着我直问怎么办怎么办。我于是告诉妹妹一

第三课　过　年

个主意,妹妹惊讶得把眼睛瞪成了一对鸭蛋。

大年三十,我和妹妹等母亲去里屋睡觉后,就悄悄行动起来。我们脱下身上的外套按到水里使劲儿洗,又使劲儿拧干水。接着,我们赶忙脱了棉袄和衬衣,把又湿又凉的衣裳穿在最里面。那一会儿我们的上牙碰下牙,说不出是冷是热还是激动。然后,我们兄妹俩并肩坐在床上,靠着糊了报纸的土墙,蒙上被子。这是我白天出的主意,我们要用身体把衣裳烘干,干干净净过个正月初一。

我们迷迷糊糊睡着后,不一会儿就被村里此起彼伏的鞭炮声惊醒。我们发现窗外有了一线曙光,忽然想起身上的衣裳,一摸,大部分干了,有的地方却还是潮的。我们顾不上这么多了,飞快爬起床,用热水洗了脸,妹妹特意梳了两个漂亮的辫子,镜子里的我们很整洁也很快乐。母亲给我们每人发了一包冲天炮。我们兴冲冲跑到村中,找了几个好伙伴,挨家挨户去拜年。

记得那回我们接连走了十几家后,妹妹忽然全身发颤,可是,贪玩的我顾不上妹妹,和伙伴们一起跑去看村民耍狮子去了。我们就在人群里钻来钻去,偶尔还会放响几个电光炮为人们助兴。看完耍狮子,我们还不过瘾,干脆拿冲天炮当"高射炮",拿玩具枪当"冲锋枪",拿电光炮当"手榴弹",在田地里打起仗来,冲呀杀呀的,直到天昏地暗才回家。

回家后,我意外地发现母亲端着一碗热腾腾的姜汤,坐在床头喂给妹妹吃。原来,妹妹因为夜里穿湿衣裳感冒了,发起了高烧。我看到母亲生气的样子,以为是自己玩儿了一天没有回家,就老实地等着挨打,谁知母亲看见我这个样子,刚刚扬起的手没有落到我脸上,而是一把将我搂到怀里,哽咽着说:"你们过了年,大了一岁,应该懂事了,你们怎么这样傻呢……"看着母亲流泪的样子,我失声哭起来,心里后悔至极。

而今,二十多年过去,母亲早已离开了人世,我也进城工作十年了。如今的生活已今非昔比,人们过上了不愁吃不愁穿的小康日子,过年也失去了过去那种吸引力,我就格外地怀念小时候在故乡过年的时光,是那样地热闹,是那样地难忘。

(据《衡阳日报》副刊2005年12月20日)

回答问题

1. 为什么作者小时候认为过年是最令人快乐的事?
2. 作者小时候的家庭情况是怎么样的?

3. 作者读小学三年级那年冬天和以往相比,有什么不同?
4. 作者给妹妹出了一个什么主意?为什么妹妹"把眼睛瞪成了一对鸭蛋"?
5. 说说年初一作者一天都做了些什么。
6. 作者晚上回到家时发现妹妹怎么了?母亲为什么很生气?
7. 母亲为什么流泪?作者为什么"失声哭起来"?
8. 作者现在对过年是一种什么样的感受?

第四课　有话为何不好好说

一　生词语

1. 过滤	guòlǜ	（动）	把流体里的固体颗粒或有害的东西分离出去：~水｜~器。
2. 打发	dǎfa	（动）	做一些事情使时间容易过去：~时间｜~日子。
3. 神态	shéntài	（名）	神情态度：~自若。
4. 反思	fǎnsī	（动）	思考过去的事情,总结经验和教训。 ＞思考　思维　思虑　反击　反攻　反观
5. 可塑性	kěsùxìng	（名）	容易培养或改造的特性：~很强。 ＞塑造　雕塑
6. 漫画	mànhuà	（名）	用简单而夸张的手法来描绘生活或时事的图画。一般运用变形、比拟、象征的方法,构成幽默、诙谐的画面,以取得讽刺或歌颂的效果。
7. 卡通	kǎtōng	（名）	cartoon,漫画的音译。
8. 枯燥 ⟷丰富 ≈沉闷	kūzào	（形）	单调,没意思：生活~｜~无味。 枯—姑—估　燥—躁—噪—澡
9. 图案	tú'àn	（名）	装饰性的花纹或图形。
10. 浮躁	fúzào	（形）	轻浮急躁：~心理｜~的社会。
11. 贫乏 ⟷丰富 ≈缺乏　贫穷	pínfá	（形）	缺少,不丰富：知识~。
12. 公认	gōngrèn	（动）	大家一致认为。
13. 颁布 ≈公布	bānbù	（动）	公开地告知：~法律｜~获奖名单。 ＞颁发　颁奖
14. 干预 ≈干涉	gānyù	（动）	管别人的事情：人家的事情,我们不便~。

15. 约定俗成	yuēdìngsúchéng		指某种事物的名称或社会习惯是由人们经过长期实践而认定或形成的:为什么某种动物叫"马"不叫"牛"? 这都是~的｜中国人从父姓,是千百年来~的。
16. 侧面 ⟷正面	cèmiàn	(名)	旁边的一面。
17. 划时代	huàshídài		开辟新时代的,多做定语:~的作品｜~的事件。
18. 笔画	bǐhuà	(名)	汉字的横、竖、点、撇、捺等。
19. 清新	qīngxīn	(形)	清洁,新鲜:空气~｜~的风格。
20. 别具一格	biéjùyīgé		另有一种风格:这条裙子不是流行的款式,却~｜她~的写作风格受到读者的欢迎。 ＞具有 风格
21. 诱惑	yòuhuò	(动)	吸引、招引。课文中的用法是动词名物化,意思是"吸引力":文学的~。 ＞诱人 诱导 引诱 迷惑
22. 归属	guīshǔ	(动)	课文中的用法是动词名物化,意思是"属于的地方":~未定｜无所~。 ＞归入 归纳 属于
23. 低估 ⟷高估	dīgū	(动)	过低估计,估计得不够:你~了她的能力。 ＞估计 估算 估价 估量 估摸
24. 层出不穷	céngchūbùqióng		不断地出现,没完没了:各种辅导班~｜孩子们~的问题使她难以应付。 ＞穷尽 无穷无尽 理屈词穷
25. 接轨	jiēguǐ	(动)	原指各国火车的铁轨宽窄不一,在边境需要统一宽度连接起来;现指使原有的标准、法规等符合别国或国际通行的要求:与国际~。
26. 俗 ⟷雅 ≈庸俗	sú	(形)	普通的、没有特点的、不高雅的:没想到一个大学生竟然打扮得那么~｜我讨厌~人。
27. 钦佩 ≈佩服	qīnpèi	(动)	尊重佩服。
28. 效颦	xiàopín	(动)	比喻乱模仿,效果很糟糕:模仿也讲技

第四课　有话为何不好好说

			巧,不小心就成了东施~。 >仿效　一颦一笑
29. 恐龙	kǒnglóng	(名)	古爬行动物,种类很多,大的长达几十米,小的不足一米。
30. 完蛋 ≈完	wándàn	(动)	(事业、前途、名誉等)失败了,没有希望了:这次生意失败,他的公司也就~了｜这次我们大家都~了。 >坏蛋　混蛋　王八蛋
31. 赋予	fùyǔ	(动)	交给(重大任务、使命等):国家~我们责任｜这是法律~我的权利。
32. 归功	guīgōng	(动)	把功劳归于(某个人或集体),后边常常带"于":~于大家｜~于妈妈的细心照顾。
33. 带劲儿 ≈有意思 有趣	dàijìnr	(形)	能够吸引人:这首歌听起来很~。 >劲头　用劲
34. 格格不入	gégébúrù		完全不合适,所以不能互相接受:我们俩~｜父亲的观点和孩子的~。
35. 涮 ≈耍	shuàn	(动)	捉弄,骗:他又把大家~了。
36. 掐	qiā	(动)	用指甲按;用拇指和另一个指头使劲捏或截断;用手的虎口紧紧按住:他~住了老虎的脖子。 掐—陷—馅
37. 撤退 ⟷进攻	chètuì	(动)	(军队)放弃自己原来在的地方。 >后退　退步　撤离
38. 脸谱	liǎnpǔ	(名)	戏曲演员脸上画的图案,不同图案表示不同人物的性格和特征。 >乐谱　家谱　离谱　靠谱
39. 大拇指	dàmǔzhǐ	(名)	手的第一个指头。 >中指　食指　无名指　小拇指
40. 沉闷 (闷热)	chénmèn mēn	(形)	(天气、气氛、作品等)使人感到单调没意思。 >沉重　烦闷
41. 久而久之	jiǔ'érjiǔzhī		经过了相当长的时间:他老是生病,~成了半个大夫｜刚来时,他觉得这里的人俗,~自己也变俗了。

| 42. 亲昵 | qīnnì | （形） | 十分亲密：她~地靠在他的肩上｜用这种~的态度对待同事不太合适。
>亲密 昵称 |

| 43. 斑 | bān | （名） | 斑点或斑纹：脸上有一块~。
>斑痕 雀斑 黑斑 斑马 斑点狗
斑—班 |

| 44. 顺理成章 | shùnlǐ-chéngzhāng | | 原形容写文章或做事有条理，现在多形容事情按照道理合理地发生：我们同屋，又都喜欢文学，~地成了好朋友｜李老师虽然年轻，但学问做得好，当教授是~的。 |

| 45. 千奇百怪 | qiānqí-bǎiguài | | 形容事情奇怪而多样：那里有很多~的动物｜报纸上的新闻~。
>奇异 怪异 |

| 46. 破译 | pòyì | （动） | 识破并译出获得的未知信息：~密码｜~古文字。
>翻译 |

| 47. 栽 ≈摔 | zāi | （动） | 比喻遭受失败：他以为这次肯定能成，没想到~了｜骄傲自大的人迟早会~跟头。
栽—载—裁 |

| 48. 运算 | yùnsuàn | （动） | 依照数学法则，算出一个题目的结果。
>计算 |

| 49. 掺杂 ≈搀杂 夹杂 | chānzá | （动） | 使混在一起或者混在一起：把不同的种子~在一起｜他说话时总是~着英语。
>掺和 杂乱 |

| 50. 常规 | chángguī | （名） | 通常的做法。
>规定 规矩 |

| 51. 懒惰 ←→勤快 勤劳 | lǎnduò | （形） | 不爱劳动和工作；不勤快：这人太~了，在家里什么事都不愿意干。 |

| 52. 迟钝 ←→灵敏 | chídùn | （形） | 反应慢，不灵敏：感觉~｜反应~。 |

| 53. 兼容 | jiānróng | （动） | 原来指同时容纳、接受几个方面，用于电脑，指不同的硬件或软件能够一起使用：善与恶不能~｜这两台电脑可以~。
>兼顾 兼职 包容 |

54. 刺眼	cìyǎn	(形)	惹人注意并且使人感觉不顺眼:中国姑娘染一头红发,显得特别~。
⟵→顺眼			>刺激
55. 落荒而逃	luòhuāng'értáo		离开大路,向荒野偏僻处逃去:面对强大的敌人,他们坚持了几天,就~了。
			>荒野 荒山 逃荒 拾荒
56. 虚拟	xūnǐ	(形)	假的、创造出来的:网络是一个~的世界。
			拟—似
57. 格式化	géshìhuà	(动)	format,计算机等对磁盘进行使用前的预处理,以便存入数据。
58. 告诫	gàojiè	(动)	警告劝诫(多用于上级对下级或长辈对晚辈):再三~｜谆谆~。
59. 不自量力	búzìliànglì		不能正确估计自己的能力,而去做自己做不到的事(含贬义):考北大? 你太~了｜没想到他是一个那么~的人。
(衡量)	liáng		
60. 得不偿失	débùchángshī		得到的比失去的少:为了十块钱打官司? 未免~了吧｜~的事情谁会干?
61. 当心	dāngxīn	(动)	小心,注意。
≈小心			
62. 维系	wéixì	(动)	维持并使在一起:孩子~着他们的婚姻｜这样的关系很难~。
≈维持			
(系领带)	jì		>维护 联系
63. 纽带	niǔdài	(名)	能够起联系作用的人或事物。
			>带子
64. 执著	zhízhuó	(形)	坚持不放:~的人｜~地等待｜对事情不要过于~。
=执着			
≈固执			>执意 执拗 执迷不悟 各执一词

二、课文

提示一 网络语言可能带来什么样的负面影响？什么样的网络语言可能有生命力？网络语言有什么好处？网络的诱惑在哪里？

网络是一个没有经过过滤的世界，上了年纪的人不常走动，青年人却爱往上挤，尤其是无聊时，上网是打发时间的最好方式之一。

望着早晨上第一节课的学生脸上疲惫的神态，想着他们课下经常说的那些让老师和父母莫名其妙的话："偶稀饭粗 KPM（我喜欢吃肯德基、比萨、麦当劳）。"｜"偶 8 素米女，偶素恐龙（我不是美女，我是丑八怪）。"｜"介素虾米东东？（这是什么东西）。"这令人们不得不反思，如果对网络语言不加以严格控制，那么对下一代会不会产生强烈的负面影响呢？

初中时代是可塑性最强的一个年龄段，他们对精神上的需求和物质的需求是一样的，从小就是看着漫画卡通和电视长大的，现在又疯狂地迷上了网络，还以自己所感知的语言为荣，认为规范的文字枯燥无比，喜欢把一种感受、一种心得用一种图案去表示。我们现在说年轻人浮躁，若干年后，这一代初中生成年了，他们难道就靠这些贫乏的网络语言去表达思想感受吗？

谈及网络，我们不能一棍子将其打死。流行的趋势若得到了社会的公认，而且对社会也产生积极影响的话，我们就不可能通过颁布行政命令去干预它、制止它。存在就是合理的，只是用数字、错别字代替中国汉字，难道没有任何不妥吗？

如果那些充满活力的网络语言能够经得起时间的考验，约定俗成后我们就可以接受。毕竟他们在一定程度上是这个网络时代的反映。

网络语言从一个侧面体现了现代人生存和思维的状态，它的出现在语言史上具有划时代的意义。在电脑上，中文表达本身存在一些问题，例如汉字笔画太复杂、同音字词太多等，使用网络语言则可以在一定程度上弥补中文表达的不足,而且更加生动、活泼和形象。同时,在日常生活中使用,也会显得清新、别具一格。

20世纪末的我们,开始养成了对着冷冰冰的电脑微笑、叹气的习惯。网络的诱惑在于它允许人们自由自在地说话,它可以让人类失眠,也可以让心灵找到归属,并使手指的功能得到进化。可别低估了它的力量!

提示二 网络语言有哪些类别,跟标准语有何不同?

随着网络交流的普及,网络词汇层出不穷,正逐步影响着人们的生活。如果你不了解网络语言,就很难被视做网民中的真正一员,就像不懂英语很难与世界接轨一样。

在网上,如果你称呼漂亮姑娘为美女,肯定会让网友们喷饭——太俗了。网上美女的称呼叫"美眉"。发明这个称呼的网虫一定具有相当丰富的艺术细胞,叫你不得不钦佩他,因为姑娘的眉毛可是构成美貌的关键因素之一。

在中国的传统词汇中,东施是丑女的代名词,谁叫她效颦来着。可若是在网上,丑女们有着更可怕的称呼:恐龙!如果再在前边加上三个字:肉食性,那可就彻底完蛋了——谁也不敢惹长相丑陋的"恐龙"。

以上只是网络语言的一类,通常都非常形象,通俗易懂,它来源于中国的传统词汇,但被网虫们赋予了新的含义。"伊妹儿"、"美眉"是伴随网络诞生的第一批词汇。

此外,新词汇的诞生还有很多归功于网民们自己的创造。例如,米国并不是指生产大米的国家,而是指美国。网民打招呼的时候,通常不会说"我来了"、"我要去吃饭了"之类过于正经、显得很不带劲儿的大白话,否则你会感觉与他们格格不入的。

在网上,"涮"就是损人。拿人家"开涮"就是暗地里不动声色地损人,"对着涮"就是相互攻击。

"掐":网上要掐你,网骂开战时用。有人还自称"掐协主席"。"闪":"我闪",就是闪身让开,逃离现场,很形象的一个"不负责任"的动作。"666":溜溜溜,想撤退了,离开或逃跑时用。"BB"的意思就很复杂了,它可能是宝贝、孩子、情人,也可能是和你说分手——Bye-bye!

如果你愤怒,你可以选出一个通红的脸谱发过去;要称赞对方时可以选一个大拇指图案;心情好时则可以选择哈哈大笑的卡通形象。还有许多符号都代表着不同的含义,若都是文字表达会感觉太沉闷了。

网上有很多拼音和英文简写。这起初主要是网虫们为了提高网上聊天的效率而采取的方式,久而久之就形成特定语言了。如果有人在网上喊你JJ,你千万别误会,它可不是指迪斯科舞厅,而是一个亲昵的称谓——姐姐。还有GG、DD等,是哥哥、弟弟的意思,网络真是让人感觉亲如一家。

网上又是错别字的家,但这些错别字有的错得很可爱,错得大家都能接受。例如:"'斑竹'说,文章写得好,会送你一些小'东东'。"看到这话,可别急,"斑竹"就是版主。怪就怪智能拼音词库里"版主"这个词得自己造,又费时又费力,哪是网迷们能接受的?"版主"成"斑竹"也就顺理成章了。"东东"就是东西,这样说是不是很可爱?

网上的数字更是千奇百怪,因为数字远比汉字来得简单、方便。倘若你首次接触网络,除非有破译密码的天才,否则是绝对弄不清楚数字语言代表的真正含义。很多现实生活中的爱情高手就是这样栽在网上的:7456——气死我了;886——拜拜了;687——对不起;如果说你真是个286,那是说你傻,脑筋转得慢,像台运算速度最慢的286电脑一样。

> **提示三** 作者认为网络上的文字游戏怎样?当他看到刺眼的文字时会怎样做?为什么?作者有什么忧虑?

但是一些网络上的文字游戏,却叫人不敢恭维——怪词、错字、别字变成了幽默,规范的语言变成了调侃,外国字母和阿拉伯数字变成了字意表达。这些叫人看不懂、瞧不明白的"网络语言"掺杂着按常规使用的汉语,就好像西餐的意大利面上浇上臭豆腐,不仅风味"独特",而且消化不良。而其发明者和使用者的"小聪明",比起一千多年前的"东边日出西边雨,道是无晴却有晴"来,显得既懒惰又缺乏想象力。

或许是因为自己"升级太慢",对日新月异的网络世界反应迟钝,或许自己对这些网络语言无法"兼容",每当看到电脑屏幕上出现这些刺眼的文字时,我都会关机下网,落荒而逃,同时马上把自己刚才在虚拟世界中的脑子和语言迅速"格式化",并一再告诫自己千万别不自量力,否则日子一长,就会觉得自己得不偿失,没准儿还会落下病根儿,当心真的"说都不会话了"!

一个国家、一个民族的语言文字,是这个国家与民族的最重要的文化载体和文化基石。中华民族数千年的文明保留至今,其中规范的、科学的语言文字是维系这种文化的纽带。

语言的纯洁,不仅仅意味着文化的纯洁,更意味着价值观念的纯洁。没有对自己母语深沉的热爱,就不可能有对自己国家历史的尊重和对自己民族价值观念的执著。

(据《北京青年报》2001年1月21日)

注 释

1. 枯燥—沉闷

都是形容词,形容生活、作品等没意思;但"枯燥"表示因为单调,所以没意思;"沉闷"表示因为沉重,让人觉得烦,所以没意思。两个词在句子中常常可以互换,但意思的侧重点不同,如果意思很明显,不能互换:

(1) 这个老师上课都是"格式化"了的,枯燥得很。(沉闷√)
(2) 我不喜欢写汉字,每天写啊写啊,太枯燥了。(沉闷×)
(3) 我认为讨论政治的书一般都比较沉闷。(枯燥√)

"沉闷"还能用来形容某场合的气氛、环境,"枯燥"不可:

(4) 自从斑竹删了几篇别具一格的好帖子之后,这里就沉闷起来了。(枯燥×)

2. 贫乏—贫穷

都是形容词,都可以做谓语、定语、主语、宾语。"贫乏"表示知识、资源少,并因此使生活、思想等简单枯燥不丰富。"贫穷"表示穷、缺少财富。

(1) 他贫乏的头脑无法理解这种深沉的感情。(贫穷×)
(2) 林林知识贫乏,与陈博士格格不入,怎么能聊得起来?(贫穷×)
(3) 资源的贫乏使他们不得不寻找别的出路。(贫穷×)
(4) 他出生在一个贫穷的家庭。(贫乏×)
(5) 村民们希望找到出路,摆脱贫穷。(贫乏×)

跟"精神"、"物质"搭配时,"贫穷"和"贫乏"可以互换。

(6) 精神上的贫穷比物质上的贫穷更可怕。(贫乏√)

3. 一棍子将其打死

俗语。其,代词,指代前面谈的事物或人,在课文中指"网络"。比喻对人或事物不加分析,全盘否定。这句话在课文里的意思是彻底批判、完全否定网络。

(1) 他虽然有很多毛病,但也别~。

常常说"一棍子打死"。

(2) 经理昨天把这个计划~了。

4. 颁布—公布 ✻✻

都是动词,表示使公众知道,都可做谓语、定语,有时可互换。

(1) 刚颁布的奖励计划受到欢迎。(公布√)

(2) 最新的交通法讨论稿已经公布了。(颁布√)

"颁布"的对象一般是法律、法规、纪律等比较重大的内容,其意思侧重在让公众知道,并使之执行,因此只能用于上对下;而"公布"的意思侧重在"公开发布",其内容不一定是重大的,不包含要执行的意思。如:

(3) 美军撤退的时间表已经公布了。(颁布×)

(4) 我在公布的名单上找到了那个美眉的名字。(颁布×)

(5) 今年,我国颁布了最新的婚姻法。(公布×)

(6) 语言文字法的颁布使普通话推广工作更进了一步。(公布×)

5. 钦佩—佩服 ✻✻

都是动词,都可做谓语,常可互换。但是"钦佩"还包含了"敬重"的意思,因而比"佩服"程度高。如:

(1) 运动员的毅力真令人钦佩。(佩服√)

(2) 我很佩服张工程师。(钦佩√)

(3) 博物馆工作人员不但钦佩他的工作作风,也钦佩他学识渊博,对中国革命史那样熟悉。(佩服√)

"佩服"有时可用于说反话,"钦佩"很少这样用。

(4) 那个男孩的胆子只比老鼠大点儿,佩服!佩服!(钦佩×)

6. 东施效颦 ✻✻

成语。效,模仿、学;颦,皱着眉头的样子。中国古代四大美女之一的西施病了,皱着眉头,按着心口。人们见了,都觉得她的神态美极了;同村的丑女见了,也学着西施的样子皱起眉头,样子却丑得可怕。后来,人们把这个丑女叫做东施。用"东施效颦"来比喻乱模仿,效果很糟糕。

(1) 很明显,那个女歌星的唱法是模仿王菲的,不过却成了~。

(2) 很多女孩子不顾自己的外形条件,盲目跟随时装杂志的打扮,实在是~。

7. 带劲儿—有意思 ✻✻

都做谓语、定语,表示好玩儿,有时可互换。

(1) 爷爷反应一点儿也不迟钝,跟他打游戏可带劲儿了。(有意思√)

(2) 虚拟世界比真实世界有意思多了。(带劲儿√)

(3) 今天晚上都闲着,咱们找个有意思的地方打发几个小时。(带劲儿×)

"有意思"还强调有意义、耐人寻味,"带劲儿"没这个意思:

(4) 不同的脸谱表现不同的人物性格,研究起来很有意思。(带劲儿×)

"有意思"还可以指人,"带劲儿"一般不行。

(5) 他极有个性,是个有意思的朋友。(带劲儿×)

"有意思"可以指男女有爱慕之心,"带劲儿"无此意思。

(6) 李冰心对你有意思,你难道没看出来?(带劲儿×)

"带劲儿"还表示有力量、有劲头,"有意思"没这个意思。

(7) 他干起活来真带劲儿。(有意思×)

"带劲儿"的口语色彩较浓,多用于北方方言,在南方方言和书面语中很少用。

8. N 迷 ❋

N 迷,就是非常喜欢 N(一般是一种兴趣爱好),对 N 很入迷的人。可细分为:

(1) 特别喜欢从事 N:棋~、舞~、网~。

(2) 特别喜欢看或听 N:乐~、戏~、影~、歌~、球~。

9. 当心—小心 ❋

都是动词,都可用于祈使句,提醒人集中注意力,避免某种不利的情况发生,有时可以互换:

(1) 现在骗子行骗的手法千奇百怪,当心别上当!(小心√)

(2) 当心别低估了你的对手!(小心√)

(3) 小心别栽跟头!(当心√)

"小心"有形容词的用法,前面可以加"很"、"十分"、"非常"等程度副词,表示做事谨慎、不马虎,可用于陈述句。"当心"无此用法。

(4) 年轻人做事往往不自量力,老年人又常常过于小心。(当心×)

(5) 这些汉字结构复杂、笔画很多,写的时候要十分小心,否则就会出错。(当心×)

10. 辞格(2):双关 ❋❋

利用语音或语义条件,有意使语句同时具有表面和内里两种意思,表面上说一种意思,实际上说另一种意思。这种辞格叫双关。可分谐音双关和语义双关。如:

(1) 东边日出西边雨,道是无晴却有晴。

(2) 新事物从头做起,旧现象一手推平。

例(1)表面上是说天气,实际上是说人的感情。"晴"和"情"语音相同,是语音双关。例(2)是新中国成立后,有家理发店写的春联。"从头做起"和"一手推平",语义双关。讲的是理发,实际上是寄托着人民群众除旧布新的愿望。

11. 辞格(3):反语 ❋❋

用与本意相反的词语或句子来表达本意。请大家通过分析以下句子来体会如何使用反语。

(1) 这些叫人看不懂、瞧不明白的"网络语言"掺杂着按常规使用的汉语,就好像西餐的意大利面上浇上臭豆腐,不仅风味<u>独特</u>,并且消化不良。

(2) 在马桶上用汉语拼音标一个"choushuimatong",这也算是一种<u>与国际接轨</u>。

(3) 某位文学评论家居然能把一篇中学生的习作水平的小说说成是"风格清新,别具一格",实在是令人<u>钦佩</u>。

四 练 习

（一）把词语和解释用线连起来

1. 别有风味　　　　A. 到一个地方就跟随那里的风俗习惯。
2. 无穷无尽　　　　B. 另外有一种风格和味道。
3. 入乡随俗　　　　C. 既符合人情,又符合道理。
4. 合情合理　　　　D. 根据自己的能力去行动。
5. 量力而行　　　　E. 失去了又重新得到。
6. 荒山野岭　　　　F. 没完没了。
7. 无奇不有　　　　G. 什么奇怪的事情都有。
8. 失而复得　　　　H. 偏远没有人的山区。

（二）选择合适的词语填空

　　打发　反思　接轨　赋予　沉闷　涮　久而久之
　　掺杂　告诫　栽　执著　诱惑　干预　刺眼

1. 政府部门把午休的时间缩短到一小时,这一与国际_____的改革受到普遍的认同。

2. 民主选举人民代表是宪法_____人民的权利。

3. 那个有名的棋手因为一时大意,_____在一个无名小卒的手下。

4. 俗话说"退一步海阔天空",你又何苦_____于这一段失去的感情？

5. 不同流派的经济学家们对政府是否应该_____金融市场的运作争执不休。

6. 城市生活对小陶来说,是格格不入的,连夜晚绚烂的霓虹灯在他看来也是那么_____。

7. 本来吴三是想占人家一点儿小便宜,没想到反而被_____了一把。

8. 第一次出国,面对千奇百怪的新鲜事物,面对各种各样的_____,李明有点儿吃不消了,差一点儿落荒而逃。

9. 退休以后,父亲上了老年大学,学习国画,每天靠画那些花草虫鱼_____日子。

10. 只要认真_____,总结经验,吸取教训,这件事情我们就没白做,钱也没白花。

11. 虽然经理一再_____他不要不自量力,但他还是铤而走险,终于酿成大错。
12. 大家都叫他"小萝卜头",_____,把他的本名都忘了。

(三) 选择填空(不必一一对应)

　　有意思—带劲儿　枯燥—沉闷　小心—当心
　　贫乏—贫穷　佩服—钦佩　颁布—公布

1. 我____他一口气喝一斤白酒的好酒量。
2. 最让他们受不了的不是经济上的困难,而是文化生活的____。
3. ____谨慎是对这项工作负责人的基本要求。
4. 球迷们公认那场比赛是整个世界杯期间打得最糟糕、最____的一场。
5. 作家知识的____使这篇作品显得苍白无力。
6. 军长在全军广播上____了撤退的时间。
7. 台湾漫画家几米的卡通小品画面优美、文字清新而____。

(四) 选择词语完成句子(每个词限用一次)

　　过滤　约定俗成　划时代　侧面　归属
　　归功　久而久之　东施效颦　沉闷　维系

1. 我这次能够取得这样的好成绩,除了我自己的努力,还要_____。
2. 这个装置可以_____,这样我们就可以放心地喝水了。
3. 两姐妹的性格完全不同,世界观人生观也是格格不入,_____。
4. 爱因斯坦的相对论_____。
5. "乐"在"仁者乐山"这句话里不应该念"快乐"的"乐",可是大家都这么念,_____。
6. 你看,差不多三分之一的人都在打瞌睡,_____。
7. 想了解一个人,除了多跟他正面接触,甚至交朋友以外,还可以_____。
8. 小王这人特别爱跟风,总是跟在别人后面学,学得对还好,_____。

(五) 选择词语改写句子(每个词限用一次)

涮　栽　~迷　得不偿失　钦佩　颁布
枯燥　带劲儿　顺理成章　贫乏

1. 学院公布的最新本科生管理规章得到了大部分师生的认同。
2. 虽然公司挣到了钱,却失去了口碑,这笔买卖真是不值得。
3. 下棋有什么意思? 打篮球多好玩儿啊?
4. 青少年沉迷网络,一方面是由于虚拟世界的诱惑太大,一方面也是因为学习生活过分单调。
5. 爷爷非常喜欢听京剧,走得动的时候老往戏院跑,走不动了就守着电台的戏曲节目。
6. 这是个岛国,又没什么自然资源,因此国民很重视节约能源和保护环境。
7. 他的最新专辑曲风清新,别具一格,打进流行榜,没什么奇怪的。
8. 老一辈学者渊博的学识、严谨的研究态度实在是令人尊敬佩服。

(六) 根据课文判断对错

1. (　)学生们上第一节课时总是很疲惫,是因为他们晚上上网时间太久了。
2. (　)作者认为网络对青少年的影响都是负面的。
3. (　)网络语言经不起时间考验,在语言史上意义不大。
4. (　)网络语言有些来源于传统词汇,有些是网民们的创造。
5. (　)网络语言除了一般的词汇,还包括字母、数字、图案等。
6. (　)作者认为网络语言清新可爱并且别具一格。
7. (　)作者害怕自己受到网络语言的污染。
8. (　)对自己的母语没有感情的人,也不会热爱自己的民族和文化。
9. (　)作者希望政府颁布行政命令干预网络语言。
10. (　)作者在思考网络语言对汉语和中国社会、文化的影响。

(七) 请分析讨论以下句子如何使用"双关"和"反语"

1. 我儿子的中学要求学生每人每年在学校购买六套校服,这一政策大大地加强了学生对学校的归属感——学校不但解决教育问题,还解决穿衣问题。
2. 毒品那么昂贵,那个毒贩子愿意免费给你试,自然是黄鼠狼给鸡拜年了。
3. 教育局是政府部门,你一个无官无职的老百姓,办事摸不着门实在是顺理成章。
4. 入山看见藤缠树,出山看见树缠藤。树死藤生缠到死,藤死树生死也缠。
5. 李晓明已经做了若干次整形手术了,大家一致认为她可塑性很强。

(八)完型填空(不必一一对应)

并　而　除了　而且　甚至　因　因为　以外
虽然　可是　在　但是　却　比　上　然而

鲁迅先生说过,悲剧是将有价值的撕给人们看。__1__ 这部影片中的主要人物,__2__ 没有体现什么有价值的东西。__3__ 最终他们大都亡命,__4__ 这样一些人的暴毙,__5__ 不能引起观众的同情或者怜悯,__6__ 在这些自恋的、无法无天的人物身上不具有任何称之为"崇高"的因素。

__7__ 某种意义 __8__ ,影片不如它想要超越的《无极》或者《英雄》。__9__ 无论如何,《无极》与《英雄》都是想说话的,你可以不同意陈凯歌、张艺谋在影片中表达的思想,__10__ 他们是有想法的;__11__ 这部影片 __12__ 表现欲望 __13__ ,仿佛一点儿想法也没有了。__14__ 就影片的暴力场面来说,影片也 __15__ 《无极》与《英雄》走得远得多,__16__ 流露出某种对于暴力与嗜血的渴望。

五　副课文

网络语言风靡中国

2004年11月22日,中国内地的"猫扑网"和"天涯在线"在网上联合举办的2004年度"十大网络流行用语"评选活动揭晓。

最后选出的十个最流行用语是:做人要厚道(风靡一时并带来不少社会话题的电影《手机》里的台词);沙发(指论坛上第一个回帖的人);汗或寒(表示惊讶、惭愧或无可奈何);百度一下(用搜索引擎找数据,百度是搜索网站);潜水(表示在论坛上只看帖而不回复);顶(支持);出来混,迟早都是要还的(报应的意思,香港电影《无间道》台词);弓虽("强"字拆开两半,依然表示"强"的意思);偶稀饭(我喜欢);FB("腐败"的汉语拼音缩写,引申为大家一起吃饭相聚的意思)。

一、"网沟"

据报载,家住天津和平区的许女士私闯女儿"隐私地",翻看女儿日记,上面写道:"没想到偶最好的朋友竟欺骗偶,TMD(他妈的),7456(气死我了),偶恨不得一脚TST(踢死他)。"面对满是"密码"的日记,母亲感叹说,母女之间已经有了"网络沟"。

北京万泉河中学学生陈佳,给同学和远方同辈朋友写信、网上聊天和手机短信交流,就常常用这类Q言Q语,比如"BT"(变态)、"PF"(佩服)、

"4242"(是啊是啊)。她认为,网络语言幽默活泼,有一种青春气息,使用也方便,她身边的同学都这样使用,特别是在网上,你如果一本正经地用传统语言,就会被人取笑,谁都不愿再搭理你。

北京云岗第三中学学生刘同学说,他班上同学写日记和周记,几乎都用网络语言。他们觉得这种语言颠覆性强,虽然明知道"斑竹"不是"版主","大虾"不是"大侠",但使用网络语言,既好玩儿又生动还很有个性。现在的学生也常常用网络语言写作文。

Q言Q语如此风靡,足见其具有一定生命力。与其排斥这类网络语言,与孩子产生更大隔阂,还不如宽容待之,引导孩子不说粗俗之语,并从中了解年轻一代。这成了大部分家长的共识。但也有家长认为,写出来的语言如果大部分人都看不懂,就失去了语言的意义。

二、"网骂"

今天,在中国内地,用网络语言在网络上开骂,成了一种"时尚",网络上更惊现"网络代骂"、"职业骂家"。如此"网骂"在中国内地拥有至少一半网络游戏玩家的《奇迹》和《传奇》上最为盛行。

网络游戏的娱乐功能主要是两方面,开打开杀是其一,由此难免引发爱恨情仇;利用游戏附带的窗口相互聊天是其二,因此成为"示爱"或"泄愤"的出口。玩家在网络游戏中发生矛盾,有些玩家就花报酬请来"职业骂家",登陆网络游戏替自己代骂"仇家",坏对方名声。这些"职业骂家",往往用网络语言整天二十四小时不间断地咒骂对方,骂声传遍服务器,令数千在线玩家都"听"到。据说,"职业骂家"每次收费100万游戏币(折合人民币200元),假如透过QQ等网络聊天工具,进入对方领地,就收取更高报酬。这些"职业骂家"创作的庸俗淫秽的《骂人宝典》正在网络上盛传。

网络新语言的是是非非,引起了人们越来越多的关注。

(据凤凰网2005年6月27日)

(一)请把文中出现的网络语言找出来并归类

(二)回答问题

    1. 中学生们为什么喜欢用网络语言?
    2. 家长们对孩子使用网络语言的态度如何?
    3. 一个网络游戏的玩家可以怎样娱乐自己?
    4. 网络职业骂家怎么工作?

单元练习(一)

一、给下列汉字注音并组词

郁(　　)_____　　悯(　　)_____　　眺(　　)_____

坪(　　)_____　　嘉(　　)_____　　瞬(　　)_____

履(　　)_____　　诧(　　)_____　　哽(　　)_____

殴(　　)_____　　惚(　　)_____　　挚(　　)_____

墟(　　)_____　　噩(　　)_____　　辐(　　)_____

唐(　　)_____　　闷(　　)_____　　募(　　)_____

腻(　　)_____　　嚼(　　)_____　　钳(　　)_____

翠(　　)_____　　碧(　　)_____　　漫(　　)_____

阂(　　)_____　　融(　　)_____　　滤(　　)_____

躁(　　)_____　　颁(　　)_____　　轨(　　)_____

攀(　　)_____　　赋(　　)_____　　撤(　　)_____

昵(　　)_____　　掺(　　)_____　　钝(　　)_____

二、画出与左边意义相同的字

1. 情形、情况	病情、尽情、人情、热情、爱情、事情、感情、情绪、同情、心情、表情、风情、国情、情报、动情
2. 生存、活的	生前、生怕、谋生、生态、野生、出生、生猛、终生、生词、生活、生日、医生、生病、生人、救生艇
3. 表示同意、承认	确认、辨认、认同、公认、认识、承认、认得、否认、认定、认可、认真、认为
4. 生气、发怒	客气、气息、空气、力气、脾气、气候、气愤、语气、气喘、风气、服气、叹气、气氛、神气、淘气、小气

三、写出反义词

递增——　　迟钝——　　悲剧——　　忧郁——

抛弃——　　坦白——　　苏醒——　　优雅——

履行——　　惊慌——　　隔阂——　　枯燥——

贫乏——　　低估——　　撤退——　　侧面——

刺眼——　　懒惰——　　赏——　　　俗——

四、把缺少的字补上，组成四字成语，然后选择合适的填空

热泪盈___　___流不息　难以___信　谨小慎___　不了了___
没精打___　目瞪口___　___心所欲　一___一样　活___乱跳
___飞色舞　若___若离　根深___固　约定___成　别具一___
___出不穷　落___而逃　顺理成___　格格不___　___是而非

1. 看着自己的孩子从死神手中夺回了生命，又能_____了，母亲激动得_____。

2. 遇到那些_____的问题，不能回避，把问题搁在一边，更不能_____。

3. 如此简单的问题竟然就使那位所谓著名学者_____，这简直是令人_____啊！

4. 考试卷收上去了，有的孩子_____的，有的却_____地跟人家争论着，一看就知道谁考得好，谁考得不好了。

5. 对待生活中的琐事，既不能太_____，那样会束缚自己的个性，但也不能太_____，要顾及身边人的感受。

6. 那个魔术师表演的花样_____，观众看得_____。

7. 在_____的人流中，我们很难找到两个打扮得_____的人。

8. 语言是_____的，但是目前年轻的网民却试图创造出_____的网语，令语言学家们大为头疼。

9. 传宗接代在老一代人的观念里已经_____了，并非一朝一夕可以改变的，这与现代"丁克一族"的思想自然_____，难免产生矛盾。

10. 王月和陈奇分手是_____的事，我早就听王月说过，陈奇对她总是保持一种距离，她永远无法接触到陈奇内心真实的世界。

单元练习(一)

五、给括号内的词语选择合适的位置

1. A那个患了白血病的女孩儿通过募捐已经筹够治病的钱了,B她的癌细胞C早就扩散到全身各处,D死神在向她招手了。(无奈)
2. 我发现李全最近A有点儿不对劲儿,听说昨天差点儿B躲进太平间去了,C被工作人员D赶了出来。(当场)
3. 在与流氓A搏斗的过程中,B张民一直没有屈服,C警察来了D他才倒下。(直至)
4. A老师B才得知C与其他同学格格不入的方红原来D是个孤儿。(过后)
5. 每当我从噩梦中醒来,A都会B有点儿C似真似幻的D感觉。(略微)
6. A此次参加B漫画比赛的C题材仅D人物头像,而且必须是世界名人。(限于)
7. 至于辐射A对人体B会造成什么样的伤害,目前C未有定论,但伤害D是存在的。(总归)
8. A有人B不自量力,C做出一些D荒唐的举动,我们也可以包容他。(就算)
9. 春天即将来临,形形色色的鲜花竞相开放,A仿佛B错过C争奇斗艳的D机会一样。(生怕)
10. 慈爱的母亲A离开了B人世,这使一向开朗的温妮从此C失去了欢笑,D变得忧郁、自卑了。(悄然)

六、给画线词语选择一个意思用法最接近的词

1. 只要小明在家帮妈妈做一件力所能及的事情,妈妈就会<u>奖励</u>他一块巧克力或他喜欢的一样东西。
   A. 嘉奖   B. 奖   C. 送   D. 发
2. 午夜梦醒<u>时分</u>,青青都会泪湿衣襟,为最近遇难的好朋友伤心不已。
   A. 时   B. 时候   C. 时间   D. 时刻
3. 古时候曾经发生过奔丧时"死人"从棺材里爬出来的事,够<u>荒唐</u>的吧?
   A. 奇特   B. 奇怪   C. 惊讶   D. 荒诞
4. 参赛前的一天,父母<u>叮嘱</u>我遇事千万不要惊慌。
   A. 嘱咐   B. 吩咐   C. 劝告   D. 劝说
5. 第一次看见这些千奇百怪、形形色色的花草树木,我不禁<u>惊讶</u>地叫了起来。
   A. 诧异   B. 奇怪   C. 惊叹   D. 吃惊
6. 不自量力,只会东施效颦的人<u>总归</u>会失败的。
   A. 到底   B. 终于   C. 究竟   D. 终究
7. 骚扰电话事件已经<u>困惑</u>他们家人好一段时间了,可是仍未找出两全其美的方法。
   A. 困扰   B. 疑惑   C. 迷惑   D. 干扰
8. 请你好好反思一下:因为一些小事就与人<u>争执</u>,破坏自己的形象,不是得不偿失吗?
   A. 争论   B. 争吵   C. 争辩   D. 执意

9. 小李把一切都向我坦白了，你就别再维护他了。
   A. 老实   B. 公开   C. 交代   D. 汇报
10. 虽然被丈夫狠心抛弃了，但听到前夫在空难中遇难的消息，她心里的滋味还是很难受，毕竟是曾经共患难的夫妻啊！
    A. 味道   B. 感觉   C. 体会   D. 感想
11. 那个新来的小伙子层出不穷的想法得不到领导的认可。
    A. 认同   B. 承认   C. 同意   D. 赞同
12. 最近颁布的奖惩条例更加人性化，在很多细节上都与国际惯例接轨了。
    A. 宣布   B. 公布   C. 宣告   D. 颁发

七、找出错误的部分，把序号填入括号内

1. (　) 受社会上的某些阴暗面的影响，有些人很无奈，有些人表现出很迷惑，不知如何
         A   B   C   D
   是好。

2. (　) 海鲜餐馆里，眉飞色舞的鱼虾蟹活蹦乱跳，新鲜极了。
            A   B   C   D

3. (　) 中秋之夜，在月下漫漫步，和朋友聊聊天、赏赏月，也可算是人生一大乐事啊！
                      A   B   C   D

4. (　) 这里的气氛十分枯燥，而你竟然说他们别具一格，我实在是无话可说。
                A   B   C   D

5. (　) 目前世界上尚有不少贫乏的家庭，连最基本的生活保障都没有。
          A   B   C   D

6. (　) 那些脸谱真带劲儿，看得我眼花缭乱。
          A   B   C   D

7. (　) 陈自力是个恐龙迷，每次看到有跟恐龙有关的东西他都会落荒而逃。
                A   B   C   D

8. (　) 那个修女每天只休息五个小时，真让人钦佩！
          A   B   C   D

9. (　) 根据患者的病情，医生断言她可能得了抑郁症。
          A   B   C   D

10. (　) 方宏眉开眼笑地描述着见到那个明星时的情景，我们都被他感染了。
           A   B   C   D

八、选择合适的词语完成句子

一棍子打死　多少　久而久之　汗流浃背　力所能及　热血沸腾
似是而非　得不偿失　东施效颦　麻木不仁　断断续续　千奇百怪

1. 这里气候宜人,四季如春,就算是夏季_____。

2. 考试时我最怕做选择题,因为_____让我不知如何选择。

3. 小王的这个提议我觉得还是有可取之处的,不要_____。

4. 著名旅游风景区张家界一向以其形形色色的山峰吸引游客,那儿_____
_____。

5. 爱美之心人皆有之。当今社会美容、整容之风日盛,然而有些人花了钱却收不到预期的效果,_____。

6. 此处地处山区,手机信号不好,_____。

7. 外国先进的技术我们应该借鉴,但一味崇洋媚外、不顾国情胡乱模仿他人,_____
_____?

8. 老年人都希望自己老有所为,至少_____,不想让别人认为自己是废物。

9. 那个小女孩儿的悲惨遭遇真是闻者伤心、见者落泪啊!_____?

10. 这"夜游症"虽然不算什么大病,但是作为父母,自己的孩子得了这种病,_____
_____。

11. 载人航天飞船发射成功,实现了中国人的百年梦想,_____。

12. 缺乏维生素在短时间内是看不出对人体有什么危害的,但是_____
_____。

九、用指定词语改写句子

1. 那个孤儿是个善良的孩子,不知道他的父母为什么那么狠心抛弃了他。(心地)

_____

2. 工厂的产量每年都增加一些,照此速度,三年后生产量一定会突破一亿吨。(递增)

_____

3. 小马获得了两万元的奖金,可是他一得到奖金马上就宣布要全部捐给"希望工程"了。(当场)

_____

4. 我们大学同学毕业时本来约定每五年聚会一次,但是因为没有发起者,说了以后也就不了了之了。(过后)
   _____。

5. 因为受条件的限制,我们不能随心所欲地做自己愿意做的事情。(限于)
   _____。

6. 事情总是要解决的,要是领导不支持,我们就发动群众解决。(总归)
   _____。

7. 我们担心母亲承受不了父亲去世的伤痛,一直没敢告诉她,偷偷把丧事办了。(生怕)
   _____。

8. 昨夜一场大雨过后,树叶上的尘土被冲刷得干干净净,碧绿的嫩芽静静地破土而出。(悄然)
   _____。

9. 爱情也罢,友情也罢,时间长了,都会逐渐转化为亲情。(久而久之)
   _____。

10. 走在午夜的田野上,微风吹拂着我的头发,抚摸着我的脸庞,使我暂时忘却了身在何处。不时传来的火车鸣笛声把我从近乎虚幻中拉了回来。(断断续续)
    _____。

11. 捍卫语言的纯洁性是这个时代给予我们的神圣权力。(赋予)
    _____。

12. 培育出这些形形色色、争奇斗艳的花朵的功劳应该属于全体园艺师。(归功)
    _____。

13. 我们都十分佩服李娜对生活的热情,以及对爱情的不懈追求。(执著)
    _____。

十、填上合适的字

李商隐___说:"此情可待成追忆,只是当时已____然。"我又得到了一些___示,如果把两个人放进爱情的杯子要___缘分的话,那能够让两个人___合到一起的水,原来叫"___容"。对于没有勺子搅拌的咖啡来说,这似乎决定了最后的___味。

有一次我在一个朋友住___喝了一杯咖啡,那是一杯用全套___用咖啡用具冲的咖啡。主人非常___心地用小勺轻轻搅拌,生___有点儿不均匀的颗粒。结果咖啡上没有一点儿乱七八___的粉末,味道香浓,让我留恋不已。我___不住向这套咖啡用具的主人要了那___小勺子。

半年之后，连这小勺子的主人的归___权也成了我的了——她成了我的妻子。

十一、把下列短文中不通顺的地方找出来并改正

　　总也忘不了这样一个故事：美国黄石国家公园曾经历了一场森林大火，大火过后护林员开始上山察看灾情。

　　有位护林员在一棵树下把一只被烧焦的鸟发现了，虽然已经死去，但这只鸟却像雕塑一般保持着一种姿势，护林员感到有些惊奇，便用树枝轻轻地拨了拨那只鸟，没想到从已经死去的母亲翅膀底下几只雏鸟钻了出来。

　　原来，这只慈爱的鸟妈妈本能地知道有毒的浓烟会向高处升腾，为了不把灾难降临到孩子们身上，它带几只小鸟到大树底下，用自己的翅膀为它们撑起了一个保护伞。

　　鸟妈妈本可以展翅飞走，找一处安全的栖身之所，但它不能让自己的孩子丢在大火中。

　　当火苗蹿上来灼烧它的身体时，它坚定地立在那里，一动也不动。因为它已经下定决心用自己的生命把翅膀底下的孩子们来保护。

十二、填空

　　一位校友在德国留学期间，在一家图书馆里钱包被小偷偷走。里边有二十欧元，他不准备报警。_____图书馆的保安_____报了警。不到五分钟，一位女警赶到现场，问了情况，_____请他做笔录。女警说："图书馆的自动安全系统已经录下了小偷的容貌，警察局今天就可以将小偷的照片张贴到全区各个警察局。_____仍找不到小偷，我们会_____录像带送到电视台反复播放，直到破案为止。"

　　"我看算了，只有二十欧元，不必兴师动众。_____抓到小偷，所花费的代价_____太大了。"他对女警说。

　　"不！我们是警察，不是商人，_____商人_____会讲值不值。_____法律的尊严不能用金钱衡量，小偷触犯了法律，就必须受到法律的惩罚。"女警严厉地说。

　　_____，在电视台播放小偷偷钱录像的第二天，小偷就落网了。

　　_____，我们几个朋友感叹，_____，不计法律成本的国家和地区，付出的成本_____少，_____报案难或不愿报案的国家和地区，往往要付出_____大的代价。

十三、判断下面画线的词语是否必要，把多余的词语去掉

　　<u>在</u> <u>如今的</u> <u>减肥的</u> <u>潮流中</u>，<u>我</u> <u>老婆绝对是个先锋的人物</u>。<u>她</u>从宣布减肥开始，<u>她</u>已经
　　 1　　 2　　　 3　　　 4 5 　6　　　　　　 7　　　　　　 8　　　　　 9 　10
几个月没碰过肉了。每次<u>她</u>站到超市的冷肉柜台，<u>她</u>两手放在<u>兜儿</u>里，<u>她</u>能一口气说<u>出</u>
　　　　 11 12　　　 13　　　　 14　　　　 15　　　　 16　　 17 　18　　　　 19

77

七八种菜谱,她目光中充满了对肉蛋鱼的渴望,她嘴里一个劲儿地咽唾沫。
　　　　　　　　20　21　22　　　23　　24　25　　　　　26

　　我前天回到家,我老婆给我做了美味的红烧肉。我刚吃了一半,忽然停电了。我虽然
　27　　　　　28 29　　　　30　　31　　　　　32　33　　　　　34　35 36
觉得很反常,但我也没有多想,我放下碗筷,我摸到床边躺下听起了收音机,我不知不觉
　　　37　　　　38　　　　　　39　　　　　　　　　　　　　40　　41
地 就睡着了。
42 43　　44

　　昨天早晨我起床,我发现供电正常,我再一看,厨房里的红烧肉没了!我转过身望着我
　　　　　　　　45　　46　　　　　47 48　　　49 50　　　51 52　　　　　53
老婆,我老婆有点儿尴尬,她似笑非笑地说道:"冰箱里都是满的,这肉放不下了,咱家有了
　　54 55　　　　　56　　　　57　　　　　58　　　59　　　　60　　　　　61
猫,肉放在外面不放心了,我就索性帮着消灭了,总比浪费了强吧!"我一听乐了。
　　62 63　　　　64 65　　　66　67　　　　68

　　上班路上,我想起了昨晚那一幕——在停电的一刹那,我眼角的余光瞥见老婆关了保
　　　　　　69　　70　　　　　　71　　　　　　72　73　　　　　　　74
险……

十四、从以下词语中选择五个以上写一篇五百字左右的作文

　总归　生怕　多少　就算　久而久之　无奈　当场　过后　限于　自发

第五课　"亚洲飞人"刘翔

一　生词语

1. 闪耀	shǎnyào	(动)	光彩耀眼：繁星~｜金字塔顶~着金光。
			＞闪烁　闪光　耀眼　炫耀
2. 光芒 ≈光彩	guāngmáng	(名)	向四面放射的强烈光线：万丈~｜~四射。
3. 铭记	míngjì	(动)	深深地记在心里：~教诲。
			＞铭刻　牢记
4. 涌现 ⟵⟶消失 ≈出现	yǒngxiàn	(动)	(人或事物)大量出现：新人新作不断~。 涌—拥—佣—桶
5. 跨栏	kuàlán	(名)	田径运动项目之一，在规定的竞赛距离内每隔一段距离摆设栏架，运动员要依次跨过栏架跑到终点。
6. 梦幻	mènghuàn	(名)	如梦的幻境；梦境：离奇的遭遇犹如~｜从~中醒来。
			＞梦想　幻想　科幻
7. 飞翔	fēixiáng	(动)	盘旋地飞，泛指飞：展翅~｜鸽子在天空~。
8. 凯旋	kǎixuán	(动)	战胜归来：战士~｜欢迎~的体育健儿。
9. 庆功	qìnggōng	(动)	庆祝取得的功绩或胜利：~大会。
			＞庆贺　庆祝　庆典　功劳　功绩
10. 表彰	biǎozhāng	(动)	表扬(伟大功绩、壮烈事迹等)：~先进。
11. 哈欠	hāqian	(名)	困倦时嘴张开，深深吸气，然后呼出的一种生理现象：这孩子一连打了几个~，看来是困了。
12. 流露 (露马脚)	liúlù lòu	(动)	(意思、感情)不自觉地表现出来：~出真情｜他的每一首诗，字里行间都~出对祖国的热爱。

79

13. 掩饰 ⟷暴露 ≈掩盖	yǎnshì	（动）	设法掩盖（真实的情况）：~错误｜~不住内心的喜悦。
14. 加重 ⟷减轻 (重复)	jiāzhòng chóng	（动）	增加重量：~负担｜~语气｜责任~了。
15. 正规 ≈正式	zhèngguī	（形）	符合正式规定的或一般公认的标准的：~军｜~方法｜不太~。 ＞正确 规范
16. 赴	fù	（动）	到（某处）去：~会｜~宴｜~京。
17. 锦标赛	jǐnbiāosài	（名）	获胜的团体或个人取得奖品的体育运动比赛：世界乒乓球~。
18. 联赛	liánsài	（名）	（在比赛中）三个以上同等级的队之间的比赛：全国足球甲级~。
19. 盛名	shèngmíng	（名）	很大的名望：享有~。 ＞盛会 名望
20. 迷失 ≈迷惑	míshī	（动）	弄不清（方向）；走错（道路）：~方向。 ＞迷路 迷途
21. 口头禅	kǒutóuchán	（名）	经常挂在口头的词句。
22. 风波	fēngbō	（名）	风浪，常比喻纠纷或乱子：一场~｜政治~。
23. 争议	zhēngyì	（动）	争论：这件事在会上引起了~。
24. 烟草	yāncǎo	（名）	指烟叶：~市场。
25. 妥	tuǒ	（形）	妥当，稳妥适当：稳~｜欠~｜这样处理，恐怕不~。
26. 轩然大波	xuānrándàbō		比喻大的纠纷或风潮：谣言引起了~｜那位歌星在演唱会上假唱，引起了~。
27. 洽谈 ≈商谈	qiàtán	（动）	商量、商谈：~生意。
28. 指定	zhǐdìng	（动）	确定（做某事的人、时间、地点等）：~他做大会发言人｜各组分头出发，到~地点集合。
29. 慈善	císhàn	（形）	对人关怀，富有同情心：心地~｜~事业。 ＞慈悲 慈祥 慈爱 仁慈 善良 慈眉善目
30. 擦边球	cābiānqiú	（名）	做在规定的界限边缘而不违反规定的事：按规矩办事，不打政策~。

31. 勉励 ≈鼓励	miǎnlì	（动）		劝人努力；鼓励：互相~｜老师~同学继续努力。 >互勉 自勉
32. 拼搏	pīnbó	（动）		使出全部力量搏斗或争取：顽强~｜~精神｜日夜奋战，与洪水~。 >拼抢 拼杀 搏斗 搏—博—薄—膊
33. 授予	shòuyǔ	（动）		给予(奖章、奖状、学位、荣誉等)。
34. 攻读	gōngdú	（动）		努力读书或钻研某一门学问：~博士学位｜~中医经典。
35. 开小灶	kāi xiǎozào			比喻享受特殊的对待：老师给几个学习上有困难的同学补课，~。
36. 繁重 ⟵轻巧 轻松	fánzhòng	（形）		(工作、任务)多而重：机械化取代了~的体力劳动。 >繁忙 沉重
37. 随机	suíjī	（形）		不设任何条件，随意的：~采样｜记者在大街上~采访了几位市民。
38. 延续 ≈继续	yánxù	（动）		照原来的样子继续下去；延长下去：会谈~了两个小时。
39. 栽培	zāipéi	（动）		种植、培养；比喻培养、造就人才：感谢老师的~。 >栽种 培养 栽—载—裁
40. 天赋 ≈天分	tiānfù	（名）		天生的资质：有~｜~高。
41. 一连串	yīliánchuàn	（形）		(行动、事情等)一个紧接着一个的：~的胜利｜~的打击。
42. 起诉	qǐsù	（动）		向法院提出诉讼：~状。 >上诉 诉状 胜诉 投诉 败诉
43. 肖像 （姓肖）	xiàoxiàng xiāo	（名）		以某一个人为主体的画像或相片。
44. 传闻	chuánwén	（名）		辗转流传的事情：~失实｜不要轻信~。
45. 辟谣	pìyáo	（动）		说明真相，驳斥谣言。 辟—避—僻—壁—璧—癖
46. 大腕	dàwàn	（名）		指有名气、有实力的人(多指文艺界、体育界的)。 腕—碗—婉—惋

47.	表态	biǎotài	（动）	表示态度：这件事你得~,我才好去办。
48.	退出	tuìchū	（动）	离开会场或其他场所,不再参加；脱离团体或组织：~会场｜~战斗｜~组织。
	⟵→进入 加入			
				＞退场 退回 退缩
49.	盛情	shèngqíng	（名）	深厚的情谊：~厚谊｜~难却。
50.	跑道	pǎodào	（名）	运动场中赛跑用的路。
51.	猎豹	lièbào	（名）	一种动物,像虎而较小,身上有很多斑点或花纹。性凶猛,能上树,捕食其他兽类。
				猎—腊—蜡—借
52.	无能为力	wúnéngwéilì		用不上力量；没有能力或能力达不到：不是我不想帮你,我真的是~｜看到地震后村民们悲惨的生活,村长第一次觉得自己是那么~。
53.	非议	fēiyì	（动）	责备：无可~。
54.	绑架	bǎngjià	（动）	用强力把人劫走。
55.	超级	chāojí	（形）	超出一般等级的：~显微镜｜~豪华轿车。
56.	衡量	héngliáng	（动）	比较；评定。
57.	利弊	lìbì	（名）	好处和害处：衡量~｜两种方法各有~。
				＞弊病 弊政 时弊
				弊—蔽—敝
58.	口罩	kǒuzhào	（名）	卫生用品,用纱布等制成,罩在嘴和鼻子上,防止灰尘和病菌侵入：戴~。
59.	隐藏	yǐncáng	（动）	藏起来不让发现：~在丛林中。
	⟵→揭露			
	≈隐瞒			
	（西藏）	zàng		
60.	寄托	jìtuō	（动）	把理想、希望、感情等放在(某人身上或某种事物上)：~希望｜作者把自己的思想、情感~在剧中主人公身上。
61.	心愿	xīnyuàn	（名）	愿望：美好的~。

第五课 "亚洲飞人"刘翔

一 课 文

提示一 奥运会结束后,和以前相比,刘翔的生活有了什么变化?

2004年,有一长串闪耀着光芒的名字值得我们铭记。在他们成就一番辉煌并为大众熟悉的不同过程里,无疑刘翔的用时最短:12秒91。

刘翔,1983年7月13日出生于上海,1996年进入上海体育运动技术学院,师从孙海平教练。身高1米88、体重74公斤的刘翔身材好,爆发力强,绝对速度快,是近年来涌现出的难得的男子跨栏选手。2002年,他以13秒12的成绩位列国际男子110米栏第四位。2004年8月27日,在雅典举行的第28届奥运会上,以12秒91获得男子110米栏冠军。这是中国男运动员在奥运会田径赛场上获得的第一枚金牌。

刘翔让很多人记住了一句话:"中国有我,亚洲有我。"而刘翔对自己说:"2004,真是梦幻的一年。"这一年,13亿人为他的飞翔欢呼,却不是每个人都注意到此后那双沉重的翅膀。

奥运之后,刘翔为全中国熟知,而一张照片则广为传阅。那是凯旋之后的一次庆功表彰活动,画面中刘翔张大着嘴,眯着眼,打了一个大大的哈欠,流露出难以掩饰的疲惫。

他实在是太累了。

"奥运会结束后,当天晚上我就被拖过去做节目。第二天又被拖过去做节目,后来不停地签名,不停地签名。回国的飞机上要签,回来又要签,回来又要做节目。回到上海,市、区里面又要庆功,很多活动和仪式。基本上每天只能睡四个小时左右的觉,后来又代表中国奥运金牌运动员到港澳五天时间,那五天也真的很累很累,各方面的活动……"对于自己奥运会后相继而来的社会活动,刘翔用这么一长串听上去都喘不过气来的语言来描述。刘翔说,自己已经很久没有好好睡觉了。在香港做活动期间,他

恨不得站着都能睡着。

11月18日,国家田径队宣布了冬训计划及重点队员刘翔、孙英杰等人的2005年参赛计划。刘翔开始了常规训练,尽管几乎每天都有的社会活动加重了刘翔的负担,刘翔仍然坚持至少一个小时的训练,并逐渐向正规训练过渡。

12月14日,刘翔和跨栏组队友在孙海平的带领下从上海坐火车赶赴北京,到国家体育总局训练局进行为期两个月的集中训练。

2005年,对于刘翔来说最重要的就是世界室外田径锦标赛以及黄金联赛,其中黄金联赛为重中之重。在刘翔看来,黄金联赛的夺冠难度甚至要超过奥运会。

不过盛名之下的刘翔并没有迷失方向,他逐渐恢复正常训练。正如他的口头禅:"相信我,一定会做到。"

提示二 成名以后,刘翔受到了什么困扰?

刘翔总是焦点,即使是他为了恢复正常训练,给自己定下严格的"不签名,不合影,不接受采访"三不政策,最近白沙集团的广告风波还是引起了很大的争议。以奥运会冠军的健康身份给烟草做广告,公众普遍认为似有不妥。

对于白沙广告引起的轩然大波和已经出现的一些指责声音,刘翔也有满腹委屈。刘翔说,和白沙方面洽谈的时候,就指定文化方面的,而且是带有慈善性质的合同,和烟草根本无关。

有评论者指出,一个常识性的认识是,这属于烟草形象惯用的"擦边球",至于"不知情"的刘翔在这个"擦边球"中是获益者还是受损者,已经很难说得清。

刘翔的教练孙海平则说明,刘翔作为国家体育总局和田管中心(田径管理中心)管辖的运动员,必须受两个机构的领导。孙海平认为,无论如何事情不可能由刘翔自己操作完成。

硕博连读也是一起风波。刘翔的本科母校华东师范大学为了勉励刘翔继续发扬这种努力拼搏、为国争光的精神,在奥运会后宣布授予刘翔硕博连读的资格。刘翔攻读的专业是体育管理,体育学院院长亲自担任指导老师,在五年的时间内他将学习管理学、体育管理学、体育管理心理学、运动心理学、体育社会心理学、运动训练学和运动生理学等课程,攻读硕士、博士两个学位。体育学院院长介绍,由于是硕博连读,刘翔可以免写硕士论文,只要最终完成博士论文即可。

和普通大学生不同,刘翔不必每天到大学课堂和图书馆上课、自习,华东师大的老师们会亲自赶赴他训练的体育基地,"点对点"地为他"开小灶"。此前,在本科就读期间,刘翔和其他10名左右的国家一级运动员就已享受了这种待遇。当时他所在的学院负责他们的专业课设置和教学,各科的专业老师去基地给他们上课,每周两到三个半天。

今后研究生阶段的教学安排也大致相同。不过研究生课程本来就不算多,刘翔又肩负着繁重的训练任务和比赛任务,课程将更加随机。此外,如果刘翔打算选报一些选修课程,学院将一样会为他安排名师上门授课。

这样的读书方式引起了很多人的争议。刘翔对此的解释是,他只把华师大的邀请看做是一个荣誉,而就读则是"对母校感情顺其自然的延续"。一直全力栽培刘翔的孙海平教练的评价则非常幽默,他认为刘翔如果把天赋用来读书,靠自己的能力也能硕博连读,但反对者当中即使有硕博连读的人,来跑跨栏也不一定能出成绩。

刘翔还陷入了一连串官司。前不久,刘翔的代理人向北京海淀区法院起诉,称2004年10月21日,京城某报封面出现了刘翔跨栏的图片,为某公司第6期购物节做封面广告。此外,该期报纸的其他版面也使用了刘翔的肖像。

还有传闻说刘翔要转投娱乐圈。刘翔赶紧出面辟谣,港台娱乐圈大腕们也出来表态,力劝这位国宝继续辉煌的体育事业,至少等到30岁退出体坛后再考虑进军娱乐业。

"我并不排斥成名,也喜欢成名之后带来的各种好处。只是对我来说,这一切实在来得太快了。"谈到那些他不愿意参加、却又盛情难却的活动,跑道上猎豹一般的刘翔显得那么无能为力。官司、非议和自由丧失,甚至被公众和各种利益集团"绑架",一切大红大紫的超级明星都会遭遇这些,他们都会衡量成名带来的各种利弊。所不同的是,刘翔面对它们的时候只有21岁,而且此前的生活里他只需要面对110米长的跑道。

　　成功使刘翔拥有了很多从前没有的东西,然而,他的生活也在承受盛名的影响。12月15日,刘翔一行抵达北京。前去采访的媒体记者很容易就找到了孙海平教练和运动队,却一直找不到刘翔。原来,刘翔扣着大帽子、戴着大口罩,缩在队伍的后面,完全隐藏于火车站的人流之中。在终于被媒体记者认出之后,刘翔解释说,北京太冷,空气不好。说完,自己也觉得有些荒谬的刘翔哈哈大笑起来。

　　据说,在上海市体育运动技术学院基地,运动队领导已经准备把刘翔从集体宿舍搬出,给他一个单独的房间。但刘翔婉拒了,他还想像以前一样和队友住在一起。

　　刘翔的一举一动,从他喊出"中国有我,亚洲有我"之后,就已经不可避免地带上了某种有象征意义的符号。刘翔已经不单单为自己而生活,无论是否出于他的本意,他都在影响着很多人,许多人在他身上寄托了许多东西,更多的人在关注着他并随时准备发出评论。

　　对刘翔来说,这些似乎是意料中的事情,但他又似乎在尽力逃避。他告诉大家自己最大的心愿就是:"我只想做回我自己。"

(据《南方周末》2004年12月30日)

注　释

1. 光芒—光线—光彩

都是名词。"光线"指的就是光,因为光在一般情况下沿直线传播,所以叫光线。"光芒"指的是向四面放射的强烈光线。"光彩"指颜色和光泽,光辉。如果只是说明一般的光,用"光线"。如:

(1) 这个房间在一个角落里,又靠北,光线很不好,白天也得开灯。(光芒× 光彩×)

"光芒"和"光彩"都可以指强烈的光线,"光芒"侧重于指强光向四面放射的情形;"光彩"除了可以指强烈的光线外,还可以指艳丽富有光感的颜色。两个词语都可用来做抽象的比喻,但有时候搭配不同。如:

(2) 云散开了,太阳出来了,光芒万丈,耀眼无比。(光彩×)

(3) 橱窗里摆着光彩夺目的各色丝绸。(光芒×)

(4) 那只雄狮身上闪耀着勇气和力量的光芒。(光彩√)

"光彩"还可以做形容词,意思是光荣。"光芒"和"光线"没有这种用法。如:

(5) 在表彰大会上,当我们看到小王被评为"最佳运动员"时,全班同学都觉得很光

彩。(光芒×光线×)

2. 涌现—呈现—展现 ✻

都是动词,都有出现之意。"涌现"侧重于大量出现;"呈现"侧重于显出、露出;"展现"侧重于出现时有展示的意味。如:

(1) 这几年,我国涌现出一批热心于慈善事业的明星大腕。(呈现×展现×)
(2) 从一连串的科技成果比赛的情况看,大学校园科技成果应用于企业呈现出多样化趋势。(涌现×展现×)
(3) 那幅肖像画准确地展现了人物的内心世界,因此毫无争议地夺得了第一名。(涌现×呈现×)

3. 表彰—表扬 ✻

都是动词,都有"对好人好事公开赞美"之意。但"表彰"的程度比"表扬"高,通常"表彰"的都是伟大的功绩、壮烈的事迹等,使用的场合也比较庄重。如:

(1) 对努力工作并取得优异成绩的人员应该给予表彰奖励,并授予"先进工作者"称号。(表扬√)
(2) 小强把在跑道上捡到的手表交给老师,受到了老师的表扬。(表彰×)
(3) 在我市奥运庆功表彰大会上,市长发表讲话,勉励运动员们继续发扬努力拼搏、为国争光的精神。(表扬×)

4. 迷失—迷惑 ✻

"迷失"是动词,意思是弄不清(方向),走错(道路)。"迷惑"是形容词,意思是辨不清是非,摸不着头脑;也可以做动词,意思是使迷惑。如:

(1) 走进胡同,转了几个弯,我突然发现自己迷失了方向。(迷惑×)
(2) 那位超级球星一面说绝不拍商业广告,一面又出现在烟草广告中,让喜爱他的球迷们迷惑不解。(迷失×)
(3) 金钱迷惑不了他,他还是能清醒地衡量拍摄广告带来的各种利弊。(迷失×)

有时这两个词可以互换,但意思侧重点不同。如:

(4) 在权力和金钱面前一度迷失过的他开始思考今后的人生道路该如何走下去了。(迷惑√)

5. 口头禅 ✻

"口头禅"原指有的禅宗和尚只空谈禅的理论而不实行,也指在谈话中常常借用的禅宗常用语。现在指经常挂在口头的词句。如:

(1) 王老师的调查研究发现,部分小学生的口头禅竟然是"没意思"。这个调查结果引起了很大的争议。
(2) 尽管院长的邀请盛情难却,陈教授还是用他的口头禅来应对,一连串的"不好意思"、"不好意思"之后,陈教授回到了实验室,一边吃面包一边继续做实验。

6. 擦边球 ✻

"擦边球"原来是指打乒乓球时擦着球台边沿的球(属正常球,不算失误),后来把做在规定的界限边缘而不违反规定的事比喻为打擦边球。如：
(1) 学校的报纸按规定不能登广告,这一期的报纸用了一个整版介绍这次活动的赞助商,引来众多的非议,很多人认为这是校报打的一个擦边球。
(2) 有传闻说那家大公司为了逃税,给公司职员每人买了一部电脑。今天经理出来辟谣,说根本没有这种事,他们公司不会打这种政策的擦边球。

7. 勉励—鼓励

都是动词,都可以表示劝人努力去做健康有益的事。如：
(1) 老师勉励同学继续努力。（鼓励√）

"勉励"偏重于用恳切的话语或高尚的精神使人上进。"鼓励"强调使人增加做事的勇气和信心,"鼓励"既可以通过言辞或高尚的精神,也可以通过目光、表情、掌声或其他物质来进行。如：
(2) 老人说:"这几枚金牌对于我来说其实没有什么意义了,我之所以还一直保留它们,是希望这种努力拼搏、为国争光的精神能够勉励我们的下一代。"（鼓励√）
(3) 当我走到舞台边时,我看到了老师眼中流露出喜悦和信任的目光,这目光鼓励我更加坚定地走上舞台。（勉励×）
(4) 公司的原则是精神鼓励为主,物质鼓励为辅,所以给优秀员工发的奖金并不多。（勉励×）

8. 开小灶

"小灶"的意思原来是集体伙食标准中最高的一级(区别于"中灶"、"大灶");后来比喻为享受特殊的对待。如：
(1) 王老师把冲击全国重点大学的希望寄托在陈卫国身上,所以每天下班后都给小陈开小灶。
(2) 为了参加年底的锦标赛和联赛,除了和大家一起进行正规训练外,教练每天还给小刘开小灶。

9. 延续—继续

都是动词,都可以表示(活动)连下去,延长下去。"延续"意思偏重照原样继续下去,延长下去,中间没有间断。"继续"则可以间断,也可以不间断。
(1) 关于如何开展慈善活动的会议延续了两个小时。（继续×）
(2) 总经理宣布讨论在午饭之后继续,好多人脸上都流露出难以掩饰的疲惫。（延续×）

"继续"后边通常出现或隐含另一动词,而"延续"不能。如：
(3) 我们队已经连胜十场了,如果我们想在接下来的锦标赛和联赛中把胜利继续延续下去,就必须进行更艰苦的训练。（延续×）
(4) 由于没能得到及时的治疗,患者的病情继续加重。（延续×）

10. 辞格(4):比喻

比喻就是打比方,根据事物之间的相似点,把某一事物比做另一个事物,把抽象的事物变得具体,把深奥的道理变得浅显。比喻的基本结构可以分为三个部分:本体(被比喻的事物)、喻体(用来打比方的事物)、喻词(表示比喻关系的词语)。

比喻可以分为三种,一种是明喻,就是明显的比喻,明喻的特点是本体、喻体都出现,而喻词是"像"、"好像"、"如同"、"仿佛"、"像……似的"等,如:

(1) 他一动不动,好像石头一样。

在这个句子里,"他"是本体,"石头"是喻体,"好像"是喻词。

第二种是暗喻,比喻痕迹不那么明显,暗喻的特点是本体、喻体都出现,但喻词是"是"、"就是"、"成为"、"变成"、"等于"等,使本体和喻体的关系更加紧密。如:

(2) 我是天空的一片云。

在这个句子里,"我"是本体,"云"是喻体,"是"是喻词。

第三种是借喻,借喻的特点是不出现本体,也不出现喻词,而直接把喻体当成本体来用。如:

(3) 这一年,13亿人为他的飞翔欢呼,却不是每个人都注意到此后那双沉重的翅膀。

在这个句子里,要表达的意思是,不是每个人都注意到刘翔成功后身上沉重的压力就好像鸟儿身上沉重的翅膀,句子里没有出现本体"刘翔身上的压力",也没有出现任何喻词,而直接使用"那双沉重的翅膀"。

四 练 习

(一) 为加点字选择一个合理解释

表:A. 计时的器具,一般指比钟小而可以随身携带的
　　B. 用格子形式排列事项的书籍或文件　C. 一种亲戚关系
　　D. 外面,外表　E. 把思想感情显示出来

天:F. 一昼夜二十四小时的时间　G. 天然的,天生的　H. 季节
　　I. 某些宗教指神佛仙人或人死后灵魂居住的美好的地方　J. 天气

架:K. 争吵的事　L. 量词,用于用支柱的或者有机械的东西
　　M. 用强力把人劫走　N. 架子

1. 表态:_____　　2. 表面:_____
3. 表哥:_____　　4. 表格:_____
5. 手表:_____　　6. 天赋:_____
7. 今天:_____　　8. 阴天:_____
9. 天堂:_____　　10. 春天:_____
11. 书架:_____　　12. 吵架:_____

13. 绑架：＿＿＿＿＿＿＿＿＿＿　　14. 一架飞机：＿＿＿＿＿＿＿＿＿＿

(二) 选择合适的词语填空

　　闪耀　涌现　辟谣　延续　飞翔　绑架　加重
　　正规　洽谈　隐藏　勉励　利弊　衡量　荒谬

1. 李小伟从小就希望自己能像鸟儿一样在天空＿＿＿＿，长大以后，可以说他实现了他的愿望，他成了一名飞行员。

2. 我们村庄悄悄地＿＿＿＿在一大片竹林之中，一排排楼房依山而建。

3. 昨天的"十佳运动员"表彰大会可以说是星光＿＿＿＿，体育界的超级明星几乎全部出席。

4. 赵大庆发明的新式无土栽培法有许多优点，好几家花草公司都来找他＿＿＿＿，希望能够跟他合作。

5. 今年的田径比赛中＿＿＿＿出一批新人，只要好好栽培，他们就有可能在世界级比赛的跑道上夺取金牌。

6. 在欢迎体育代表团凯旋的大会上，校长祝贺运动员们取得良好成绩，并＿＿＿＿他们继续努力，取得更好的成绩。

7. 体育老师告诉钱奇的父母钱奇具有很强的运动天赋，可以考虑把他送到专门的体育学校去接受＿＿＿＿训练。

8. 母亲生病后，繁重的家务＿＿＿＿了姐姐的负担，每天晚上，我们都看到她脸上有着难以掩饰的疲惫。

9. 有人说，孩子是父母生命的＿＿＿＿，所以很多父母都会希望孩子可以实现自己没有机会实现的心愿。

10. 虽然公司在全国各地开了一连串的分店，但是连锁店的数量并不是＿＿＿＿成功的唯一标准，我们更看重的是服务质量和经营利润。

(三) 选用词语完成句子（每个词语限用一次）

　　擦边球　掩饰　表态　开小灶　寄托
　　退出　流露　轩然大波　利弊　迷失

1. 放弃读大学而去争当明星，＿＿＿＿＿＿＿＿＿＿＿＿＿＿＿＿＿＿＿＿＿＿。

2. 按规定逛公园不收费，可这个公园把最漂亮的几个地方围起来搞了一些小型展览会，进去要买门票，＿＿＿＿＿＿＿＿＿＿＿＿＿＿＿＿＿＿＿＿＿＿。

3. 超级明星王小路向法院起诉他的前女友,因为她把王小路的很多私人信件和照片公诸于众,_____。
4. 为了在这次跨栏比赛中取得好成绩,_____。
5. 吴静自从在那次世界锦标赛上拿到冠军后成了大明星,在名利面前她_____,从此再也没有取得过好成绩了。
6. 王阿姨这一辈子最遗憾的事情就是没念过大学,因此她只能把读大学的心愿_____。
7. 虽然小陈在聚会上还是像以前那样大声唱歌,大口喝酒,_____。
8. 看到儿子终于实现了自己的心愿,取得了跨栏冠军,母亲脸上_____。
9. 现在关于您的去留问题外面有各种各样的传闻,您能否_____?
10. 在被记者问到将来的打算时,小刘表示他会再拼搏几年,然后_____,专心读书。

(四) 联系课文,说说下列句子的含义

1. 这一年,13亿人为他的飞翔欢呼,却不是每个人都注意到此后那双沉重的翅膀。
2. 2005年,对于刘翔来说最重要的就是世界室外田径锦标赛以及黄金联赛,其中黄金联赛为重中之重。
3. 有评论者指出,一个常识性的认识是,这属于烟草形象惯用的"擦边球",至于"不知情"的刘翔在这个"擦边球"中是获益者还是受损者,已经很难说得清。
4. 谈到那些他不愿意参加、却又盛情难却的活动,跑道上猎豹一般的刘翔显得那么无能为力。
5. 官司、非议和自由丧失,甚至被公众和各种利益集团"绑架",一切大红大紫的超级明星都会遭遇这些,他们都会衡量成名带来的各种利弊。所不同的是,刘翔面对它们的时候只有21岁,而且此前的生活里他只需要面对110米长的跑道。

(五) 改错

1. 今天就训练到这里,请大家回去好好休息,我们明天延续训练跨栏。
2. 我很喜欢王护士,可是因为不好意思,我在她面前一直掩饰自己的感情,妈妈听说后,一个劲儿地勉励我去找王护士,把自己的心意告诉她。

3. 进医院参观要戴口罩,孙平平热心地帮助老师给小朋友们发口罩,老师高兴地表彰了他。
4. 许多明星大腕都喜欢穿李翔设计的衣服,他设计的特点是用色非常大胆,穿上他设计的衣服总能光线照人。
5. 不管每天都有繁重的训练任务,他都得参加许多社会活动。
6. 在取得奥运金牌凯旋之后,在刘翔的生活中发生了很大的变化。
7. 即使你有运动天赋,如果不进行正规训练,还不能取得好成绩。
8. 我不排斥记者,并愿意配合记者;但我希望大家不要乱写跟我有关的新闻,未免引起不必要的风波。

(六)首先判断下列句子使用的是明喻还是暗喻,然后把每个句子的本体、喻词和喻体找出来并划线说明

例:坐在飞机上往下看,<u>黄河</u> <u>好像</u> <u>一条长长的黄带子</u>。(明喻)
　　　　　　　　　　本体　喻词　　　喻体

1. 寒冷的北风仿佛一把刀,刮在脸上,刺痛刺痛的。(　　　)

2. 地中海沿岸成了西方文明的摇篮。(　　　)

3. 他一个劲儿地发抖,好像风雨中的树叶一样。(　　　)

4. 过了一会儿,那团白云又变成了一只大狮子。(　　　)

5. 弯弯的月亮是一只安静的小鸟,悄悄地停在树枝上。(　　　)

6. 这帮孩子简直跟猴子似的,几分钟就把教室弄得乱七八糟。(　　　)

(七)找出下列借喻句的喻体并画线,然后把本体的大致意思写出来

例:大雨过后,荷叶上留下了一颗颗<u>晶莹的珍珠</u>。
本体:<u>雨珠</u>

1. 要清除语言中的"垃圾",不是一天两天就能做到的事情。
   本体:_____
2. 啊,是什么样的伤心事,摇落了你眼中纯洁的珍珠,悲哀的露?
   本体:_____
3. 暴风过去后,"哗"的一声,房屋上落下了千万条瀑布。
   本体:_____

4. 天上张着一张灰色的网。
   本体：＿＿＿＿＿＿＿＿＿＿＿＿＿＿＿＿
5. 小姑娘在果园里快乐地东奔西跑,把那些鲜艳的太阳、星星和月亮都摘下来放在篮子里。
   本体：＿＿＿＿＿＿＿＿＿＿＿＿＿＿＿＿

(八) 把下面的句子重新排序,使它们构成完整的短文

1. (　　　　　　　　　　　　　　　　)
   (A) 寒季没有白天,只有黑夜,常有美丽的"南极之光"出现。
   (B) 南极在地球的最南面,是世界上最冷的大陆,一年中只有寒暖两季。
   (C) 有人把南极叫"海豹王国",那里各种各样的海豹,约有三千二百头。
   (D) 暖季没有黑夜,整天太阳高照。
   (E) 不过企鹅的数量更多,约有一亿只,它是南极的象征哩!

2. (　　　　　　　　　　　　　　　　)
   (A) 这个问题谁也没有注意。
   (B) 结果证明谢皮罗的论断是正确的。
   (C) 许多科学家也纷纷进行实验。
   (D) 浴池排水,水为什么会打转？
   (E) 他经过反复研究,认为漩涡与地球自转有关。
   (F) 然而却引起了美国的谢皮罗教授的好奇。

3. (　　　　　　　　　　　　　　　　)
   (A) 雨停了,太阳出来了,彩虹挂在天空,蝉叫起来了,蜘蛛又坐在网上了。
   (B) 雷声接着闪电,隆隆直响,哗哗下起了大雨。
   (C) 渐渐地,雷声小了,雨声也小了。
   (D) 雨越下越大。往外望去,树啊,房子啊,都看不清了。
   (E) 忽然,一阵大风,吹得树枝乱摆,一只蜘蛛垂落下来逃走了。
   (F) 满天乌云黑沉沉地压下来,树上的叶子一动不动,蝉一声也不叫。
   (G) 池塘里水满了,明晃晃的,像一面镜子。

五　副课文

一个祝福的价值

那年,我在美国的街头流浪。圣诞节那天,我在快餐店对面的树下站了一个下午,抽掉了整整两包香烟。街上人不多,快餐店里也没有往常热闹。我抽完了最后一支烟,看着满地的烟蒂叹了口气。天色渐渐暗了下来,路灯微微睁开了眼睛,暗淡的灯光让我心烦,就像自己黯淡的前程,令人忧伤。我的手插在裤子的口袋里,口袋里的东西令我亢奋。我从嘴角挤出一丝微笑,用左手在胸前画了一个十字,然后目不转睛地盯着快要结束营业的快餐店。

就在我向街对面的快餐店跨出第一步的时候,从旁边的街区里走出一个小女孩,卷卷的头发,红红的脸颊,天真快乐的笑容在脸上荡漾。她手里抱着一个芭比娃娃,蹦蹦跳跳朝我走来。我有些意外,收住了脚步。小女孩仰起头朝我深深一笑,甜甜地说:"叔叔,圣诞节快乐!"我猛地一愣,这些年来大家都把我给忘记了,从没有人记得送给我一个圣诞节的祝福。"你好,圣诞节快乐!"我笑着说。"你能给我的孩子一份礼物吗?"小女孩指了指手中的娃娃。"好的,可是……可是我什么也没有。"我感到很难为情,我的身上除了裤子口袋里那样不能给别人的东西以外,真的一无所有。"你可以给她一个吻啊!"我吻了她的娃娃,也在小女孩的脸上留下深深的一吻。小女孩显得很快乐,对我说:"谢谢你,叔叔。明天会更好,明天再见!"我看着美丽的小女孩唱着歌远去,对着她的背影说:"是的,明天一定会好起来,明天一定会更好的!"我离开了那个地方。

五年后的今天,我有了一个温暖的家,妻子温柔善良,孩子活泼健康。我在中国的一所大学里教英语,学校里的老师和学生都很尊重我,因为我能干而且自信。

又到了圣诞节。圣诞树上挂满了"星星",孩子在搭积木,妻子端来了火鸡。用餐前,我闭上了眼睛,默默祈祷。祈祷完了,妻子问我:"你在向上帝感谢什么呢?"我静静地对她说:"其实五年前我就不再相信上帝,因为他不能给我带来什么,每年圣诞节我也不是感谢他,我在感谢一个改变我一生的小女孩。"我对妻子说:"你知道我是进过监狱的。""可那是过去。"妻子看着我,眼神里满是爱意。"是的,那是过去。但是当我从监狱里出来以后,我的生活就全完了。我找不到工作,谁都不愿意和一个犯过罪的人共事。"我充满忧伤地回忆着,"连我以前的朋友也不再信任我,他们躲着我,没有人给我任何安慰和帮助。我开始对生活绝望,我发疯地想要报复这冷漠的社会。那天是圣诞节,我准备了一把枪藏在裤子口袋里。我在一家快餐店对面寻找下手的时机,我想冲进去抢走店里所有的钱。"妻子睁大了眼睛:"杰,你疯了。""我是疯了,我想了一个下午,最多不过是再被抓进去关在监狱里,在那里,我和其他人一样,大家都很平等。""后来怎么样?"妻子紧张地问。接下来,我对妻子讲了那个故事,"小女孩的祝福让我感到温暖。我走出监狱以来,从没有人给过我像她那样温暖的祝福。"我激动了,"亲爱的,你知道是什么改变了我的命运吗?"妻子盯着我的眼睛,我接着说,"小女孩对我说'明天会更好',感谢她告诉我生活还在继续,明天还会更好。以后在困难和无助的时候,我都会告诉自己'明天会更好'。我不再自卑,我充满自信。后来,我认识了你的父亲,他建议我到中国来,接下来的事情你都知道了。就是那个小女孩的一个祝福改变了我的一生。"妻子深情地看着我,把手放在胸前,动情地说:"让我们感谢她,祝她幸福吧。"我再一次把手按在了胸前。

　　一个祝福的价值是无法用金钱来衡量的,它可能会改变一个人的一生和很多人的命运。所以,我们不要吝啬祝福,哪怕只是对一个陌生人,或许你我无意间送出的祝福将会带给他一生的温暖和幸福。

(据《读者》2002年第13期)

 回答问题

1. 圣诞节那天,"我"为什么在快餐店门口站了一个下午?
2. "我"裤子口袋里有什么东西?
3. 小女孩希望"我"做什么?
4. "我"现在的生活怎么样?
5. 五年前,"我"为什么对生活感到绝望?
6. "我"为什么在每个圣诞节都要感谢那个小女孩?
7. 什么是祝福?祝福有什么价值?说说你的看法。

第六课　拉萨风情

一　生词语

1. 屈指可数　qūzhǐkěshǔ　　　　　　　扳着手指就计算出来了,形容为数不
　　←→数不胜数　　　　　　　　　　　多:由于环境日益恶化,这片土地上
　　≈寥寥无几　　　　　　　　　　　　的树木已是~了。

2. 迷人　　　mírén　　　　　（形）　令人着迷:她最~的地方就是那双会
　　　　　　　　　　　　　　　　　　说话的眼睛。

3. 安分　　　ānfèn　　　　　（形）　规矩,老实,安于本分:做人要~,不
　　　　　　　　　　　　　　　　　　要贪心｜他一辈子都很~,从来不做
　　　　　　　　　　　　　　　　　　违法之事。

4. 冲动　　　chōngdòng　　　（名）　受某种欲望刺激而产生的兴奋状
　　　　　　　　　　　　　　　　　　态:我突然有了一种大声歌唱的~。
　　　　　　　　　　　　　　　　　　冲—仲—钟—种

5. 体验　　　tǐyàn　　　　　（动）　亲身经历,通过实践来认识周围的
　　≈体会　　　　　　　　　　　　　事物:作家要经常~生活才能写出好
　　　　　　　　　　　　　　　　　　作品。
　　　　　　　　　　　　　　　　　　>体会　经验
　　　　　　　　　　　　　　　　　　验—险—检—俭—捡

6. 转经筒　　zhuànjīngtǒng　（名）　藏传佛教信徒祈祷时常用的法器,
　　　　　　　　　　　　　　　　　　形如小桶,中贯以轴,其内装经卷,
　　　　　　　　　　　　　　　　　　外面绘有各种图案,以手摇式的最
　　　　　　　　　　　　　　　　　　为常见。

7. 念念有词　niànniànyǒucí　　　　　　低声自语或含糊不清地说个不停,
　　←→默默无言　　　　　　　　　　　多含讽刺诙谐的意味:他在走廊里
　　≈自言自语　　　　　　　　　　　　走来走去,口里~的,不知在说什么。

8. 步履蹒跚　bùlǚpánshān　　　　　　　形容行走缓慢、迈步不稳的样子:那
　　←→大步流星　　　　　　　　　　　位老太太~地走了过来。
　　≈步履维艰　　　　　　　　　　　　>逐步　同步　退步　起步　步骤　步伐

第六课　拉萨风情

履—屡—屠—覆　蹒—满—瞒　珊—姗—珊—栅—删

9. 叩头 ≈磕头	kòutóu	（动）	一种礼节，双腿下跪，手扶地，使前额着地或接近地面（用于向长者行大礼、哀求或求神拜佛等）。 叩—却
10. 困苦	kùnkǔ	（形）	（生活上）艰难痛苦：生活~。
11. 朝圣 （朝阳）	cháoshèng zhāo	（动）	宗教徒到宗教圣地朝拜：去"圣城"麦加~是伊斯兰教每年最盛大的宗教活动。
12. 虚幻 ⟷真实	xūhuàn	（形）	虚假不实的，虚无渺茫的：他一直生活在~的世界中。 ＞虚假　虚伪　幻想
13. 出售 ⟷收购	chūshòu	（动）	卖（东西）：到市场~农副产品。 ＞售货员　销售　零售 售—兽
14. 眼花缭乱	yǎnhuā-liáoluàn		眼睛看到纷繁复杂的东西或耀目的光华而感到迷乱。比喻现象复杂，无法辨清，使人感到迷乱或困惑：店里摆着许多瓶瓶罐罐，弄得他~。 乱—敌—刮—甜—辞
15. 弥漫 ≈充满	mímàn	（动）	（烟雾、沙尘、气味、水等）充满空间：屋里~着烟草味｜这个地方总是烟雾~的，好天气屈指可数。 弥—你　漫—慢—蔓—幔
16. 窒息	zhìxī	（动）	呼吸不畅或停止呼吸，比喻使事物停止发展：他因缺氧而~｜压制言论自由~了民主。 窒—室
17. 销魂 ＝消魂	xiāohún	（动）	灵魂离开了肉体，形容极度的哀愁、惊惧或极度的欢乐：美好的音乐能让人~，真是一种享受啊！ 销—消—俏—捎
18. 中意	zhòngyì	（动）	感到满意，合乎心意：这种生活他很~。

19. 正襟危坐 （<u>正</u>月）	zhèngjīnwēizuò zhēng		整理好衣服，端正坐着，形容恭敬、严肃地坐着的样子，也形容拘谨的样子：法官宣布开庭后，所有与会人员~。
20. 朴实 （他姓<u>朴</u>）	pǔshí piáo	（形）	质朴诚实：言行~｜性格~。 ＞诚实 真实 老实 朴—仆—扑—补
21. 归根到底 ≈归根结底	guīgēndàodǐ		归结到根本上（常用做总结语）：诗歌~是语言艺术｜解决高校毕业生就业问题~是要提高高等教育质量。
22. 反感 ←→好感	fǎngǎn	（形）	不满：他对老王整天吹牛很~。
23. 成交	chéngjiāo	（动）	买卖做成，交易谈成：近期上海二手房买卖~量迅速增长。
24. 交叉	jiāochā	（动）	方向不同的线或条状物互相穿过：两臂在胸前~｜两条路在这里~。 叉—又
25. 幽静 ≈寂静 宁静	yōujìng	（形）	幽雅清静：这个季节，寻觅一处清凉~的空间就成了人们的梦想所在。
26. 深远	shēnyuǎn	（形）	深刻而长远：影响极其~｜~的意义。
27. 迷宫	mígōng	（名）	指结构复杂、道路难辨、进去后不容易找到出路的建筑物。比喻充满奥秘、不易探索的领域：数学~｜这座~中道路曲折纵横，谁进去都别想出来。
28. 框框	kuàngkuang	（名）	周围的边或线，也用来比喻事物原有的格式、规矩或限定的范围：错字都用红笔画了~｜不能让条条~束缚了手脚。
29. 关闭 ←→打开 揭开	guānbì	（动）	使开着的东西合上、关上，也可指停止营业：~了两家长期亏损的娱乐场所。
30. 耐人寻味	nàirénxúnwèi		经得起人们仔细体味，形容意味深长，值得反复体会：有时候一个细节所包含或揭示的东西，往往胜过长篇大论，~。

31.	往事	wǎngshì	(名)	以往的事情：~如烟｜~只能回味。
32.	座无虚席 ←→门可罗雀	zuòwúxūxí		所有的座位没有空的，形容观众、听众或出席的人很多：这部电影已经是第三次放映了，可大礼堂里还是~。
33.	幽暗 ←→明亮 ≈昏暗	yōu'àn	(形)	光线暗淡、不明亮：~的角落｜~的山谷。 ＞幽静 幽深 黑暗 阴暗 暗淡
34.	低回	dīhuí	(动)	回旋往复，萦回：思绪~｜曲调~。
35.	店员	diànyuán	(名)	店铺的职工。 ＞运动员 技术员 雇员 演员 会员
36.	林立	línlì	(动)	像森林中的树木那样一个挨一个地竖立着：厂房~｜乱石~。
37.	不相上下 ≈势均力敌	bùxiāngshàngxià		分不出高低、好坏。形容程度或水平相差不远：他俩的学习成绩在班里~。
38.	服装	fúzhuāng	(名)	衣服、鞋帽等的总称。
39.	应有尽有 ←→一无所有	yīngyǒujìnyǒu		应该有的全都有了，形容一切齐全：超市里各种商品~。
40.	掺 ≈搀	chān	(动)	把一种东西混合到另一种东西里去：往酒里~水｜往土里~沙。 ＞掺和 掺杂 掺假 掺—渗
41.	走俏 ←→滞销 ≈畅销	zǒuqiào	(形)	指货物畅销：该品牌的服装很~｜~商品。 俏—销—消—捎—悄
42.	酥油茶	sūyóuchá	(名)	藏族、蒙古族的一种常用饮料，用酥油、砖茶和盐等煮成。
43.	阻挡	zǔdǎng	(动)	拦住，挡住：~敌人的进攻｜一条大河~了去路。
44.	场所	chǎngsuǒ	(名)	供活动的地方：学习~｜堆放衣物的~。
45.	光顾	guānggù	(动)	赏光照顾(用于欢迎顾客到来)：~小店。
46.	插嘴 ≈插话	chāzuǐ	(动)	在别人说话过程中插进去说：你先别~，让他把话说完。 ＞插曲 插画 插图 插手

47. 出神	chūshén	（动）	由于过度专注而神情凝滞：听得~了｜~地望着远方。
48. 时光	shíguāng	（名）	时间；光阴：消磨~｜~易逝。
49. 连绵	liánmián	（动）	（山脉、河流、雨雪等）接连不断：秋雨~｜青山~。

绵—棉

50. 美味佳肴	měiwèi-jiāyáo		味道鲜美的食品：品尝~。

肴—希

51. 上瘾	shàngyǐn	（动）	对某种事物产生嗜好和依赖：可乐喝多了会~｜他抽烟抽上了瘾，戒不了了。
52. 整天	zhěngtiān	（副）	表示持续时间长：~咳嗽｜~爬上爬下。
53. 奶油	nǎiyóu	（名）	从牛奶中提取的脂肪含量较高的半固体食品，白色而微黄，用于制作糕点、糖果等。
54. 津津有味	jīnjīnyǒuwèi		形容兴趣浓厚或很有滋味：他在拉萨的见闻，我听得~｜这盘菜我吃得~。

津—律

55. 灯火通明	dēnghuǒtōngmíng		形容夜晚一片灯光明亮的热闹景象：元宵节晚上，街上~，到处洋溢着欢乐的气氛。
56. 火锅	huǒguō	（名）	锅与炉合一的炊具。炉在锅的中央或下方，锅中放汤、肉片和蔬菜等，随煮随吃。有炭火锅、电火锅、煤气火锅等。

锅—涡—蜗

57. 擅长 ≈善于 拿手	shàncháng	（动）	在某方面有专长：~绘画｜~写作。
58. 足以	zúyǐ	（副）	表示完全可以（达到某种结果）：这些证据~证明他无罪｜从这些事情~看出他是个极其朴实的人。
59. 青稞酒	qīngkējiǔ	（名）	用青稞（大麦的一种，粒大，皮薄）酿制的酒，呈淡黄色，味醇香，是藏族常用饮料。

				稞—棵—课—裸
60. 零星	língxīng	(形)		零碎的,少量的;零散的,稀疏的(不做谓语):我只听到一些~的消息｜~的枪声｜下着~小雨。
61. 挂念 ≈牵挂	guàniàn	(动)		心中惦念,放心不下:放心去吧,家里有我,你不用~。 >纪念 留念 思念 想念 怀念 悼念 挂—佳—桂—哇—注

专名

1. 拉萨　　　　Lāsà　　　　　　　西藏自治区首府。
2. 布达拉宫　　Bùdálā Gōng　　　位于拉萨西北郊区的红山上,是一座融宫殿、城堡和寺院于一体的古建筑群。
3. 大昭寺　　　Dàzhāo Sì　　　　位于拉萨老城区,是重大佛事活动的中心。
4. 帕廓街　　　Pàkuò Jiē　　　　拉萨地名。
5. 西藏　　　　Xīzàng　　　　　中国五个自治区之一。
6. 印度　　　　Yìndù　　　　　　India,国名。
7. 尼泊尔　　　Níbó'ěr　　　　　Nepal,国名。
8. 四川　　　　Sìchuān　　　　　中国的一个省,位于长江上游。
9. 江南　　　　Jiāngnán　　　　长江下游以南地区,包括安徽、江苏两省南部和浙江省北部。

二、课文

提示一 作者是怎样评价拉萨的？帕廓街吸引他的是什么？

　　我所到过的城市中可以用"美丽"来形容的屈指可数,当得起"迷人"二字的,恐怕唯有拉萨了。我的心中总是交织着一种不安分的情感,一次次涌起去拉萨的冲动,于是隔年总要把这种冲动变成行动。

　　先不谈拉萨三大寺以及她的标志性建筑布达拉宫,或许能更好地感受拉萨的迷人之处。围绕大昭寺的帕廓街就像个宇宙黑洞,罩住了来自四面八方的所有人。每次我一到拉萨,无论晨昏,首先要做的便是将自己淹没在这人群中。

拉萨是西藏的中心，帕廓街是公认的中心的中心。想体验西藏和拉萨吗？那就去转帕廓街，转得越多你的体验就越深。这里有手摇转经筒、嘴里念念有词、步履蹒跚的老头儿老太太，有绕着大昭寺用身体量土地的职业叩头师，有经历了艰难困苦的朝圣队伍……千百年来，这里上演了一个又一个神秘而奇特、虚幻而真实的故事。

帕廓街沿街全是店铺和货摊，出售着令人眼花缭乱、真假难辨的藏式日用工艺品、古物、宗教用品。想寻几样宝贝带回去吗？就看你的眼光了。那些印度和尼泊尔商人的小铺子里总是弥漫着令人窒息的印度香，播放着印度风情的音乐，充满了一种令人销魂的南亚风情。在拉萨的日子里，我几乎每天都要来这儿转上几圈，即便没找到中意的宝贝，和摊主们聊上几句也是相当有趣的。如此一来便和他们熟悉起来了，以至于隔了一年再去时，他们都能认出我来，告诉我某件我曾犹豫不决的东西早让别人买走了。

这些藏族商人个个手摇转经筒正襟危坐的样子，很容易让人把他们同朴实的牧民联系起来，可一旦你跟他们做起生意来，商人虚伪狡猾的一面往往会让你在不知不觉中吃上一亏。这几年帕廓街物价一直上升，怪谁呢？归根到底还不全是因为我们这些数十万计的旅行者过分喜爱这里？但毕竟是藏民，他们绝不会让你失望，也不会让你反感，无论生意成不成交，划不划算，他们都让你感觉那是个很有意思的过程。

大昭寺和帕廓街位于拉萨老城区的中心。老城区里小路交叉，巷道纵横幽静深远，令人仿佛置身于迷宫中。这些木石结构的老房子大都二三层，墙体极厚，墙面雪白，只有那些跟墙体一样呈上窄下宽的窗户框框是黑的，黑白分明。窗户向来是关闭着的，印有吉祥图案的窗帘随风波浪般一起一落。这些老房子里该有多少耐人寻味的往事啊！有一首拉萨民歌这样唱道："拉萨的帕廓街上，窗户比门还多，窗户里的姑娘，骨头比肉还软。"

帕廓街上有许多颇有特色的小酒吧，像"玛吉阿米"、"香巴拉"、"季吉颇纳"等，听起来很有雪域风情。在这里泡吧的多数是外国游客。每天晚上七时左右至深夜，帕廓街上的小酒吧基本上都是座无虚席的。

第六课　拉萨风情

幽暗的灯光,低回的音乐,可口的西餐,颇具雪域风格的装饰,操着熟练英语的藏族店员,构成了这些小酒吧的特色。一位外国旅游者说:"在拉萨泡吧有一种回家的感觉。"

酒吧套网吧在拉萨很流行,而泡完酒吧泡网吧已成为来拉萨旅游的中外游客的一种时尚。

> **提示二**　拉萨的商业怎么样?作者介绍了那里的什么有特色的食品和饮料?

在拉萨的大街小巷,店铺林立。藏、汉、尼泊尔等风格各异的店铺,和内地城市几乎不相上下,使你忘记了这是地处海拔三千七百米、自然条件恶劣的西藏高原。这里有装修豪华的茶馆、美容美发店、藏餐馆,有各式各样的服装店和小超市,干洗、照相、修理、刻字等等,应有尽有。

拉萨夏天的午后,日头晒得人热热的,几圈逛下来,不免口干舌燥、腰酸腿软。这时我会随便走进一家甜茶馆坐坐。拉萨的甜茶是用牛奶掺上红茶和白糖制成的,别具一格的风味使它在这一地区十分走俏,尤其深受拉萨人的喜欢,其受欢迎的程度几乎超过了藏族的传统饮料酥油茶,所以也有人称之为拉萨茶。甜茶馆里比较凉快,热空气被阻挡在了门外,简陋的桌椅表示它是面向大众的,所以多年来一杯甜茶永远是两毛钱。此外,这里还供应酸奶、酥油茶、牛肉包子等风味饮食。远来的人进来喝口水、歇一歇就走,当地人则将甜茶馆当成了重要的社交休闲场所。

拉萨人很喜欢光顾甜茶馆,他们一坐往往就是一天半天,聊天、打牌、看录像,传播各类大小新闻。在拉萨的日子里,我每天总是不停地逛帕廓街,然后坐在甜茶馆里听着茶客们有一句没一句地闲聊,偶尔插上两句嘴,或者趴在桌上写信写日记,或者看着街上的人流出神,慢慢打发漫长的午后时光,这已成了我在拉萨最快乐的生活方式。

拉萨的夏天凉快至极,气温总是保持在十到二十度之间,所以夏天在拉萨绝无挥汗如雨之苦。夏日里,拉萨白天阳光高照,阳光城嘛!下雨多在夜深人静之时,雨点伴随着雷声砸在窗台上。第二天早晨推开窗,清新的空气扑面而来,远处连绵的青山美丽动人,令我在拉萨的每个早晨总是心情极佳,充满活力。

常有人问我在拉萨是否吃得惯,我肯定的答复总使他们半信半疑。拉萨并不乏美味佳肴,其他地方有的这儿都能找到,但我更向往这里的风味。除了令我喝上瘾的酥油茶和甜茶,首推就是酸奶了。在冲赛康市场上,整天都能见到好些女人排成行坐在墙角,跟前是一排排广口瓶,那里面装的便是藏语里称为"雪"的酸奶,两元一瓶。打开瓶盖,上面是一层厚如鞋底的奶油,回去拌上白糖,可让我津津有味地吃上两顿。每天喝一瓶酸奶成了我在拉萨必修的功课。

如今的拉萨城,藏式快餐店林立,里面供应各类速食。那些风味速食均五元一份,营养丰富,经济实惠,中午我常在这些藏式快餐店里打发午饭。

夜晚,青年路上灯火通明,无论晴天雨天,食客都很多。四川人多经营火锅,这里的人最擅长的自然是烤羊肉串之类。来旅行的人常抱怨拉萨物价高,但这里夜市上的物价足以让所有来旅行的人心满意足、牢骚尽去。

初来拉萨时我满大街找青稞酒却寻不着,过后经人指点,才发现卖青稞酒的摊子到处都是。这种被藏民戏称为"藏啤"的饮料味道酸甜,一如江南的米酒,但喝完以后人却很容易醉。拉萨天黑得迟,晚上九点才全黑。许多个夜晚,我就是坐在旅店的窗边,看着满天的星星,听着零星的狗叫声,喝到大醉。

回家之后,在拉萨的那些日子常在我梦里流淌,那种情感就犹如对远方情人的那份挂念。我想,今年无论如何也该回一次拉萨了。

(据华夏旅游网《万古佳城——拉萨》)

注 释

1. 弥漫—充满 ✻✻

二者都有布满空间的意思,但是"弥漫"只用于形容烟雾、沙尘、气味、水等物,"充满"的使用范围更广。如:

(1) 国庆节前夕的北京,华灯齐放,喷泉流彩,充满节日喜庆气氛。(弥漫×)
(2) 让世界充满爱。(弥漫×)

"弥漫"后只可接"着","充满"后可接"着"和"了"。如:

(3) 春天的荷兰,处处都弥漫着郁金香的味道。(充满√)
(4) 爆炸发生后,大楼的六层和七层充满了火药味。(弥漫×)

"弥漫"可单独做谓语,"充满"则不可,如:

(5) 这里一年四季烟雾弥漫。(充满×)
(6) 一瞬间香气弥漫。(充满×)

2. 中意—喜欢 ✻✻

"喜欢"的使用范围大于"中意"。当表示感到满意、合乎心意时,二者可互换,但"中

第六课　拉萨风情

意"后不可接宾语,"喜欢"可以;"中意"是离合词,中间可插入"人称代词+的","喜欢"不可。如:

(1) 他因考试发挥失常而与自己中意的三所大学擦肩而过。(喜欢√)
(2) 我一直很喜欢这款汽车,等赚够了钱就去买。(中意×)
(3) 这家店里的酥油茶很中他的意。(喜欢×)

"喜欢"还可表示对人或事物有好感或产生兴趣,还可表示常常发生某种行为。如:

(4) 我从中学时就喜欢她,却总说不出口。(中意×)
(5) 乒乓球是我喜欢的运动,但还不至于上瘾。(中意×)
(6) 领导发言的时候,他总喜欢插嘴。(中意×)

3. 如此一来　✽

多做独立语,总结上文提到的情况,并由此引出下文,意思是"这样一来"。如:

(1) 继这家公司之后,另一家公司也推出了免息分期付款购买产品的活动,~,我们不再需要因汽车高昂的价格望而却步了。
(2) 千百年来人类为追求那种近乎完美的教育进行了而且仍在进行着艰辛的改革,~,人类的教育一直都处于更新变革的状态。

4. 反~　✽

"反"用做前缀,可以表示"颠倒的"、"相反的"、"方向相背的",与"正"相对。如:

(1) 反感(不满)
(2) 反常(偏离正常情况)
(3) 反思(回过头来对过去的事件进行再思考)
(4) 反面(跟正面相对的一面;事情、问题的另一面;坏的、消极的一面)
(5) 反季节(不合当时季节的)

还可以表示"反对"、"反抗"如:反战、反社会、反政府、反革命、反导弹、反侵略、反殖民主义等等。

5. 幽静—寂静—宁静　✽

都形容很安静,但表义的侧重有所不同。"幽静"指幽雅寂静,侧重一种和谐的氛围,如:

(1) 这里山高谷深,花草葱郁,环境格外幽静,令人仿佛置身于一个虚幻的世界。(寂静×宁静×)

"寂静"指没有一点儿声音,非常安静,侧重不吵闹、不喧哗。如:

(2) 清晨,荷花带露开放,池塘周围一片寂静。(幽静×宁静×)
(3) 迷宫里死一般的寂静,让人感到窒息。(幽静×宁静×)

"宁静"指安宁平静,没有任何干扰。不限于声音方面,既可描写环境,也可描写心情、心境。

(4) 夏日,乡村的夜晚非常宁静,弟弟带着小狗坐在大树底下乘凉。(幽静√寂静√)
(5) 对他的挂念让我心里总是不宁静。(幽静×寂静×)

6. 走俏—畅销 ✵

都是形容词,二者都可指卖得快、销路广。"走俏"一般不可直接做定语修饰名词,"畅销"则可以。如:"畅销录音带/CD/手机/书/小说/电子游戏/家电/化妆品(走俏×)"。
"畅销"的只能是产品或商品,"走俏"还可指人才、职业、行业、技术等非产品和非商品受欢迎。如:

(1) 去年,迷人的中国传统服装走俏于全国各大都市。(畅销√)
(2) 这个厂的火锅畅销全国,并出口美、英、日、德等三十多个国家和地区。(走俏√)
(3) 从事会展设计的人才将走俏。(畅销×)
(4) 近年来婚礼特技摄影十分走俏。(畅销×)

"畅销"带的宾语一般要有定语,"走俏"则可没有。如:

(5) 他们厂生产的青稞酒畅销国际市场。(走俏√)
(6) 这种奶油走俏市场。(畅销×)

7. 一……就是…… ✵

"一"后边接动词,"就是"后边接数量短语。此结构常用来表示动作的数量多或时间长。如:

(1) 他们一别就是三十年,彼此都很挂念对方。
(2) 这两人一骗就是近两百万元,而后拿着这笔钱东躲西藏。
(3) 这里幽静的环境令人忘却所有的不快,我们几个一坐就是一下午。

8. 有一句没一句 ✵

"有一A没一A"这一结构含有"不经意地"、"漫不经心"、"可有可无"、"无足轻重"的意味,常用做谓语、状语。A 为单音节量词,可用于此结构的量词不多,最常用的就是"句"。如:

(1) 大家有一句没一句地闲聊,只为在困苦的生活中找一些乐子。
(2) 这几段文字是他一时冲动写的,有一搭没一搭的,删了吧!
(3) 他忙得连吃饭都有一顿没一顿的。
(4) 迷人的少女有一下没一下地拨弄着水面,心中挂念着远方的亲人。

9. 时光—时间 ✵

"时间"指由过去、现在和将来构成的连绵不断的系统,可泛指一切时间;而"时光"侧重指某一段特定的时间、时期,如:

(1) 他是个喜欢跟时间赛跑的人。(时光×)
(2) 时间是我们宇宙的一个维度,与空间一起组成了我们的四维宇宙。(时光×)
(3) 我们赶上了改革开放的大好时光。(时间×)
(4) 过去的时光难以忘怀。(时间×)

"时间"还可指一段时间的量,"时光"不可,如:

(5) 去拉萨要坐多长时间的火车?(时光×)

"时间"还可指某一具体的时刻,"时光"不可,如:

(6) 现在的时间是8点整。(时光×)

"时光"常带有一定的感情色彩,一般是美好的、值得回忆的。

10. 擅长—拿手—善于 ✿✿

"擅长"和"善于"都是动词,都可带宾语;"拿手"是形容词,不能带宾语。"擅长"、"拿手"都指对某种技能有所专长,而"善于"还可指在某些非技能方面做得好。如:

(1) 早在新石器时代,中国境内的原始人就已十分擅长制作和使用石器、玉器,并开始栽培植物,驯养动物。(善于√拿手×)

(2) 他善于认识自己的不足。(擅长×拿手×)

(3) 这里的店员善于与人合作。(擅长×拿手×)

"擅长"可接名词性宾语或动词性宾语,"善于"除了"辞令"等极少数名词外,一般接动词性宾语。如:

(4) 我擅长唱英文歌。(拿手×善于√)

(5) 你擅长什么医疗技术?(拿手×善于×)

"擅长"和"拿手"都可用做定语,但"擅长"后边一定要用"的","拿手"则可不借助"的"直接修饰一些名词。"善于"不可以做定语。如:

(6) 他最擅长的运动是打台球。(拿手√善于×)

(7) 拿手菜/拿手工艺/拿手曲目/拿手好戏/拿手绝活(擅长×善于×)

"擅长"还可以把宾语提前,构成"对……尤为擅长"的句式,"善于"不行。如:

(8) 他对制作转经筒尤为擅长。(拿手×善于×)

11. 足以 ✿

副词,表示完全可以、完全能够,用于书面语。其否定形式是"不足以",常用于谓语动词前。如:

(1) 这些事实~说明,工厂林立导致空气污染日益严重。

(2) 你和他的能力不相上下,~胜任这项工作。

(3) 凭这些证据,他不~向法院控告你。

12. 辞格(5):夸张 ✿✿✿

人类在使用语言的过程中,总想使自己的思想、情感在传播中更好地延伸,因此就调动一切可能的手段,夸张就是其中之一。它通过语言意义与现实的严重背离再现现实,其目的不是为真实而真实,而是为真实而虚化。如:

(1) 窗户里的姑娘,骨头比肉还软。

有的夸张是故意往大、多、快等高程度说,叫扩大夸张。如:

(2) 白发三千丈,缘愁似个长。(李白《秋浦歌》)

有的夸张是故意往小、细、慢等低程度说,叫缩小夸张。如:

(3) 每天上下班的时候,路上的车比爬行的蜗牛还要慢。

有的夸张与比喻兼用,有两种修辞格的功能。如:

(4) 一上车,他的话匣子就打开了,话如泻洪一样水珠四溅。(肖复兴《面的司机》)

夸张在运用过程中应注意五个方面：

第一，注意夸张所适用的语境和语体。一般而言，不宜用在比较严肃的语境和科技语体里。第二，夸张要适度，不能不顾事物的现实基础，背离现实性、可能性就是吹牛。第三，夸张的程度要适合人们的心理要求和习惯。第四，夸张还要考虑到感情色彩，该褒的就褒，该贬的就贬。第五，夸张要有新意，给人以新奇的感受。

四、练习

（一）把词语和解释用线连起来

1. 虚位以待　　　　　A. 像走在平地上一样，形容安稳轻松。
2. 安分守己　　　　　B. 很有兴致地谈论。
3. 如履平地　　　　　C. 形容牢记于心，时刻不忘。
4. 尽如人意　　　　　D. 空出位子恭候，以谦恭的态度等候贵客。
5. 回味无穷　　　　　E. 数也数不过来，形容很多。
6. 魂不附体　　　　　F. 规矩老实，守本分。
7. 念念不忘　　　　　G. 年纪大了，眼睛看不清楚。
8. 数不胜数　　　　　H. 形容恐惧万分。
9. 津津乐道　　　　　I. 事后越想越觉得意味深长。
10. 老眼昏花　　　　　J. 完全符合人的心意。

（二）选择合适的词语填空

　　阻挡　深远　交叉　出神　体验　冲动
　　眼花缭乱　耐人寻味　归根到底　正襟危坐

1. 前排穿深色服装的是律师，个个都　　　　　　。

2. 改革的成效如何，　　　　　要看群众是否满意。

3. 这篇故事的语言朴实无华，但结尾却留下了一个悬念，　　　　　　。

4. 黄金周的"假日经济"余热尚未退尽，超市的货架上摆满了大大小小的商品，一时间让人　　　　　　。

5. 我　　　　　地看着大海，不知身在何处。

6. 如果不亲自去做这项工作，是很难　　　　　到其中的艰辛的。

7. 我终于压制住了　　　　　，没有立即做决定。

8. 如不采取有效措施,将有更多的家禽染病死亡,禽流感患者也会越来越多,禽流感在人群中_____传染的危险性也会随之加大。

9. 此次石油开采项目的实施对两国经贸关系具有_____的影响。

10. 什么都不能_____这些僧侣前往圣地朝圣的决心。

(三) 改错

1. 屋里弥漫了奶油蛋糕的味道。
2. "文革"的那段时光简直是不堪回首啊!
3. 我一直很中意看电影。
4. 他最拿手表演话剧。
5. 今晚我的心情难以幽静下来。
6. 他津津乐道地吃着妈妈做的美味佳肴。
7. 他这人总是不讲信用,足以不做这项重要的工作。
8. 窗外小雨零星。

(四) 选用词语完成句子(每个词语限用一次)

座无虚席　屈指可数　足以　不相上下　整天　反感
津津有味　有一句没一句　如此一来　一……就是……

1. 这本关于往事的小说写得真好,我_____。

2. 最近一系列的"选秀"节目充斥着电视荧屏,部分观众_____,也有部分观众表示可以接受。

3. 他们俩相差五岁,但_____。

4. 今天中午大家聚会,好多朋友都在那儿说个不停,而我_____。

5. 他_____,什么正经事也不做。

6. 今晚在这儿演出的是当今最走红的歌星,_____。

7. 记者采访后发现,因为新生婴儿理发很困难,_____。

8. 晓芳怎么也想不到她跟爸爸_____。

9. 十几年来的艰难困苦使他_____。

10. 某些报纸为了获利不惜使用能引起读者感官刺激的新闻来吸引眼球,_____。

(五) 根据意思选用以下的词语改写句子(每个词语限用一次)

应有尽有　步履蹒跚　走俏　插嘴　美味佳肴　挂念　朴实　念念有词

1. 参加工作后,我走过大半个中国,吃过不少味道鲜美的食品,但从没找到过当年吃妈妈做的水煮鱼的那种感觉。
2. 一些教低年级的老师经常抱怨,小孩子上课、写作业或做习题时总喜欢低声自语或含糊不清地说个不停,非要把自己的想法说出来,边说边写。
3. 我一直认为,一个人的朴素、不华丽不光表现在他的外表上,还表现在他写的文字里。
4. 有些人,即使不再联系,也依然互相在心中惦念。
5. 过去人们一直认为,醉酒者行走缓慢、迈步不稳是酒精麻醉人体大脑运动中枢所致。
6. 那件事过后,我发现课堂上的纪律变得越来越好,踊跃发言的人越来越多,但没有一人敢随便在别人说话过程中插进去说话。
7. 啤酒在某些场所很畅销。
8. 超市里鸡、鸭、鱼、肉、蔬菜、水果等该有的全都有了,价格便宜,货物又新鲜,大家都是在这里挑选年货。

(六) 为下面加点字选择一个合适的解释

尽：A. 达到极点　B. 死亡　C. 完全,都　D. 完
往：E. 过去的,从前的　F. 去,到　G. 引进动作行为的方向,相当于"朝、向"
耐：H. 禁得起　I. 忍受
花：J. 颜色或种类错杂的　K. (看东西)模糊　L. 某些滴状、颗粒、碎末状的东西
　　M. 比喻美女　N. 可供观赏的植物　O. 用来迷惑人的;不真实或不真诚的

1. 应有尽有：_____　　2. 山穷水尽：_____
3. 取之不尽：_____　　4. 同归于尽：_____
5. 往事：_____　　6. 前往：_____
7. 飞往拉萨：_____　　8. 耐人寻味：_____
9. 难耐：_____　　10. 眼花缭乱：_____
11. 花裙子：_____　　12. 种花：_____
13. 泪花：_____　　14. 花言巧语：_____
15. 校花：_____

第六课　拉萨风情

（七）综合填空

小学四年级时，朱成一家从宁波迁到北京。刚进新学校，朱成想通过参加课外活动和兴趣小组__1__融入同学们当中，于是她__2__参加了五个兴趣小组，结果精力不够，经常熬夜，还耽误了学习。后来在爸爸妈妈的开导下，朱成很快调整了自己的课余活动安排，除了__3__自己__4__的弹琴和舞蹈外，减少参加其他活动。有了这次__5__，朱成在__6__的求学过程中，学会了合理安排学习和生活。

1997年，朱成以优异的成绩考入北京大学。2001年，她__7__哈佛大学研究生院录取并获得最高奖学金。当时她__8__没想到自己会在那座世界名校一呆就是五年，而且还缔造了一个个传奇。

2003年，朱成__9__攻读博士学位。她的优秀不仅表现在骄人的学业上，还表现在她的社会活动中。2006年朱成再次在哈佛掀起一__10__风暴：她与四十位对手PK，竞选2006—2007届哈佛研究生院学生会总会主席。在__11__的较量中，由于充分发挥了感召力和亲和力，加上她的竞选纲领深得人心，朱成最终胜出。

朱成的成功__12__了哈佛，究竟是什么力量__13__她不懈奋斗并取得一系列令人惊羡的成绩呢？用朱成自己的话回答，__14__是父母永不止息的__15__了智慧的爱。

1. A. 尽量　　　B. 尽快　　　C. 尽力　　　D. 尽管
2. A. 一刀切　　B. 一个劲　　C. 一口气　　D. 一股脑
3. A. 保存　　　B. 保管　　　C. 保留　　　D. 保持
4. A. 擅长　　　B. 善于　　　C. 中意　　　D. 满意
5. A. 教训　　　B. 教导　　　C. 教育　　　D. 教授
6. A. 过后　　　B. 此后　　　C. 而后　　　D. 随后
7. A. 让　　　　B. 叫　　　　C. 把　　　　D. 被
8. A. 万万　　　B. 万一　　　C. 千万　　　D. 万分
9. A. 足以　　　B. 得以　　　C. 难以　　　D. 加以
10. A. 条　　　　B. 股　　　　C. 顿　　　　D. 番
11. A. 激动　　　B. 激发　　　C. 激烈　　　D. 激化
12. A. 惊动　　　B. 冲动　　　C. 感动　　　D. 轰动
13. A. 行使　　　B. 迫使　　　C. 驱使　　　D. 促使
14. A. 总而言之　B. 归根到底　C. 一概而论　D. 不足为奇
15. A. 充满　　　B. 充斥　　　C. 弥漫　　　D. 充足

（八）修辞练习

1. 请修改下列夸张表达，并指出使用不当的原因

(1) 当得知中国运动员在奥运会上实现了金牌零的突破，举国上下心花怒放，碰杯声、欢呼声、歌唱声把偌大的中国掀了个底朝天。

(2) 这起撞机事件在当地引起巨大反响。撞机的消息像长了翅膀似的很快就传了出来。

(3) 广州雪花大如席。

(4) 今天我在这里向大家汇报一下:我们村里的黄豆赛西瓜,花生赶南瓜,样样农作物都大得不得了。欢迎大家有空去我们村考察。

2. 请用夸张的修辞方法完成下列句子

(5) 这家店酿制的酒,＿＿＿＿＿＿。(形容酒气极香)

(6) 树上的蜜蜂受了惊,"嗡"地一声全飞了出来,＿＿＿＿＿＿。(形容多)

(7) 阳光下,地里翡翠雕刻似的西瓜一个个＿＿＿＿＿＿。(形容大)

(8) 他当兵当了十年,打仗也打了无数,可是＿＿＿＿＿＿。(形容身经百战而没受一点损伤)

(九) 根据课文的内容判断正误

1. (　) 作者认为只有拉萨能用"迷人"一词来形容。
2. (　) 帕廓街沿街出售的古物全是真品。
3. (　) 作者去帕廓街除了寻找中意的宝贝,还喜欢和摊主们聊上几句。
4. (　) 先泡网吧再泡酒吧是来拉萨旅游的中外游客的一种时尚。
5. (　) 每天晚上七时左右至深夜,游人很难在帕廓街上的小酒吧找到座位。
6. (　) 在拉萨受欢迎程度最高的是藏族传统饮料酥油茶。
7. (　) 各类大小新闻在拉萨的甜茶馆里传播。
8. (　) 拉萨的夏天非常炎热,游人经常挥汗如雨。
9. (　) 拉萨的天黑得很早。
10. (　) 拉萨夜市上的物价很高,游人时常抱怨。

五　副课文

火车来了,拉萨到了

坐在首列北京驶往拉萨的火车上,感受车窗外迷人的雪域高原的诱惑。老鹰守护着湛蓝的天空,藏羚羊(Tibetan antelope)在清水河特大桥边悠闲散步。在这样的地方,城市节奏被彻底打破。

沿着青藏铁路荟萃出的一条旅游资源带,风景多得不胜枚举。铁路沿线分布着青海湖、可可西里自然保护区、纳木错湖、布达拉宫等九处世界级的旅游资源,包括藏传佛教圣地塔尔寺、金银滩原子城、察尔汗盐湖、玉珠峰、拉萨古城等二十三处国家级旅游资源以及六处国家级自然保护区和风景名胜,一百九十三处普通级旅游资源。

与坐飞机不同,乘坐青藏列车的乘客一上车,就等于开始旅游观光了。列车实行的是"白天观光、晚上休息"的运行原则。

7月3日5时30分,火车到达格尔木。从格尔木出发,走过约三十公里的路程,即到了南山口。从这里起,就是青藏铁路二期工程的正式起点。而后不久,进入你眼帘的是格拉段(格尔木至拉萨)的第一个惊喜——玉珠峰。玉珠峰又称可可赛极门峰,海拔六千一百七十八米,该山峰是昆仑山脉东段主峰,两侧耸立着连绵起伏的雪山。山顶白雪皑皑,冰川纵横,即使在盛夏也是银装素裹,分外妖娆。每年的5月至9月是最佳的登山季节。同行的记者脱口而出:"看了玉珠峰,回去不再看雪山。"

美国火车旅行家保罗·泰鲁在《游历中国》一书中写道:"有昆仑山脉在,铁路就永远到不了拉萨。"20世纪90年代,瑞士的一位权威铁路工程师来西藏考察地形时,更是断言在西藏修铁路"根本不可能"。归根到底是因为它有着平均四千多米的海拔高度、稀薄的空气、冬天晚上可达零下四十摄氏度的气温、五百五十公里夏天融沉①和冬天冻胀②的冻土区以及折磨得人头痛剧烈甚至失去生命的高原反应。

时光飞逝,当年被预言"不可能"修成的铁路,在今年7月1日得以通车。它就是青藏铁路。

火车继续前行,突然车厢内有人大叫一声:"藏羚羊!"这时车厢里所有的人不约而同地朝着车窗外观看,只见碧绿的草地上,正在吃草的五六只藏羚羊正抬着头,与车厢内的人友好对视。车内的广播响起:"我们已经到达了可可西里。"可可西里,蒙古语意为"美丽的少女",位于青藏高原西北部,夹在唐古拉山和昆仑山之间,是长江主要源头区之一。可可西里无人区是世界第三大、中国最大且是最后一块保留着原始状态的自然之地。这里是野生动物的乐园,有多达二百三十余种野生动物。其中的藏羚羊足以被誉为"可可西里的骄傲",是中国特有群居物种,现存的藏羚羊数量仅约两万头,被列入《濒危野生动植物种国际贸易公约》中的濒危动物。在公路旁可看到格桑·索南达杰(为保护可可西里野生动物而捐躯的藏族优秀儿子)的纪念碑,还可看到在草原上奔跑着的藏羚羊。

据说,藏羚羊被人们称做"天地精灵"。从前,胆小如鼠的藏羚羊一听到车声、人声立刻逃之夭夭。青藏铁路建设者为了不打扰藏羚羊有规律的生活作息,专门在青藏铁路上设置三十三处野生动物通道。当野生动物大迁徙的日子来临时,这些野生动物通道会有专门的工作人员负责,等野生动物们大摇大摆地过去后,才允许车辆通行。青藏铁路真正成为了人与动物的"和谐之路"。

火车过了雅玛尔河桥,长江源头沱沱河遥遥在望。沱沱河发源于唐古拉山脉主峰各拉丹冬雪山西南侧的冰川丛中。唐古拉山脉储存着大量的固体水,冰川和周围的雪山在充足的日照下,融化成长江最初的源流。想到她孕育了川江的激流和扬子江的滚滚波涛,滋养了中华五千年文明的灿烂与辉煌,你怎能不心潮澎湃呢?

7月3日晚上20时,火车减慢了速度,缓缓驶向拉萨西站,拉萨的天色依然明亮,站台上随风飘起洁白、吉祥的哈达,火车到了终点站——拉萨。

火车来了。拉萨到了!

(据 www.21cn.com)

注　释

① 融沉:冻土层融化时出现下沉,形成融沉现象,严重时可能导致工程结构变形、铁路线路失去平顺性,影响列车正常行驶。
② 冻胀:冻土层冻结时体积增大,形成冻胀现象,在路基土中沿着温度降低的方向生成冰晶体形状的霜柱,从而使路面产生隆起。

回答问题

1. 与坐飞机相比,坐火车去拉萨有什么不同?
2. 为什么有记者感叹"看了玉珠峰,回去不再看雪山"?
3. 为什么不少权威人士都预言铁路永远到不了拉萨?
4. 为什么说青藏铁路真正成为了人与动物的"和谐之路"?
5. 你觉得青藏铁路对西藏发展有什么推动作用?

第七课　国旗国徽趣闻录

一　生词语

1.	太极	tàijí	(名)	中国古代哲学概念,指宇宙的本原。
2.	氏	shì	(名)	姓:李~兄弟。
	≈姓			>姓氏　氏族
				氏—纸—底—低—旅
3.	王朝	wángcháo	(名)	朝代。
4.	得力	délì	(形)	做事能干:~助手｜办事~。
5.	使节	shǐjié	(名)	一个国家派到另一个国家的外交代表,或由一个国家派到另一个国家去办理事务的代表。
	≈使者			>出使　使命　大使　使馆
				使—便
6.	仓促	cāngcù	(形)	匆忙。
7.	商讨	shāngtǎo	(动)	就重大的事情商量讨论:两国代表在会上~有关协议。
	≈商议　讨论			>商量　讨论
8.	内涵	nèihán	(名)	概念的内容:这个词的~很丰富。
				>内容　涵义　包涵　涵盖
9.	哲理	zhélǐ	(名)	关于宇宙和人生的道理:很有~｜人生~。
				>哲学　道理　原理　理论
10.	就地	jiùdì	(副)	就在原来的地方(不到别的地方),后边的动作往往是顺便的或者需要马上做的:~解决｜~安排｜医生在谷地上搭了个棚子,~做起了手术。
11.	上报	shàngbào	(动)	向上级报告:把情况~组织。
				>上级　报告

12. 下令 ≈命令	xiàlìng	（动）	下命令。	
13. 特定	tèdìng	（形）	特别指定的：~的人选｜~的内涵。 >特别 特殊 特点 特长	
14. 浑然	húnrán	（形）	形容完整不可分割：~天成｜~一体。	
15. 掌管 ≈管理	zhǎngguǎn	（动）	掌握管理：他~着国王的起居｜行政事务由CEO~。	
16. 风调雨顺 （调查）	fēngtiáo-yǔshùn diào		指风雨适合各种农作物的耕作和生长时间。	
17. 山脚 ←→山顶	shānjiǎo	（名）	山的靠近平地的部分。 >山腰 山脊 山顶 山谷 山梁	
18. 无穷无尽 ≈无穷 无限	wúqióng-wújìn		没有尽头，无限：~的宇宙。 >无限 层出不穷 尽头 穷尽	
19. 威力	wēilì	（名）	强大的使人害怕的力量：发挥无穷~。 >威胁 威风 威武 示威 威—戚—成	
20. 世俗 ←→宗教	shìsú	（名）	非宗教的。 >俗家 僧俗 还俗	
21. 圣洁	shèngjié	（形）	神圣而纯洁：~的心灵｜~的地方。 >圣人 圣地 神圣 洁白 纯洁 清洁	
22. 雌 ←→雄	cí	（形）	生物中的"女性"：~性｜~鸟。	
23. 其间	qíjiān	（名）	指一段时间：毕业好几年了，这~，他换了好几个工作。	
24. 州	zhōu	（名）	行政区域。	
25. 变换 ≈变更 更改 变动	biànhuàn	（动）	事物的形式或内容换成另一种：~方法｜~位置。	
26. 前赴后继	qiánfù-hòujì		前面的人上去，后面的人就跟上去。形容奋勇前进，连续不断：为了祖国的解放和自由，革命者们~。 >奔赴 继承	
27. 相间 （中间）	xiāngjiàn jiān	（动）	（不同事物）一样隔着一样或穿插着：白绿~的衬衣｜河边~地种着花和树。 >相互 间隔	
28. 宗主国	zōngzhǔguó	（名）	殖民国家对殖民地自称宗主国。	

29. 构思	gòusī	（动）	写文章或创作艺术作品时对文章或作品的整体内容或结构进行思考：巧妙的~｜进行艺术~。	
			>构筑 构想 构建 构成 结构 虚构 思考	
30. 筛选 ≈挑选	shāixuǎn	（动）	通过淘汰的方法挑选：好的种子要经过精心的~｜经过最后一轮~，只剩下三位选手。	
			>筛子 选择	
31. 采纳 ≈接受	cǎinà	（动）	接受(意见、建议、要求)。	
			>采取 采用 吸纳 吐故纳新	
32. 先前 ≈以前 之前	xiānqián	（名）	以前或某个时间以前：我更喜欢~那款机器｜~我比他有钱多了。	
33. 国会	guóhuì	（名）	议会。	
34. 变更 (更加)	biàngēng gèng	（动）	改变，变动。	
35. 法案	fǎ'àn	（名）	关于法律、法令问题的讨论方案：人大提交了~。	
			>法律 法令 执法 犯法 方案	
36. 条纹	tiáowén	（名）	一种由横线或竖线组成的图案：竖~衣服使人显得瘦一些,高一些。	
			>竖条 横条 花纹 皱纹 纹路 纹—蚊	
37. 听取 ≈听	tīngqǔ	（动）	听(意见、反映、汇报等)：虚心~大家的意见｜~工作报告。	
38. 选定	xuǎndìng	（动）	挑选以后决定：小两口终于~了结婚日期。	
39. 交错 ≈交叉	jiāocuò	（动）	交叉。	
			>交点 相交 错杂	
40. 内战	nèizhàn	（名）	国家内部的战争。	
41. 联邦	liánbāng	（名）	由一些具有国家性质的行政区域(国、邦、州等不同名称)联合而成的统一国家,比如澳大利亚联邦、俄罗斯联邦。	
			>联合 邦交 友邦 邻邦 邦—帮—绑	
42. 雄鹰	xióngyīng	（名）	雄健勇猛的鹰。	
			>雄风 雄厚 雄壮 雄辩 老鹰	

43.	叼	diāo	(动)	用嘴夹住物体的一部分:嘴里~着烟｜老鹰~走了小鸡。
				叼——刁
44.	仙人掌	xiānrénzhǎng	(名)	多年生植物,有刺,花黄色。多生长在沙漠地区。
45.	橡树	xiàngshù	(名)	栎树。叶子有锯齿或分裂,果实为坚果。
46.	月桂	yuèguì	(名)	常绿乔木,叶子长椭圆形,可做香料;花小,黄色。果实可入药。
47.	谷地	gǔdì	(名)	山或高地之间长形的有出口的地带,中间一般有河。
				>山谷 河谷 峡谷 幽谷
48.	迁移 ≈转移	qiānyí	(动)	离开原来的所在地而另换一个地方:那几年间发生了大规模的人口~｜工厂由市区~到郊区去了。
				>迁徙 迁居 变迁 移交 移动
49.	崇拜	chóngbài	(动)	尊敬钦佩极了,像信徒尊敬他们的神一样。
50.	晶莹	jīngyíng	(形)	光亮而透明:~的露珠｜~的眼泪。
				>水晶 亮晶晶
51.	剔透	tītòu	(形)	透明干净:晶莹~｜玲珑~。
52.	玉	yù	(名)	玉石。质地细腻,光泽温润,可用来制造装饰品或做雕刻的材料。
53.	揣 (揣测)	chuāi chuǎi	(动)	藏在穿着的衣服里:我把最后的两百块~在怀里。
				揣——喘——踹——端
54.	未尝	wèicháng	(副)	未曾:终夜~合眼。
55.	混账	hùnzhàng	(形)	言语行动无理无耻(骂人的话):~话｜~小子。
56.	爱憎分明	àizēngfēnmíng		喜欢就喜欢,讨厌就讨厌,形容态度很明确,一点儿也不模糊:他一向~｜跟~的人交朋友有好处也有坏处。
57.	流浪	liúlàng	(动)	没有固定的住处,到处转移,随地谋生:~者｜~街头。
58.	定居 ⟷流浪	dìngjū	(动)	在一个地方住下来不走了:一家人最后~广州。
				>居住 家居

第七课　国旗国徽趣闻录

59. 安居乐业	ānjū-lèyè		安定地生活,愉快地工作:人们在这里~｜不知道什么时候才能实现~的理想。
60. 遵照 ≈依照	zūnzhào	(动)	依照:~上级命令｜~政策办事。 ＞遵守　遵从　按照
61. 起程 ≈出发 动身	qǐchéng	(动)	出发:明天一大早就~｜~日期还没定呢。
62. 前往	qiánwǎng	(动)	书面语。去,到:~北京的列车就要开车了｜为了爱,天涯海角人们也愿~。
63. 盛产	shèngchǎn	(动)	大量地出产:伊拉克~椰枣。 ＞出产　生产
64. 不愧	búkuì	(副)	当之无愧;当得起(多跟"为"或"是"连用):郑成功~为一位民族英雄｜布日骑着马南征北战,~是草原雄鹰。 ＞惭愧　愧疚　羞愧

专　名

1. 周易	Zhōuyì	是中国古代一部指导人们认识和利用自然规律的书。
2. 道教	Dàojiào	中国宗教之一。创立于东汉,盛行于南北朝,奉老子为教祖。
3. 不丹	Bùdān	Bhudan,国名。
4. 墨西哥	Mòxīgē	Mexico,国名。

课　文

> **提示一**　韩国国旗和不丹国旗由什么构成?它们分别象征什么?为什么说这两国国旗留有中国文化的痕迹?

世界上有两个国家的国旗图案留有中国文化的痕迹,一个是韩国的太极旗,一个是不丹国的龙旗。

中国的《周易》和道教在韩国颇有影响。1882年8月,李氏王朝派遣了两位得力的使节赴日本谈判。当时李氏王朝尚没有国旗,这两位富有使命感的使者认为,作为一个国家的代表,国旗是不可缺少的。仓促之间,两人经过商讨,决定用《周易》中内涵丰富而具有深刻哲理的太极图作为国旗图案。于是,他们在去日本的船上就地制作了一面太极旗。两人回国后,立刻将此事上报政府,受到了肯定和表彰。第二年,即1883年,李氏王朝正式颁布该旗为他们的国旗。

1948年,韩国政府成立时,下令将太极旗作为韩国国旗,并于1949年颁布了制作标准,即太极旗横竖比例为3比2,它是具有特定含义的:白底代表神圣的国土,太极图象征宇宙天地浑然天成以及单一民族构成的国家,中间太极的圆代表人民。

不丹在中国西藏的南面,海拔在2000米以上,风俗习惯和西藏相似,"不丹"之意就是"在西藏的边缘"。

不丹深受中国文化影响。不丹人非常喜欢中国的龙,认为龙是吉祥的动物,掌管着雷雨,可以给人们带来风调雨顺。不丹在喜马拉雅山山脚,打雷的时间很多,不丹人认为雷鸣是龙在叫,具有无穷无尽的威力。所以,不丹人称自己的国家为"龙国",并把龙作为自己国旗的主要图案。

不丹的国旗为长方形,由两个三角形组成:左上方的三角形为金黄色,同中国一样表示帝王之色,象征国王在领导宗教以及世俗事物方面的权力和作用;右下方的三角形为橘红色,象征佛教的精神力量。图案是一条足登四颗白珠的白龙:白龙象征国家的权力,代表"神龙之国";四颗白珠象征威力和圣洁。

不丹的国徽用的也是龙的图案,在莲花的两旁是雌雄两条神龙,也代表着"神龙之国"的意思。

提示二 1777年、1794年和1818年,美国的星条旗上的"星"和"条"是如何排列的?代表什么?48、49、50颗星分别怎么排列?

美国建国只有二百多年,其间国旗的图案已经更改过20次,平均不到11年就要变动一次。为何要如此频繁地改变国旗图案呢?这与美国领土的不断变化有关。美国的国旗是星条旗,旗上的每一个星代表一个州,而美国的州一直在不断地增加。所以每增加一个州,国旗的图案就要变换一次。

美国最早的国旗出现于独立战争时,当时参加战争的13个殖民地州的人民,为表示团结一心、前赴后继和联合战斗的意志,制定了一面"大联合旗"。这面旗的旗底是红白相间的13道横条,代表13个殖民地州,旗帜左上角是一个缩小的英国"米"字旗图案,反映当时各殖民地还承认英国的宗主国地位。但这面旗帜很快便遭到人们的反对,他们认为,既然已经独立,上面就不应该再有英国"米"字旗图案。于是,人们开始构思能真正代表美国的国旗图案。有趣的是,大家不约而同地想到了用一颗星代表一个州的方案,只不过13颗星的排列方法不一样。经过严格筛选,最后一致决定采纳美国第一任总统华盛顿的意见,选用了将13颗星排列成圆形的图案取代了先前的大联合旗。这面国旗于1777年正式开始使用,是美国的第一面星条旗,一直使用到1794年。

1794年,佛蒙特州和肯塔基州加入美国,美国国会决定修改国旗,把13颗星增加到了15颗,横条也由13道增加到15道,15颗星按3×5的格式排列在旗帜的左上角。之后,每当美国的州增加一个,美国国旗上的星就增加一颗,横条也增加一条,排列就得变更一次,国旗图案也就随之变动一次。

1818年,美国国会通过了一个国旗修改法案,规定:从此之后,国旗上的条纹数恢复到原来的13条,以纪念取得独立战争胜利时最早的13个殖民地州。国旗左上角的白色五角星则与州的数目相等,以后每增加一个州,国旗上就增加一颗星。1912年,当新墨西哥和亚利桑那两个州加入美国时,美国已有48个州了,国旗上的星也就变成48颗了。48颗星可以排列成6×8的长方形,这种排列方式很美观。这面48颗星的美国星条旗从1912年一直使用到1959年。这也是中国人在解放前常见的美国国旗,通常称它为"花旗"。1959年,阿拉斯加州加入美国,美国有了49个州,国旗上的49颗星又被改成为7×7的排列图案,变动不大。但当夏威夷加入美国,成为美国第50个州时,旗上的50颗星的排列方法就变得复杂了。在听取了各方面的意见并反复比较后,最后选定了6×5+5×4交错排列的方式。这是自美国独立以来,对国旗进行的第20次修改,也是我们现在所看到的美国国旗。

有一件事情值得补充说明的:1864年美国内战时,曾有11个州宣布脱离联邦,但林肯仍命令悬挂有35颗星的国旗,以示国家统一,绝不允许分裂。

提示三 提示三:印第安人的传说中讲到了什么神?他怎么出生的?出生后做了什么事?他跟墨西哥国家的建立有什么关系?

墨西哥国旗从左至右由绿、白、红三个平行相等的竖长方形组成,绿色象征独立和希望,白色象征和平与宗教信仰,红色象征国家的统一。白色部分中间绘有墨西哥国徽,图案是一只雄鹰叼着一条蛇立在仙人掌上,下面由橡树和月桂组成的环相托。橡树和月桂象征力量、和平与对国家的忠诚,鹰、蛇和仙人掌则源于印第安人的传说。相传,原住在墨西哥西部海岛上的印第安人——阿兹特克人,从8世纪中叶开始便向墨西哥谷地迁移。他们崇拜的是战神威济波罗奇特利。战神母亲原有四百个儿子和一个女儿。丈夫去世后,她和儿女们一起生活。一天,她在一块圣地上捡到一个晶莹剔透的小玉球,随即将它揣在怀里,未尝想到她竟因此而怀孕。儿女们得知后十分恼火,准

备在婴儿出生时将其杀死。母亲为此非常担心。不料,有一天婴儿在她腹中大喊:"不必害怕!我来收拾这些混账东西。"后来,婴儿一落地,便弯弓射箭,将准备杀死他的哥哥姐姐们打得大败。他就是爱憎分明的战神威济波罗奇特利。后来,战神对阿兹特克人说,你们不要再到处流浪了,应该找一个理想的地方定居下来,如果你们发现有一只鹰站在仙人掌上吸食一条蛇,那就是你们安居乐业的地方。阿兹特克人遵照这一启示,立即起程前往各地寻找他们定居的地方。他们终于在特斯科科湖西岸一个遍地生长着仙人掌的地方看到了一只雄鹰立在仙人掌上吸食一条蛇的情景,于是便在这里定居下来,并渐渐有了归属感,建立了自己的都城——墨西哥城。墨西哥建国时就根据这一传说确定了自己的国徽和国旗。

墨西哥盛产仙人掌,不愧为"仙人掌之国"。据统计,全世界已知的仙人掌品种有一千多个,在墨西哥就可找到六百多种,而且其中有二百多种是墨西哥所特有的。

(据张壮年《世界历史秘闻轶事》,《文汇报》2004年10月9日)

第七课　国旗国徽趣闻录

注　释

1. ~感

"感"为后缀,前边可以是名词、形容词或动词性的语素,构成一个新名词,意思是"……的感觉"、"感到……"。

(1) 名词+感:使命~｜成就~｜责任~｜正义~｜时代~｜危机~｜荣誉~。
(2) 形容词+感:好~｜美~｜自豪~｜优越~｜孤独~｜紧迫~｜神秘~｜真实~。
(3) 动词+感:归属~｜压迫~｜信任~｜挫败~｜挫折~。

2. 仓促—匆忙

都是形容词,都可以形容因时间紧、行为快而急。与"之间"或"之中"合用或做补语时,可互换。

(1) 匆忙之中,很多工作人员没经过筛选就上岗了。(仓促√)
(2) 老李走得很仓促,来不及向你告别。(匆忙√)

做状语时,"匆忙"一般修饰跟人的走动有关的具体动作,"仓促"修饰"决定"、"成行"等原来需要比较长时间准备的动作。"仓促"一般用于书面语。

(3) 她匆忙出门,走到法院门口才发现忘了带有关法案的文件。(仓促×)
(4) 仓促选定的主教使崇拜者们有点儿失望。(匆忙×)
(5) 此次仓促成行,其间不免遇到很多麻烦。(匆忙×)

"匆忙"也可做定语,如"~的样子"、"~的人群"、"~的身影"等,还可重叠成"匆匆忙忙",如"走得匆匆忙忙"、"匆匆忙忙地走了","仓促"不行;"仓促"跟"时间"合用,表示时间紧,"匆忙"不行。

(6) 时间仓促,一群人走到山脚就不再往上爬了。(匆忙×)

3. 下令—命令

当宾语是动词或动词短语时,可互换。

(1) 国王下令撤退。(命令√)
(2) 将军命令撤出几个特定地区。(下令√)

"命令"后可同时带命令对象和命令内容,"下令"不行;"下令"可以不带宾语,"命令"不行。

(3) 国王命令使者立即回国。(下令×)
(4) 将军已经下令了。(命令×)

"命令"还可做名词,"下令"不行。

4. 掌管—管理

都做动词,表示有权处理某些事情并承担责任,有时可互换:

(1) 几个长辈正在商讨选一位得力助手来掌管这个大家庭。(管理√)

"掌管"强调有权,掌握、控制某一个领域或单位,而"管理"强调处理某些事情,意思明显时不能互换。

(2) 李氏家族实际上掌管了国会。(管理×)
(3) 为了方便管理,广州市即将进行居民户口变更登记工作。(掌管×)
(4) 他有多年的管理小型工厂的经验。(掌管×)

"管理"还可带表示对象的定语,"掌管"不行。

(5) 他负责宗教管理工作。(掌管×)

5. 变换—变更—变动 ✿✿

三个动词都有"变"、"改",使情况跟以前不一样的意思。但它们的对象范围和用法都有不同。

"变换"表示用一个替换另一个。"变换"的对象可以是颜色、食谱、发型、图案等具体事物,也可以是方法、角度等抽象事物;"变换"往往是短时间的、随意的、不稳定的,常带宾语。

(1) 这件衣服跟那件几乎一样,只是变换了胸口的图案。(变更×变动×)
(2) 其实只要变换一下看问题的角度,先前的矛盾未尝不能解决。(变更×变动×)
(3) 此地盛产月桂,当地人的食谱无论如何变换,其中总少不了这种香料。(变更×变动×)

"变更"也表示用一个替换另一个,但还可以表示只做部分改动。"变更"的对象可以是服装款式、图案等具体事物,也可以是制度、思想、观念等抽象事物;"变更"既可以是短时间的,也可以是长期的、稳定的、规律性的;可做谓语、主语和宾语。

(4) 旗袍款式的变更也反映了人们审美观念的变更。(变换×变动×)
(5) 李氏王朝统治了近三百年,其间,土地制度多次变更。(变换×变动×)

"变动"表示同一件事情或一个事物发生了变化,"变动"的对象一般为时间、计划、安排、人事、情况等;"变动"做谓语时不带宾语,也可以做主语和宾语,还可以组成"人事变动"、"工作变动"等。

(6) 老李一家安居乐业,不希望工作有任何变动。(变更×变换×)

6. 采纳—接受 ✿✿

都可做谓语,常带宾语。对象都可以是"意见"、"建议"、"方案"等需要通过思考然后提出来的一些想法,但意思有一些不同。

"采纳"主要表示从一些同类想法中进行选择,然后接受一个;而"接受"没有选择的意思。"采纳"的主体一般是有关职权部门或"采纳"对象提出者的上级;"接受"没有这个限制。意思明确时,不能互换。

(1) 委员会广泛听取各界的意见,反复论证奥运会主会场的几个候选设计,终于决定采纳"鸟巢"的构思。(接受×)
(2) 立法机构采纳了各有关专家的意见,对产权法案进行了修订。(接受×)
(3) 经理是不该骂你"混账",可你确实应该接受他的意见。(采纳×)

"采纳"可以做"获得"的宾语,"接受"不行。

(4) 小李几个通宵赶出来的建议书获得了上级的采纳。(接受×)

"接受"的对象还可以是"教训"、"考验"、"挑战"、"任务"、"检查"等,"采纳"不行:

(5) 他时刻准备着接受世俗的考验。(采纳×)

(6) "失败乃成功之母"这句话富有哲理,我们一定要从失败中接受经验教训。(采纳×)

7. 迁移—转移 ❋❋

都可以表示离开原地到别的地方,但意思的侧重点不同。

"迁移"表示因为战争、灾难或别的经济政治方面的改变,大批的人口或单位离开原来的地方,一般是较远的地方。做谓语时,一般后面带"到+目的地",也可做宾语和主语。

(1) 内战导致了大批难民迁移到风调雨顺的河谷地区。(转移×)

(2) 劳动力的迁移是制定经济政策时需要考虑的因素之一。(转移×)

(3) 董事们开会商讨是将在地震中倒塌的公司总部大楼就地重建,还是迁移到别处。(转移×)

"转移"表示为了避免损失或得到利益,将人或东西移到别的地方,可以是较近的地方。"转移"的对象可以是人、单位、设备、财产等。做谓语时,后面可带"到+目的地",也可带表示对象的宾语。

(4) 一定要在敌人发动进攻之前把老百姓转移到安全的地方。(迁移×)

(5) 这个联邦法案主要是为了阻止某些公司非法转移财产。(迁移×)

"转移"还有"改变视线/注意力"等的意思,"迁移"没有。

(6) 房间里遍地都是玩具,孩子一会儿摸摸这个,一会儿玩玩那个,注意力不停地转移。(迁移×)

8. 未尝 ❋

副词,除了"未曾"的意思外,还可用于否定副词"不"、"没"前,有"不是不"、"不是没"的意思,但语气比较委婉。

(1) 现在的孩子~受过一点儿苦,又如何能理解我们这一代人的想法呢?

(2) 流浪,对于艺术家来说,~不是一件好事。

(3) 他~没体会过失败的滋味,只是他比其他人更执著。

(4) 他们~不想好好准备,只是时间实在是太仓促了。

9. 遵照—依照 ❋❋

"遵照/依照 A"都可以表示把 A 作为标准去做,A 是怎样或要求怎样,就怎样做。此时后头一般还有另一动词,当跟上级对下级发出的意见、吩咐、命令等配合时,两者可以互换。

(1) 依照总经理的意见,我们对先前通过笔试的人员进行了筛选。(遵照√)

(2) 遵照总理的遗愿,人们用红白相间的花束装饰他的棺木。(按照√)

"依照"还主要表示以某种标准、原则为依据,如法律、规定、经验、方案等,"遵照"应该是下级执行上级的意见、吩咐、指示和命令等,没有上下级关系的不可用。

(3) 依照国际法规定,宗主国必须无条件接受其殖民地独立。(遵照×)

"依照"后还可引入的是顺序、时间、期限、比例、范围等方面的词语,"遵照"不行。

(4) 这篇文章是依照时间顺序写作的。(遵照×)

10. 起程—出发—动身 ✽✽

都表示开始走,离开某地到别的地方去。都不能带宾语,用于人或团体时可互换。不过"动身"多用于口语,"出发"可用于书面语和口语,"起程"只用于书面语:

(1) 国王的使者天没亮就起程了。(出发√动身√)

(2) 代表团明天6点出发,前往意大利进行友好访问。(动身√起程√)

"出发"还可以用于车、船等交通工具,"动身"、"起程"无此用法:

(3) 公共汽车每天早晨6点从起点站出发。(动身×起程×)

"出发"可用在"从+抽象名词+出发"的格式中,表示考虑或处理问题时的着眼点,"动身"、"起程"无此用法:

(4) 他也未尝不懂得要从实际情况出发制订周密的计划,只是时间实在太仓促了。(动身×起程×)

"出发"还可以用来发布命令,独立成句,"动身"、"起程"无此用法:

(5) 一班二班,目标火车站,出发!(动身×起程×)

11. 辞格(6):设问 ✽✽

在形式上是问句,但实际上是"自问自答",问句后一般有答案。以此引导读者注意和思考问题,这种辞格叫设问。如:

美国建国只有二百多年,其间国旗的图案已经更改过20次,平均不到11年就要变动一次。为何要如此频繁地改变国旗图案呢?这与美国领土的不断变化有关。

"为何要如此频繁地改变国旗图案呢?"就是一个设问,答案就在后面。使用了这个设问,首先引起者的注意和思考;其次,自然地引入国旗变动的原因,使文章读起来更加流畅。

四 练 习

(一) 选词填空(一个词可以选择多次)

A. 变换—变更—变动

1. 小李的工作有任何_____我都会第一时间通知你。

2. 经济发展日新月异,但是思想观念的_____却并不像想象的那么快。

3. 随着季节的不同,谷地里的动物们会_____其寻找食物的地点。

4. 一个可以随意_____宗教信仰的人是很难令人信任的。

5. 人类煮食方式的_____显示了工具的威力。

6. "现代化"概念内涵的_____反映了人与自然的关系处在不停的变化中。

7. 我们的旅行计划有所_____,明天我们将前往西部高地,那里盛产仙人掌。

  B. 采纳—接受

8. 大家都知道你对改革有很多想法,改革议案揣在怀里好几个星期了。赶快递上去吧,没准能被_____。

9. 应在哪里定居?张氏族人争论不休。最后,族长_____了大多数人的意见。于是,他们从此定居在风调雨顺的河谷。

10. 他太爱憎分明了,没办法_____他讨厌的人。

11. 一百零一次求婚之后,她终于_____了他。

  C. 匆忙—仓促

12. 时间_____,我就不多写了,这块玉留给你做个纪念。虽然不值钱,却也晶莹剔透,代表我对你的情意。

13. 看着父亲_____离去的背影和他那洗得发灰的蓝白相间的条纹衬衣,我的眼睛里忽然充满了泪水。

14. 爷爷和奶奶当年是_____成婚,结婚后第二天,两人就揣着父母给的一点儿钱,逃离了内战中的中国。

15. 发言稿是林肯在_____之间完成的,而那次发言却在美国内战中发挥了无比的威力。

  D. 迁移—转移

16. 在抢险救灾中,工人们前赴后继,终于将全部设备_____到山区,保护了国家财产。

17. 遵照导师的修改意见,李博士在他的博士论文中增加了有关人口_____的论述。

18. 三峡库区的_____工作关系到整个三峡工程的成败。

  E. 筛选—挑选

19. 有许多优秀青年想当航天员,到无穷无尽的宇宙漫游,但最终能通过_____的,只有几个而已。

20. 在实验开始之前,科学家对被试者进行了严格的_____。

21. 那个流浪汉从他的破烂里_____出一块打磨过的玻璃献给教堂,他说:"这世俗的水晶,反映了天父的圣洁。"

F. 听——听取

22. 有几个记者要求进入国会大厅_____关于新法案的辩论。

23. 法官_____了双方律师和证人的发言后做出了判决。

24. 你_____,这是橡树在风中歌唱的声音。

25. 作家在构思这部反映宗教与世俗关系的作品之前,_____了一些学者的意见。

G. 下令——命令

26. 撤退的_____使联邦军队的士气受到了严重的打击。

27. 上级已经_____了,我们必须服从。

H. 掌管——管理

28. 当地人相信,只要伺候好_____气候的雷神,来年就会风调雨顺。

29. 特定的企业在_____上有不同的特点。

30. 国王_____着世俗的最高权力。

I. 遵照——依照

31. _____方言的变化规律,作者推测客家先人的迁移路线。

32. 先前你总要求我们凡事都要_____总经理的指示,现在怎么又要听你的了?

33. 你们就_____这个速度变换颜色。

(二) 根据解释猜出相应的词语,并用词语造句

1. 形容态度明确,不含糊。_____

2. 是母的还是公的很难分辨。_____

3. 很有成就的感觉。_____

4. 气候很适合农业生产。_____

5. 没有尽头,没完没了。_____

6. 雄健勇猛的狮子。_____

7. 不是不,不是没。_____

8. 前面的上去了,后面的又继续跟上来。_____

(三) 请画出括号内跟带点字意义相同的同形字

1. 变更(更新　更加　三更半夜)
2. 相交(交作业　交朋友　交错)
3. 无穷(穷人　穷困　穷尽)
4. 调查(调整　调研　曲调)
5. 遍地(遍体鳞伤　两遍　好几遍)
6. 就地(马上就来　就是　就近)
7. 使节(大使馆　即使　使我很高兴)
8. 相间(房间　时间　间隔)
9. 遵照(照相　阳光照着大地　依照)

(四) 选择词语填空

未尝　不愧　前往　随之　就地　前赴后继　使命感　特定　安居乐业　得力

1. 由于他在这次谈判中表现_____,很快被提升为掌管财务的经理。
2. 刘翔又一次打破了世界记录,_____为"亚洲飞人"。
3. 这一代的年轻人聪明、知识丰富,却缺乏承担社会责任的_____。
4. 在边远山区执教的老师只能_____取材,想尽各种各样的方法制作出简陋的教具。
5. _____圣城的旅途充满了各种致命的危险,但崇拜者们仍然_____。

6. 其实,联邦政府_____不希望新法案早日通过实施,只是立法权在国会。

7. 中东战争爆发以后,世界石油危机_____而来。

8. 在一些_____的历史时期,百姓_____几乎成为了幻想。

(五) 选择词语完成句子

　　风调雨顺　仓促　未尝　不愧　就地　起程　迁移　变更

1. _____,因此运算过程出现了一些细微的差错。

2. _____,秦国百姓富裕,国库充盈,兵强马壮。

3. _____"东方夏威夷"。

4. 《薇罗妮卡的双重生命》讲的是命运交错的故事,看起来奇异可是_____。

5. 化工厂是拥有二十万员工的大厂,_____实在是一个大工程。

6. _____,不然你们就只好等下一班飞机了。

7. 通过这些宝贵的图片所反映出来的_____,他对中国建筑史有一个感性的认识。

8. 这些食物带回去肯定会坏,不如_____。

(六) 根据课文判断正误

1. (　) 1883年,李氏王朝颁布"太极旗"为韩国国旗。
2. (　) 两位使者认为太极图内涵丰富具有哲理。
3. (　) 不丹国旗上的橘黄色象征佛教的精神力量。
4. (　) 不丹是君主制国家。
5. (　) 美国国旗的变更能反映美国作为一个联邦国家的历史。
6. (　) 美国最早的星条旗是华盛顿设计的。
7. (　) 如果1818年国会不修改国旗法案,现在的美国国旗可能有50条横条。
8. (　) 墨西哥的原住民是阿兹特克人。
9. (　) 根据传说,阿兹特克人在遇到战神之前,住在海岛上。
10. (　) 墨西哥盛产仙人掌、月桂和橡树。

(七) 用设问句填空

1. _____？我觉得写文章不是为了发表。大多数时候许多思考一时或永远无法形成文章，或者形成文章了，却没机会发表。这是理想与现实之间的问题。理想是美好的，现实是残忍的。_____？我认为我们必须坚持对理想的追求，只要我们坚持，总有一天在美好的理想和残忍的现实之间会建起一座桥梁。

2. _____？我一直认为，课题是研究，专题是研究，思考是研究，工作也是研究。我们作为基层工作者来讲，进行有体系的理论研究是不可能的。我个人觉得在实践中也并不需要进行这种研究的人。_____？我们需要的是能结合工作实际的研究者，他的研究一定要以解决实际问题为出发点。

(八) 用"A、B、C、D、E、F"把下面的语段连接成一篇短文

1.

(1) (　) 但是，就有那么一些人，在国外一点儿也不尊重自己，一点儿也不给中国人争面子，丢尽了中国人的脸。在"自己家里"不拘小节也就罢了，也没人管你那么多，但到了国外可就不一样了。

(2) (　) 2001年，我随中国新闻代表团出访意大利，在比萨斜塔下，清楚地看到用中文书写的"请勿随地吐痰"的提示牌。

(3) (　) 要知道，人家老外可不管你过去是不是"礼仪之邦"，只认你现在的文明程度到底怎么样。

(4) (　) 相信大家都同意，从某种程度上说，每一个出国的中国人，都是中国的形象大使，他们的一言一行都直接影响到中国的形象。

(5) (　) 正因为我们不注意所谓的"礼仪小节"，比我们更讲文明、更讲礼仪的老外们才专门用我们认识的汉语"善意"地提醒我们！

(6) (　) 我的脸有些发烫，因为那块提示牌分明是在对我们的国人提出善意的批评。

2.

(1) (　) 随地吐痰、抢座位、不走斑马线等，或许只是简单的表象。

(2) (　) 如果把一个国家的经济比做宾馆的硬件，那么人们的思想观念、对人对事的态度、传统习惯和习气的好坏就是宾馆的软件。

(3) (　) 而人们的思想观念、对人对事的态度、传统习惯和习气仍然落后和愚昧，那么，这个国家也不是现代化、和谐、文明、强盛的国家。

(4) (　) 但透过这些所谓简单的表象就能看出一个国家、一个民族、一个人的基本素质是否达到了"星级标准"。

(5) (　) 一个宾馆是否达到星级标准，除了有标准的硬件设施外，更要有过硬的软件——优良的服务环境。

(6)（　）经济是一个国家和民族发展的强大后盾,没有经济的发展就没有强大的国家和民族。

五　副课文

国庆节趣闻

　　对任何一个国家来说,国庆都是非常隆重而特别的节日,总要进行各式各样的庆祝或纪念活动,以激发民众的爱国热情和国家的凝聚力。不过,世界各国的国庆节不但来历不同,名称也大不一样,如许多国家叫"国庆节"或"国庆日",但也有不少国家叫"独立日"、"共和日"、"宪法日"、"革命日"、"解放日"等,还有直接以国名加上"日"的,如"澳大利亚日"、"巴基斯坦日",有的则以国王的生日或登基日为国庆。而且,由于各国的国情和传统各异,庆祝方式也多姿多彩。下面,我们不妨来看看世界其他国家是如何欢度自己的国庆日的。

　　加拿大国庆日是7月1日,每到这个日子,全国放假一天,一同欢庆。大批加拿大人都会在国庆日举行热闹的游行活动,人们还喜欢在游行时穿上有代表性的枫叶服装,表达自己的爱国之情。更为有趣的是,富有创意的加拿大人设计出了千奇百怪的枫叶系列服,连雨伞、眼镜也都是枫叶的造型。

　　另外,加拿大国庆时还有放烟火等活动。2003年,加拿大皇家造币厂还为国庆发行了一枚彩色银币以示庆贺。该币的反面图案是一只逼真的北极熊,上面有枫叶飘落在CANADA字样上,大红和银白的色彩搭配产生了一种强烈的视觉效果。

　　和世界很多国家都不一样,英国的国庆日是国王的官方生日。英国女王伊丽莎白二世的生日是1926年4月21日,但是,她的"官方生日"则定在每年6月第二个星期六。

　　由于伦敦6月中旬的天气总是特别好,所以这段时间前后,英国人一般都举行一些大型的花卉园艺展览,不仅规模大,设计新,而且漂亮壮观,国庆自然也更添了几分喜庆。这一天,英国皇家卫队的骑兵在伦敦骑士广场上接受女王的检阅,场面十分庄严盛大。

　　另外,女王贺寿活动中有很重要的一项内容:为国内外名流封爵授勋。受嘉奖者名单分别由政府和王室拟定,并在女王的"官方生日"公布。不过,因为星期六本来就是休息日,所以英国人这一天不放假。

美国的国庆日又叫"独立日",是美国的主要法定节日之一,日期为每年7月4日,以纪念1776年7月4日大陆会议在费城正式通过《独立宣言》。

独立日在美国是一个相当热闹的节日。最初,独立日的庆祝活动以游行和演讲为主,带有一定的宗教色彩。后来,逐渐增加了户外活动、体育比赛、燃放爆竹和烟火等活动。每逢独立日,全美大大小小的教堂钟声齐鸣,以纪念这个特殊的日子。

首先敲响的是费城自由钟。然后,各地居民自发进行庆祝游行,形式丰富多彩:有人进行化装游行,扮成骑马的牧师或坐着古式马车的贵族小姐;全家祖孙几辈载歌载舞,边舞边行。

游行结束,人们往往聚在公园或公共场所共同欢度节日,尽情欢歌畅饮。如果正好碰上总统选举或议会选举,政客们也往往在这个时候抓紧进行竞选演说。

1789年7月14日,法国起义者攻占巴士底狱并将其拆除,象征着封建罪恶的巴士底狱从此在地球上消失了。为了纪念巴黎人民英勇攻占巴士底狱的伟大功绩,1880年6月,法国国民议会把7月14日作为法国国庆日。此后,法国人每年都要隆重纪念这个象征自由和革命的日子。

每年的7月14日,法国全国放假一天。节日前夕,到处都挂起彩旗,所有建筑物和公共场所都饰以彩灯和花环,街头路口架起一座座饰有法国国旗颜色——红、白、蓝色布帷的露天舞台,管弦乐队在台上演奏流行乐曲。

国庆日前后的晚上,狂欢的人群纷纷涌向街头,脖子上围着红、白、蓝三色彩带,随着音乐跳起欢快的卡马尼奥舞及其他民间舞蹈。

另外,法国每年都要在香榭丽舍大街上举行大规模的阅兵仪式,还要燃放烟火。入夜,明亮的红、白、蓝三色探照灯光柱交错摇曳在凯旋门上空,节日的灯火与天空中缤纷的焰火交相辉映,爆竹声与狂欢的乐曲声、欢呼声响成一片,使节日庆祝达到最高潮。

在农村,国庆日之际,人们往往举行穿袋子赛跑、小车推青蛙比赛等一些十分有特色的活动,同样热闹非凡。

回答问题

1. 世界各国国庆节的名称跟什么有关?
2. 加拿大 2003 年发行的国庆银币的反面图案是什么?
3. 英国国庆的三项主要庆祝内容分别是什么?
4. 美国独立日哪些活动带有宗教色彩?
5. 法国庆祝国庆日的活动中,有什么地方显示出国旗的颜色?

第八课　马可·波罗和他的游记

一　生词语

1. 游记	yóujì	(名)	记述游览见闻和感受的散文。 >游玩　游历　游客　游人　传记　笔记
2. 在位	zàiwèi	(动)	处在皇帝或国王的地位：清朝最后一个皇帝~只有三年。 在—左　位—泣
3. 富庶	fùshù	(形)	物产丰盛，人口众多：~的国家｜~的鱼米之乡。 >富饶　富强　富裕　庶务
4. 丰衣足食 ⟷饥寒交迫	fēngyī-zúshí		衣服丰厚，粮食充足，形容生活富裕：20世纪末，中国大部分人过上了~的生活。
5. 慕名	mùmíng	(动)	仰慕某人或某事物的名声：~而来｜~购买。 >仰慕　爱慕　羡慕 慕—暮—募—幕—墓—摹
6. 珍宝	zhēnbǎo	(名)	指珍珠、宝石等，可用来表示价值很高的物品。 珍—诊—疹
7. 贩卖 ⟷收购	fànmài	(动)	买进货物后卖出，从差价中获取利润：~日用品｜~毒品。 贩—板—返—饭—版—坂
8. 新奇	xīnqí	(形)	新颖特别：~的景象｜刚到城里，处处觉得~。 >新鲜　新潮　神奇　惊奇　奇妙
9. 游历	yóulì	(动)	到远地游览：~名山大川｜~大江南北。 >旅游　游览　游记 历—厉
10. 教皇	jiàohuáng	(名)	天主教会的最高领导者，任期终身，驻在梵

	(教书)	jiāo		蒂冈。
11.	传教	chuánjiào	(动)	宣传一个宗教所信奉的基本理论、主张等:意大利人利玛窦(Ricci Mateo)是16世纪末到17世纪初在中国~最著名的人物。
				传—砖—转
12.	翩翩	piānpiān	(形)	书面语。形容举止洒脱(多指青年男子):~少年｜风度~。
13.	央求 ≈请求	yāngqiú	(动)	请求:我再三~,他才答应｜苦苦~｜~朋友帮忙。
14.	一行	yìxíng	(名)	一群(指同行的人):~八人游览了故宫｜考察团~首先来到广州。
15.	抵达 ⟵⟶离开 起程 ≈到达	dǐdá	(动)	到达:平安~｜美国总统将于今晚~北京。
16.	获悉	huòxī	(动)	得知某种消息或情况:日前~他已回国。
				>查获 荣获 获取 获准 据悉 熟悉 知悉
17.	拜见 ≈进见	bàijiàn	(动)	会见长辈或地位高的人:~国王｜~公公婆婆。
18.	仆人	púrén	(名)	受雇供主人役使的人。
				>仆从 仆役 奴仆 女仆 男仆
19.	英俊	yīngjùn	(形)	容貌俊秀有神:小伙子长得十分~。
20.	潇洒	xiāosǎ	(形)	(举止、风貌、神态等)自然大方,不拘束:风度~｜~大方。
				洒—酒—栖—晒
21.	到来 ⟵⟶离开 ≈来到 来临	dàolái	(动)	来到,到达(后面不可带处所宾语):贵宾~之前,要做好一切准备｜他的~让我们很尴尬。
22.	宴请	yànqǐng	(动)	摆酒席款待:~亲朋好友。
				>宴会 宴席
23.	任用 ≈任命 起用 (我姓任)	rènyòng rén	(动)	委派人员担任职务:~年轻干部｜~优秀的人才。
				>任务 任期 任职 任命
24.	赏识	shǎngshí	(动)	认识到某人的品德、才能(多指上对

			下）或作品的价值而予以重视或赞扬:他深得领导~｜老师非常~他的文章。
			＞欣赏 观赏 认识 意识
25. 平民	píngmín	（名）	普通百姓。
26. 视察	shìchá	（动）	上级领导到下级机构、地区检查工作:政府领导到我校~｜有关领导~了当地灾情。
			＞观察 考察 侦察 觉察
27. 敷衍 ≈应付	fūyǎn	（动）	办事不认真、不负责;待人不诚恳,只是表面应付:他不会认真帮你办事的,只不过~一下罢了。
28. 了事 （走了）	liǎoshì le	（动）	平息纠纷或了结事端,多指不彻底或不得已:敷衍~｜一走~｜匆匆~。
29. 查问	cháwèn	（动）	询问,打听:~通讯地址｜~考试成绩。
30. 弄虚作假 ⟷实事求是 ≈招摇撞骗	nòngxū-zuòjiǎ		耍花招以骗人:做学问要脚踏实地,容不得半点~。
			虚—虎—虐
31. 大为	dàwéi	（副）	很,极其:~不满｜~恼火。
32. 留心 ⟷忽略 疏忽 ≈留意 留神	liúxīn	（动）	注意,关心:~观察｜~身边每一个人。
33. 恰如其分 ≈恰到好处	qiàrúqífèn		形容说话、办事正合分寸:他对这篇文章给出了~的评价。
			恰—给—洽
34. 起用	qǐyòng	（动）	重新任用已退职或免职的人,现在也可指提拔任用:新领导上任后,~了一些年轻人。
			起—超—赶 用—甩
35. 胜任	shèngrèn	（动）	有足够的能力来担任（工作、职务等）:我觉得他完全可以~这个职务｜这项工作他难以~。
36. 走访	zǒufǎng	（动）	前往访问:记者~了探险队成员。
			访—仿—纺—芳

37. 任命	rènmìng	（动）	下令委派某人担当某种职务：他被~为市长｜公司~两名年轻人加入管理层。
38. 与日俱增 ←→每况愈下 ≈日积月累	yǔrìjùzēng		随着时间一天天增加而增长。形容不断增长或增长的速度很快：我对他的信任~。
39. 免不了 ≈难免 不免	miǎnbuliǎo	（动）	难以避免：处理得不好,大家~会有意见｜这种官司~要打。
40. 王妃	wángfēi	（名）	诸侯王或太子的正妻；帝王的妾,地位次于皇后。
41. 发病	fābìng	（动）	生病,疾病发生：众人都想弄清王妃~的原因｜这种疾病的~率已降到最低。
42. 求亲（亲家）	qiúqīn qing	（动）	男女的一方家庭向对方家庭请求结为亲家(多为男方主动)：上门~。
43. 护送	hùsòng	（动）	陪同前往并加以保护,使人员或物资等安全到达目的地：~大熊猫｜~专家回国。
44. 跋涉	báshè	（动）	爬山涉水,形容旅途艰苦：长途~。 跋—拔—拨
45. 出产	chūchǎn	（动）	天然生长或人工生产：景德镇~的瓷器是世界闻名的｜云南~很多名贵茶叶。 ＞生产 特产 产地 产品
46. 外号 ≈绰号（号叫）	wàihào háo	（名）	别人给起的本名之外的名字,大都含有亲昵、玩笑的意味：他的~叫"马大哈"。
47. 家产	jiāchǎn	（名）	家庭的财产。
48. 激化 ←→缓和	jīhuà	（动）	(矛盾)向激烈尖锐的方面发展。
49. 牢房	láofáng	（名）	监狱里关押犯人的房间。
50. 畅谈	chàngtán	（动）	尽量由着自己的情感,不加拘束地谈：~学习体会｜~理想。 畅—肠—汤—场
51. 滔滔不绝 ←→沉默寡言 ≈口若悬河	tāotāobùjué		形容话很多,连续不断：会议刚刚开始,他们就~地谈论起来。 滔—稻—蹈
52. 足迹	zújì	（名）	脚印,借指到过的地方：这位传教士的~遍天下｜处处都留下了他的人生~。

53.	篇幅	piānfu	（名）	文章的长短；书籍、报刊等篇和页的数量：这篇文章~太长｜本报用两版的~报道世界杯的消息。
				篇—编 幅—辐—福—副
54.	称颂	chēngsòng	（动）	称赞颂扬：他高尚的品德人人~｜他的种种英勇事迹令世人~。
	（称心）	chèn		>称赞 称奇 歌颂 颂扬
	（称杆）	chèng		称—你
55.	问世	wènshì	（动）	（著作、发明创造、新产品等）与世人见面：这本书~不久｜这项新产品的~为公司带来了巨大的利润。
56.	视野	shìyě	（名）	眼睛所能看到的空间范围，比喻思想或见识的领域：站在高山上，~很开阔｜相互交流扩大了他的学术~。
				>重视 忽视 歧视 近视 注视 蔑视 分野
57.	展示	zhǎnshì	（动）	清楚地摆出来给人看，显示：把吸烟的危害充分~在观众面前｜他负责新产品的~。
	≈展现			
	←→隐藏			
58.	富饶	fùráo	（形）	物产丰盛，财源充足：~的长江三角洲。
				饶—绕—侥—浇—挠—晓
59.	激发	jīfā	（动）	刺激引发，激励使奋斗：~斗志｜~上进心｜~潜在的能力｜~孩子上学的愿望。
60.	探险	tànxiǎn	（动）	到无人烟或情况不明的地区去考察：他从事户外~工作十多年了｜他报名参加了登山~队。
				>探索 勘探 侦探 冒险 保险 风险 艰险
				险—检—俭—捡—验

专 名

1.	忽必烈	Hūbìliè	Kublai Kahn，元朝开国皇帝（1215—1294）。
2.	马可·波罗	Mǎkě Bōluó	Marco Polo，人名。
3.	尼古拉·波罗	Nígǔlā Bōluó	人名。
4.	玛飞·波罗	Mǎfēi Bōluó	人名。
5.	意大利	Yìdàlì	Italy，国名。
6.	威尼斯	Wēinísī	意大利地名。
7.	亚细亚	Yàxìyà	Asia，地名，指亚洲。

8. 布哈拉	Bùhālā		Bukhara，地名，位于乌兹别克斯坦西南部，曾是历史上宗教和贸易的中心。
9. 罗马	Luómǎ		意大利首都。
10. 上都	Shàngdū		地名，今内蒙古自治区多伦县西北。
11. 大都	Dàdū		地名，今北京。
12. 热那亚	Rènàyà		意大利地名。
13. 鲁思梯谦	Lǔsītīqiān		人名。

课 文

提示一 马可·波罗是什么人？他为什么会来到中国？

元世祖忽必烈在位的时候，中国是世界上最强大、最富庶的国家，人民丰衣足食，西方各国的使者、商人、旅行家纷纷慕名前来观光。其中最有名的要数马可·波罗。

马可·波罗1254年出生于意大利威尼斯一个商人家庭。他的父亲尼古拉·波罗和叔叔玛飞·波罗原来是威尼斯的商人，常在地中海东部一带从事商业活动，还常常到国外去做生意。蒙古国建立以后，他们带了大批珍宝来贩卖。后来，蒙古国发生战争，他们又到了中亚细亚的一座城市——布哈拉，在那里住了下来。

有一次，忽必烈的使者经过布哈拉，见到这两个欧洲商人，感到很新奇，于是邀请他们一起来中国，并保证他们能够大富大贵。

尼古拉兄弟本来就喜欢到处游历，当然非常乐意接受邀请，于是两人跟随使者一起到了上都。忽必烈听说来了两个欧洲客人，十分高兴，马上热情地接见他们，还问这问那，了解了很多关于欧洲的情况，并要他们回欧洲给罗马教皇捎个信，请教皇派人来传教。

第八课　马可·波罗和他的游记

尼古拉兄弟告别了忽必烈,离开中国。他们在路上走了三年多,才回到威尼斯。那时候,尼古拉的妻子已经病故,留下的孩子叫马可·波罗,已经是十五岁的翩翩少年了。

马可·波罗听父亲和叔叔说起中国的繁华,十分美慕,央求父亲带他到中国。尼古拉觉得让孩子一个人留在家里也不放心,就决定带他一起走。

尼古拉兄弟带着马可·波罗见了教皇之后,一行三人前往中国。路上又花了三年多,在公元1275年抵达中国。此时忽必烈已经成为皇帝,获悉尼古拉兄弟来了,专门派人把他们接到上都。

尼古拉兄弟带着马可·波罗进宫拜见元世祖。元世祖一看尼古拉身边多了一个少年,诧异地问这是谁,尼古拉回答说:"这是我的孩子,也是您的仆人。"元世祖见到英俊潇洒的马可·波罗,连声说:"你的到来真是太好了。"

当天晚上,元世祖特地在宫里宴请他们,表示欢迎。后来,又任用他们为朝廷效力。

> **提示二** 马可·波罗在中国做了些什么?为什么他能得到元世祖的重用?后来为什么要回国,又为什么做了俘虏?

马可·波罗非常聪明,很快学会了蒙古语和汉语。元世祖发现他进步很快,十分赏识他。没有多久,就派他到云南去办事。元世祖喜欢了解平民百姓的生活情况以及各地的风土人情。过去,很多朝廷使者到地方视察都是敷衍了事,回来以后被元世祖查问时,什么都讲不出。有的甚至弄虚作假,使元世祖大为恼火。而马可·波罗每到一处,都留心考察风土人情,回到大都,他能恰如其分地向元世祖详细汇报,并且能提出一些合情合理的建议。元世祖听了,直夸马可·波罗能干。以后,马可·波罗成了忽必烈的得力助手,凡是有重要的任务,元世祖总喜欢起用马可·波罗去做,而马可·波罗又总能胜任。

马可·波罗在中国整整住了十七年,走访了许多地方,还经常出使到国外,到过南洋好几个国家。他在扬州呆过三年,据说在那里还被任命为官员。

日子一久,三个欧洲人的思乡之情与日俱增,免不了三番五次地向元世祖请求回国,但是元世祖舍不得让他们走。凑巧那时候,受元朝统治的伊儿汗国国王的一个王妃发病死了,派使者到大都来求亲。元世祖选定了一个皇族少女给伊儿汗国国王做新王妃。伊儿汗国使者认为走陆路太不方便,知道尼古拉他们熟悉海路,就请元世祖派尼古拉他们一起护送王妃,元世祖只好答应。

公元1292年，尼古拉兄弟和马可·波罗就和伊尔汗国使者一起离开中国。他们乘船经过印度洋，把王妃护送到了伊儿汗国，又经过三年的跋涉，回到威尼斯。

这时候，他们离开威尼斯已经二十年。当地人一直没有他们的消息，都以为他们死在国外了。现在看到他们穿着奇特的东方服装回来，又听说他们到过中国，带回许多当地出产的珍宝，都轰动了。人们给马可·波罗起了一个外号，叫"百万家产的马可"。

没有多久，威尼斯和另一个城市热那亚发生冲突，矛盾激化后，双方在地中海打起仗来。马可·波罗自己花钱买了一条战船，亲自驾驶，参加威尼斯的船队。结果，威尼斯被打败了，马可·波罗做了俘虏，关在热那亚的牢房里。

提示三 《马可·波罗游记》是如何写出来的？主要内容是什么？它的问世有什么意义？

热那亚人听说马可·波罗是个著名的旅行家，纷纷到牢里来访问，请他畅谈东方和中国的种种情况。

跟马可·波罗一起关在牢房里的有一个名叫鲁思梯谦的作家，他把马可·波罗滔滔不绝所讲的事情都记录了下来，编成一本书，这就是著名的《马可·波罗游记》（又译为《东方见闻录》）。这本游记记录了中亚、西亚和东南亚等地区许多国家的情况，而其重点部分则是关于中国的叙述。马可·波罗在中国停留的时间最长，他的足迹遍及西北、华北、西南和华东等地区。游记以大量的篇幅介绍了当时中国的著名城市，像大都、扬州、苏州、杭州等，称颂中国的富庶和文明。《马可·波罗游记》对亚洲其他地方也有大篇幅的描述。综合起来，包括山川地形、物产、气候、贸易、居民、宗教信仰和风俗习惯等。《马可·波罗游记》问世后，人们为其新奇所动，争相传阅和翻印，成为当时很受欢迎的读物，被称为"世界一大奇书"，其影响是巨大的。它打开了中古时代欧洲人的地理视野，在他们面前展示了一片辽阔而富饶的土地，引起了他们对于东方的向往，也有助于欧洲人冲破中世纪的黑暗，走向近代文明。

在中世纪，关于亚洲的知识，没有一个比《马可·波罗游记》记载得更丰富。这本书一出版，就激发了欧洲人对中国文明的向往。因为马可·波罗出了名，热那亚人把他释放回国。

打那以后，中国和欧洲、阿拉伯之间的往来更加密切。阿拉伯的天文学、数学、医学知识开始传到中国来；中国古代的三大发明——指南针、印刷术、火药,也在这个时期传到了欧洲(中国的另一个大发明造纸术,传到欧洲要更早一些)。

《马可·波罗游记》对15世纪前后欧洲航海事业的发展,也起到了促进的作用,当时一些著名的航海家和探险队的领导人曾经读过马可·波罗的书,并从中得到巨大的鼓舞和启示,激起他们对于东方的向往和冒险远航的热情。例如著名的意大利航海家哥伦布就是被马可·波罗游记所吸引才决定东游的,结果航行到了美洲,发现了新大陆,开辟了由欧洲到达美洲的新航线。

《马可·波罗游记》一书,在中古时代的地理学史、亚洲历史、中西交通史和中意关系史等各个方面,都有着重要的历史价值。

(据《上下五千年》及百度——科学史话)

注 释

1. 到来—来临

都有来到的意思,都可做谓语、主语、宾语,后边都不可接处所宾语,但在用法上又稍有区别:"到来"既可用于人,也可用于物;"来临"只用于物。如:

(1) 胜利即将到来。(来临√)
(2) 春节的到来使一家人终于有了团聚的机会。(来临√)
(3) 教皇的到来令他大为振奋。(来临×)

2. 任用—任命—起用

"任用"泛指在某一职位上使用人员。"任命"侧重指上级下达命令委派某人担当某种职务,常见用法一是"任命+职务",二是"任命+表人名词或代词+为+职务",值得注意的是"任命"一定要与职务共同出现,后边不能只接表人名词。"起用"表示任用新人、重新任用已退职或免职的人员,现也泛指提拔任用。如:

(1) 在不同的岗位上,我们应该任用不同类型的人才。(任命×起用√)
(2) 越来越多的领导青睐于任用知识型人才。(任命×起用√)
(3) 法院任命了一名新院长。(任命√起用√)
(4) 阿根廷任命佩克尔曼为新一任国家队主教练。(任命√起用√)
(5) 德国世界杯足球赛的一大特点是起用新人的球队往往能赢得胜利。(任用√任命×)
(6) 临时政府准备起用一批前总统的部下加入安全部队。(任用√任命×)

3. 敷衍—应付

当表示办事不认真、不负责时,二者可互换,如:

(1) 对学生的问题,他总是认真回答,绝不随便敷衍。(应付√)
(2) 为了敷衍老师的检查,小明急急忙忙把作业做完了。(应付√)
此外,"应付"还可表示对人或事采取一定的措施或行动,"敷衍"没有这种用法。如:
(3) 这个人相当狡猾,不好应付。(敷衍×)
(4) 老张最善于应付复杂多变的局面。(敷衍×)
(5) 学了一年汉语,我就能应付日常交际了。(敷衍×)

4. 大为 ✽✽

副词,表示程度高、范围大,书面语色彩较浓,有强调的意味。修饰形容词或动词性词语,构成四字格,有以下两种情况:

第一,"大为+双音节形容词或动词",只能构成肯定句。动词或形容词多与感觉、情绪、变化有关,如:"~满意"、"~感动"、"~失望"、"~提高"、"~减少"、"~改善"等。

第二,"大为+不+单音节动词性或形容词性语素",构成否定句。如:
(1) 两国矛盾进一步激化,形势~不妙。
(2) 王妃对记者干预自己的私生活~不快。
(3) 他上门求亲时说的那番话令人~不满。
(4) 他们对待工作的态度~不同。
(5) 今年他的事业~不顺。
(6) 教练对队员在场上的离奇表现~不解。

5. 恰如其分—恰到好处 ✽✽

都形容做事、说话达到适当的程度。常可换用,但又有区别。当强调正合分寸时,宜用"恰如其分";当强调刚好达到最佳境界时,宜用"恰到好处"。如:
(1) 老李对这件事的处理公正妥当,真是恰到好处。(恰如其分×)
(2) 写这类文章应当力求准确,做到恰如其分。(恰到好处×)

6. 免不了—难免 ✽✽

二者都有不容易避免的意思,但用法稍有不同。
"免不了"只能用在主语后,"难免"可用在主语前、后。如:
(1) 不能按时完成任务,领导难免要批评你。(免不了√)
(2) 不能按时完成任务,难免领导要批评你。(免不了×)
如果用"难免",动词前加"不",意思不变;如果用"免不了",动词前不能加"不"。如:
(3) 一个人难免犯一些错误。(免不了√)
(4) 一个人难免不犯一些错误。(免不了×)
"免不了"可直接做谓语,"难免"不可。如:
(5) 这些礼节免不了。(难免×)
用做定语时,"免不了"有不能缺少、少不了的意思;"难免"则表示难以避免。试对比:
(6) 和知心的朋友吃饭,喝几杯酒是免不了的事。
(7) 和知心的朋友吃饭,喝醉酒是难免的事。

7. 展示—展现 ✽✽

都有显现出的意思,但又有区别。"展示"是指通过某种形式使事物让人知道。"展现"是指事物本身所表现出来的情况或发展状况、趋势,多用于景象、形势等具体或抽象的事物。如:

(1) 销售人员向我们展示了最新产品。(展现×)
(2) 届时,博物馆将展示从19世纪末直到今天生产的电话机。(展现×)
(3) 一进入展览厅,各种珍宝就展现在我们眼前。(展示×)
(4) 这套衣服恰如其分地展现出他潇洒的气质。(展示×)

8. 激发—激起 ✽✽

都有刺激、使产生的意思,但用法不同:"激发"后只能接好的事物,"激起"后可以是好的事物,也可是不好的事物。如:

(1) 开局不利反而激发了中国女排的斗志。(激起√)
(2) 主人家的珍宝激起了仆人的贪欲。(激发×)
(3) 他的一番话激起了众怒。(激发×)

"激发"后可出现"起"、"起来"、"出"、"出来","激起"不行。如:

(4) 人的许多潜能和真善美的东西有时会被奇迹般地激发出来。

9. 修辞知识:主动句和被动句 ✽✽

主动句和被动句的意义在于区分动作的发出者和接受者之间的语义关系。主语是动作行为的发出者,这种句子叫主动句;主语是动作行为的接受者,这种句子叫被动句。

从修辞的角度看,主动句和被动句的功能差异体现在三个方面:

第一,强调的部分不同。主动句强调动作的发出者,被动句则强调动作的接受者。如:

(1) 我打破了杯子。
(2) 杯子被我打破了。

(1)句陈述的重点是"我",(2)句陈述的重点是"杯子"。因此,选择主动句还是被动句,要根据句子要强调的信息点来定。

第二,适当选择主动句和被动句,可以协调句间组织关系,使话语更连贯。如:

(3) 很多朝廷使者到地方视察都是敷衍了事,回来以后被元世祖查问时,什么都说不出。
(4) 很多朝廷使者到地方视察都是敷衍了事,回来以后元世祖查问他们时,他们什么都说不出。

(3)句"朝廷使者"是三个小句的被陈述对象,在第一小句中它是动作的发出者,而第二小句中它却变成了受动者,第三句又是使动者。作者在表述时,为了保持被陈述对象词序位置的一致性,第二小句用了被动句,这使得三句话首尾连贯。(4)句的第二小句没用被动句,这会破坏被陈述对象的一致性,使读者难以理解。

第三,被动句在语境中还具有特定的表义功能。同一事件用主动句和被动句来表达,意思会有很大差异。如:

(5) 他未被王妃接见。
(6) 他未见王妃。

四　练习

(一) 把词语和解释用线连起来

1. 与时俱进　　　A. 做事马虎,不负责任。
2. 人迹罕至　　　B. 虚假的情意。
3. 敷衍塞责　　　C. 力量不足以胜任或能力担负不了。
4. 跋山涉水　　　D. 不停地称赞。
5. 奇珍异宝　　　E. 人的足迹很少到达,形容地处偏僻。
6. 富可敌国　　　F. 指篇幅很长的发言和文章。
7. 长篇大论　　　G. 形容稀有的、难得的宝物。
8. 虚情假意　　　H. 拥有的财富可以与国家的资财相比。
9. 力不胜任　　　I. 随着时代一起前进,指不断进取、永不停滞。
10. 赞不绝口　　　J. 形容长途奔波的辛苦。

(二) 选择合适的词语填空

　　获悉　抵达　宴请　查问　起用　发病　激化　翩翩　称颂　富饶

1. 克林顿总统一行已于昨日_____北京。
2. 我们经过商量决定_____新人担当这部电影的主演。
3. 那个小伙子风度_____,因此慕名前来求亲的人络绎不绝。
4. 记者从市场上_____XS公司于5月中旬上市的P系列MP3价格将会有所调整。
5. 西沙群岛在众人的努力下必将变得更加美丽、更加_____!
6. 老师不像艺术家那样创造灿烂的精神财富,更不像运动员那样为祖国赢得荣誉,可是我要大声说,老师是最值得_____的人!
7. 球队的内部矛盾一天比一天_____,教练与某些著名球星之间的关系已完全水火不容。
8. 不知道对方的电话号码,可以向查号台_____,或者请教相关的人员。
9. 年纪大的人,要经常把这些药带在身上,即使不_____,也不妨经常含服一两颗,可以起到保护的作用。

第八课　马可·波罗和他的游记

10. 临近年底的时候,单位、同事、同学、朋友之间各种各样的_____又多了起来。

(三) 改错

1. 警察局的领导对于这次护送专家的行动大为不满意。
2. 他总忘记按时吃药,免不了不会发病。
3. 成龙透露他将任命新人拍摄下一部动作片。
4. 销售员热心地向我们展现怎么使用诺基亚最新的一款手机。
5. 技术人员的来临为我们如期完成任务打下了基础。
6. 村上春树是被很多日本人受欢迎的一个小说家。
7. 小李善于敷衍种种突发事件。
8. 那名足球运动员因为终场前在场上不理智的行为,激发了球迷的众怒。

(四) 选用词语完成句子(每个词语限用一次)

滔滔不绝　恰如其分　与日俱增　免不了　大为　激发　展示　敷衍

1. 妹妹总是_____,也不管别人爱不爱听。
2. 近年来,随着我国旅游业的兴起,导游职业日益受到年轻人的青睐,_____。
3. 写表扬信需注意:一是事实要准确无误,二是_____。
4. 原以为爱人因为工作忙而忘记了我的生日,谁知晚饭后我突然收到他从外地寄来的鲜花,_____。
5. 我打碎了妈妈心爱的花瓶,_____。
6. 本来以为_____,现在才知道他这里是有深刻的含义在里面的。
7. 节目组希望通过该节目拉近明星与观众之间的距离,_____。
8. 教学内容安排得恰当,可以_____。

(五) 根据意思选用以下的词语改写句子(每个词语限用一次)

慕名　央求　弄虚作假　畅谈　出产　胜任　探险　问世

1. 有事实表明,科学界仍存在着一些耍花招骗人的现象,应该引起我们的高度重视。
2. 盲用键盘与世人的见面,极大地方便了广大盲人朋友使用电脑,为盲人朋友上网奠定了基础。
3. 南非及南部非洲诸国天然生长的钻石质量较好。

4. 我们因仰慕元朝上都遗址的名声而前往参观并参加了一场为我们精心准备的晚会。
5. 张金星,原山西晋中地区建筑工程人员,1987年开始个人徒步到人迹罕至的地区去考察,先后数次跨长江、黄河、登长城、穿沙漠,积累了大量野外考察经验。
6. 带婴儿应该是妈妈的主业,这是目前大多数人的看法。然而,一些专业人士却颠覆了这个看法——不用说对婴儿的日常照顾,就连抱孩子,爸爸也有足够的能力来担任这项工作。
7. 她反复请求家人替她保密。
8. 在报告会中,教授与同学们无拘无束地谈论人生。

(六) 为加点字选择一个合理的解释

足:A. 充足 B. 器物下部形状像腿的支撑部分 C. 人体下肢的统称
   D. 值得(多用于否定)
央:E. 恳求 F. 正中,中心
虚:G. 空出(位置) H. 虚假 I. 虚心,不自满 J. 徒然,白白地

1. 丰衣足食:_____   2. 不足为奇:_____
3. 手舞足蹈:_____   4. 鼎足:_____
5. 中央:_____   6. 央求:_____
7. 弄虚作假:_____   8. 座无虚席:_____
9. 谦虚:_____   10. 虚度光阴:_____

(七) 综合填空

最近,美国的一些小学把椅子从教室里搬走, 1 学生站着上课。肥胖问题专家称,这样可以加速脂肪"燃烧",解决儿童肥胖问题。

由于肥胖儿童的数量 2 ,令专家和家长大为头疼。儿童免疫力低下,因而 3 成为关节病、呼吸疾病和糖尿病的袭击目标。 4 ,超重儿童演变成超重成年人的几率也远远高于常人,他们在成年期发病几率也很高,极有可能出现长期的健康问题,例如高血压和心脏病。

从某种程度上说,肥胖问题源于习惯久坐的生活方式。于是,肥胖问题专家建议 5 站着上课法,同时 6 家长搬开电视机前的椅子,他们称这都是 7 的健康减肥方法。在站着上课的教室里,只有几根可以依靠的柱子,上课时学生可以站着或蹲着,也可以走动。地板上虽然铺了垫子,但只有在课间休息时才可以享用。研究人员 8 数人对一所学校10—12岁的学生进行了调查,结果 9 ,学生每天站着听课五小时,消耗的热量是坐着听课的三倍。

第八课　马可·波罗和他的游记

此外,在英国,"无椅会议"已成为各大公司的一种潮流。这种工作形式不仅能减小腰围,还被视为　10　谈话自信心的一种良好方式。

1. A. 把　　　　　　B. 将　　　　　　C. 由　　　　　　D. 让
2. A. 家喻户晓　　　B. 与日俱增　　　C. 大有人在　　　D. 合情合理
3. A. 免不了　　　　B. 未免　　　　　C. 免得　　　　　D. 免除
4. A. 由此可见　　　B. 这样一来　　　C. 除此之外　　　D. 总而言之
5. A. 任用　　　　　B. 起用　　　　　C. 采用　　　　　D. 利用
6. A. 认为　　　　　B. 引导　　　　　C. 提出　　　　　D. 呼吁
7. A. 可行　　　　　B. 可能　　　　　C. 可见　　　　　D. 可观
8. A. 一同　　　　　B. 一行　　　　　C. 一起　　　　　D. 一齐
9. A. 展示　　　　　B. 显示　　　　　C. 展现　　　　　D. 表现
10. A. 保留　　　　 B. 保存　　　　　C. 保持　　　　　D. 保护

(八) 请修改下列几段话,使之语句连贯

1. 门上的漆是深绿色的,配着上面的金字,那支白亮亮的电灯照着那漆照得发光;出来进去的又都是漂亮的车,黑漆的黄漆的都一样地发光,配着雪白的垫套。这些车让车夫们感到一些骄傲,仿佛都自居为车夫中的贵族。

2. 他的二十多件作品参加了上海民间工艺品的征集活动,大部分被入选在民间工艺品展览中展出,人们纷纷给予好评。

3. 当年有些科技人员在某些人眼里成了"不可救药"的分子,被他们"打入冷宫",不为所用。可是他们并不为王厂长所嫌弃,仍然听取他们的意见。

4. 我把所有的密码都存在电子信箱里,当我忘记时,电子信箱打开了,密码就可以查一下。昨天,三年前的存折被妻子拿了出来,问我密码。我想了半天也没想起来,就去书房上网。糟糕,电子信箱好久没被我打开了,我也忘记了密码。还好,可以登录找回密码,网页上出现提示:"最喜欢的人是谁?"我毫不犹豫打上妻子的名字,不料显示的是"不正确"。我笑了,用这个密码时还没跟她谈过恋爱呢,于是上一个女朋友的名字被我重新输入。奇怪,还是"不正确"。我连着输入了几个跟我谈过恋爱或者是我喜欢过的女生的名字,可都是"不正确"。妻子站在我背后生气地问:"说,你到底还有多少喜欢的女人?"

(九) 请根据下面的提示,把课文的大意写出来

1. 马可·波罗出生于意大利威尼斯的一个商人家庭。
2. 马可·波罗的叔叔带着他见了教皇,一行三人前往中国。
3. 马可·波罗学会了蒙古语和汉语。
4. 元世祖派马可·波罗到云南去办事。
5. 马可·波罗在扬州呆了三年。

6. 马可·波罗和叔叔一起离开中国。
7. 马可·波罗做了俘虏,关在热那亚的牢房里。
8. 《马可·波罗游记》问世后,成为当时很受欢迎的读物。

五 副课文

明代来华的西洋传教士利玛窦

大航海成功后,西方人开始远涉重洋,绕着地球传教,力争捍卫在新教的强劲冲击下疲于招架的罗马天主教教廷。

在利玛窦之前,曾有传教士进入中国,大都是好酒好菜宴请过后,就被送回船上,责令其哪来哪去,绝不可耽搁一天。于是传教士得出这样的结论:"没有士兵的介入而希望进入中国,就等于尝试着去接近月球。"这些传教士自认为已经做了能够做的一切,但他们却忽略了很重要的一点:尊重当地文化,因此他们的传教活动自然遇到阻力。

1583年,31岁的意大利人利玛窦登陆"月球",开始在广东肇庆定居传教。他采取的是与以往传教士截然不同的策略,可以称做"中国化策略"。利玛窦是天主教捍卫者耶稣会的成员,但他身上似乎从来没有所谓"欧洲中心主义",无论在印度还是在中国,他都不耻于学习当地文化。

在肇庆期间,利玛窦刻苦研习中文,了解中国的风土人情。为了表明"僧侣"身份,利玛窦甚至脱下天主教教服,而改穿佛教的僧衣。

利玛窦发现,中国很少有人真正爱听他的宗教道理,多数人慕名而来,最感兴趣的还是数学、天文和地理方面的新鲜知识。于是利玛窦开始努力钻研儒家经典著作,并在适当的时机传教。

在肇庆,利玛窦用精美的地图第一次告诉中国知识分子:大地是个球。中国知识分子的反应是惊叹不已。这种地图被印制了一次又一次,流传到中国各地。

靠着所展现出的地理知识水平和道德水准,利玛窦博得了很多知识分子的赏识。在这些人的帮助下,利玛窦开始北上,他打算进京后想方设法使中国皇帝皈依天主教。

经过三次艰苦努力,1601年1月24日,利玛窦终于抵达北京。

利玛窦拜见了明朝万历皇帝,向他呈上自鸣钟、地图、西洋琴等三十多件贡品,并附上一份非常中国化的奏章。在奏章中利玛窦自称为臣,表示愿

第八课 马可·波罗和他的游记

为天朝"尽其愚"、"如蒙皇上不弃,臣不胜感激之至"。

为了能够随时修理、保养自鸣钟,万历皇帝规定,利玛窦等人每一季度进宫检查钟表一次,利玛窦因此进入了中国人都难得进入的紫禁城。就这样,利玛窦终于留在了北京。

利玛窦修建了北京的第一所天主教教堂,发展了徐光启、李之藻等教徒,并使之成为中国第一代西学学者。利玛窦还修订、重印了世界地图,与徐光启等人一起翻译了《几何原本》,还写下了让西方深切了解中国的一本书——《利玛窦中国札记》。

但当利玛窦以为中国人会顺理成章地皈依天主教时,他失望了。绝大多数情况下,利玛窦四处走访得到的是礼貌而坚定的回绝。中国人尊重他,是因为他集地图制作家、自鸣钟修理专家、西洋琴作曲家于一身。他的主要职业——传教士,反倒被人忽略了。

其实,即便在西方的某些著作中,利玛窦的传教工作也被忽略,大肆渲染的多是利玛窦在中国作为智者的传奇。

对于耶稣会来说,利玛窦最大的贡献是确立了"利玛窦规矩",为后来的传教士打开了中国的大门。

利玛窦之后,耶稣会的传教士们就在北京站稳了脚跟。

德国传教士汤若望供职于明清两朝,其天文地理的才学得到了官方承认,成了中国政府专管历法的官员。比利时传教士南怀仁有幸经历了康熙盛世中一段西方传教士事业最为兴旺的时期:他做过高官,做过翻译兼外交顾问,也做过皇帝的数学教师。意大利传教士郎世宁被乾隆皇帝任命为宫廷首席画师,很多重大政治活动都让他参加,并命其作画为史;郎世宁还主持设计了圆明园中的一组西洋式建筑——远瀛观和大水法,可惜1860年被英法联军付之一炬。

在传教士们的介绍下,西方免不了掀起了中国热。莱布尼茨(G.W. Leibniz,1646—1716)说,通过中西交流,双方的知识就会成倍增长,这是人们所能想象的最伟大的事业。然而1773年教皇迫于压力,下令解散耶稣会。"利玛窦规矩"未及大放光芒,就烟消云散了,此次的中西文化交流也因此中断。

今天,北京中华世纪坛世纪厅的浮雕群像中只有两个外国人,他们就是马可·波罗和利玛窦。

明史、近现代史和中西文化交流史专家说,蜜蜂本意是觅食,但它传播了花粉。这点也正是我们要纪念利玛窦们的原因,无论如何,他们让中国人知道了:大地是个球。

(据《南方周末》)

回答问题

1. 利玛窦之前的来华传教士为什么失败而归?
2. 什么是"利玛窦规矩"?
3. 利玛窦为什么有机会北上传教?
4. 利玛窦之后传教士们就在北京站稳了脚跟,文中列举了哪些代表人物?
5. 结合本文,你怎样理解"蜜蜂本意是觅食,但它传播了花粉"这句话?

单元练习(二)

一、写出近义词

光芒——　　　表彰——　　　掩饰——　　　正规——

洽谈——　　　勉励——　　　延续——　　　天赋——

隐藏——　　　荒谬——　　　心愿——　　　体验——

叩头——　　　弥漫——　　　幽静——　　　走俏——

擅长——　　　挂念——　　　仓促——　　　掌管——

采纳——　　　商讨——　　　迁移——　　　遵照——

央求——　　　诧异——　　　任用——　　　敷衍——

涌现——　　　展示——

二、写出反义词

涌现——　　　繁重——　　　退出——　　　留心——

反感——　　　幽暗——　　　流浪——　　　虚幻——

激化——　　　关闭——　　　贩卖——　　　山顶——

世俗——　　　走俏——　　　隐藏——　　　加重——

掩饰——　　　抵达——　　　贵族——　　　雌——

三、请把AB行、BC行可以搭配的词语分别用线连起来

A	B	C
反复	胜任	意见
难以	阻挡	利弊
精心	权衡	工作
不可	采纳	先进
就地	体验	历史的进程
不断	表彰	巧妙
得到	构思	工作
深刻	视察	热情
受到	激化	生活
大大	激发	矛盾

四、把带点字的解释找出来，并把相应的序号写在前边的括号里

1. (　　)表彰　　2. (　　)钟表　　3. (　　)表皮
4. (　　)电表　　5. (　　)表弟　　6. (　　)申请表

A. 一种亲戚关系　　B. 外面　　C. 计时的器具
D. 把思想感情显示出来　　E. 测量某种量的器具
F. 用格子形式排列事项的书籍或文件

7. (　　)开路　　8. (　　)开花　　9. (　　)开水　　10. (　　)开车
11. (　　)开会　　12. (　　)开学　　13. (　　)开工厂　　14. (　　)开门

A. 打开　　B. 打通　　C. 展开、分离　　D. 发动或操纵
E. 开办　　F. 从头起　　G. 举行(会议)　　H. (液体)受热而沸腾

15. (　　)启发　　16. (　　)颁发　　17. (　　)出发　　18. (　　)发掘
19. (　　)发誓　　20. (　　)散发　　21. (　　)发作　　22. (　　)自发
23. (　　)打发　　24. (　　)激发　　25. (　　)发扬　　26. (　　)发脆

A. 送出；交付　　B. 发射　　C. 产生；发生　　D. 表达
E. 扩大；开展　　F. 放散；散开　　G. 揭露；打开　　H. 因变化而显现、散发
I. 起程　　J. 开始行动　　K. 引起、启发

五、根据解释写出相应的成语并造句

1. (　　　)眼睛看到纷繁复杂的东西或耀目的光华而感到迷乱。比喻现象复杂，无法辨清，使人感到迷乱或困惑。
2. (　　　)比喻大的纠纷或风潮。
3. (　　　)用不上力量；没有能力或能力达不到。
4. (　　　)分不出高低、好坏。形容程度或水平相差不远。
5. (　　　)扳着手指就计算出来了，形容为数不多。
6. (　　　)低声自语或含糊不清地说个不停，多含讽刺诙谐的意味。
7. (　　　)经得起人们仔细体味，形容意味深长，值得反复体会。
8. (　　　)应该有的全都有了，形容一切齐全。
9. (　　　)形容兴趣浓厚或很有滋味。
10. (　　　)形容行走缓慢、迈步不稳的样子。
11. (　　　)整理衣服，端正坐着，形容恭敬、严肃地坐着的样子，也形容拘谨的样子。
12. (　　　)归结到根本上(常用做总结语)。
13. (　　　)随着时间一天天增加而增长。形容不断增长或增长的速度很快。
14. (　　　)味道鲜美的食品。
15. (　　　)耍花招以骗人。
16. (　　　)所有的座位没有空的，形容观众、听众或出席的人很多。
17. (　　　)喜欢就喜欢，讨厌就讨厌，形容态度很明确，一点儿也不模糊。
18. (　　　)形容夜晚一片灯光明亮的热闹景象。
19. (　　　)衣服丰厚，粮食充足，形容生活富裕。
20. (　　　)指风雨适合农民做各种农活的时间。
21. (　　　)没有尽头，无限。
22. (　　　)前面的人上去，后面的人就跟上去。形容积极前进，连续不断。
23. (　　　)安定地生活，愉快地工作。
24. (　　　)形容说话、办事正合分寸。
25. (　　　)形容话很多，连续不断。

六、选择合适的词语填空

利弊　延续　凯旋　掩饰　争议　表态　辟谣　敷衍　衡量
荒谬　弥漫　零星　内涵　哲理　慕名　寄托　先前

1. 谢某和张某恋情曝光后，当事人赶紧出面_____，否认此事。

2. 要_____一个人对朋友是否真诚，关键是看遇到困难时他能否出手相助。

3. 故宫是古代皇帝居住的地方,因而有着一种神秘的色彩,许多人_____而来。
4. 这种看法_____了很久,直到今天还有残余。
5. _____的法律法规存在不完善的地方,此次的法案修订需要广泛听取有关专家的意见。
6. 省、市及各地方领导前往机场迎接_____归来的体育健儿。
7. 上门求亲的人络绎不绝,姑娘的父母_____不住内心的喜悦。
8. 世界上竟然有人绑架亲生儿子?不管其目的何在都是_____至极的。
9. 孩子是王新唯一的感情_____,她是无论如何也不会放弃抚养权的。
10. 有的卡拉OK厅环境恶劣,_____着浓烈刺鼻的烟味,简直令人窒息。
11. 电视剧《三国演义》的思想_____是相当丰富的,涉及政治、道德、哲学、历史等。
12. 初一清晨,起初是_____的,继而是轰轰烈烈的鞭炮声把我从美梦中拉了起来。
13. 种瓜得瓜,种豆得豆。这是最浅显的生活_____。
14. 以主观评分定胜负的花样滑冰比赛,不出所料发生了对裁判打分的_____。
15. 对一些不熟悉的问题,董事长从不急于_____,而是真诚地说:我没有调查就没有发言权。
16. 公司领导从不同角度对这项技术的应用可能带来的_____做了综合评价。
17. 总经理十分赏识李杰,是因为他对待工作从不_____了事。

七、连词成句

1. 唐人街 一行 流连忘返 林立 里 总统 店铺 的 在
2. 前赴后继 感动 足以 前辈们 代 精神 人 几 的
3. 好 机会 未尝 展示 人们 借 实力 此 向 一下 的 你 事 不 一 是 也 件
4. 整天 幽暗 最近 陈风 街灯 望着 天 出神 几 的
5. 跋涉 大腕 记者 中 走访 传闻 长途 了 个 几 的
6. 仓促 外国 叩头 之间 皇帝 使节 竟然 向 忘记 了
7. 慕名 产地 参观 服装 前往 王妃 最 的 国 我 大
8. 大为 妹妹 反感 公共 吸烟 我 场所 对 在
9. 发生 事件 侵犯 一连串 肖像权 耐人寻味 的 最近 十分 的

单元练习(二)

10. 敌兵 内战 是 过后 遍地 尸体 的 落荒而逃 的
11. 图案 龙鱼 和 非议 交错 显示 一起 受到 在 的 内涵 人们 了 所 的 的
12. 晶莹 面对 免不了 冲动 女人 剔透 如此 会 购买 的 有 玉石 的

八、用指定词语完成句子

1. 外国的使节特别喜欢吃我们这里的火锅，＿＿＿＿＿＿＿＿＿＿＿＿。(一……就是……)

2. 今年我国大部分地区都风调雨顺，＿＿＿＿＿＿＿＿＿＿＿＿。(如此一来)

3. 经过长途跋涉，队员们已经哈欠连连、疲惫不堪，＿＿＿＿＿＿＿＿＿＿。(有一句没一句)

4. 一些拍卖行拍卖方式不规范,见利忘义，＿＿＿＿＿＿＿＿＿，走私分子仍有可乘之机。(擦边球)

5. 王林的《热带雨林探险记》问世后引起轰动，＿＿＿＿＿＿＿＿＿＿＿＿。(随之)

6. 广州的夜市在20世纪80年代已经远近驰名,此次借来穗出差之机亲眼目睹了它的"真面目",不得不感叹：＿＿＿＿＿＿＿＿＿＿＿＿。(不愧)

7. 日常生活中，＿＿＿＿＿＿＿＿＿＿，但只要心胸开阔，就没有过不去的难关。(免不了)

8. 虽说网络语言有很多是语言学家们无法接受的，＿＿＿＿＿＿＿＿＿＿＿＿。(未尝)

9. 办事情弄虚作假，＿＿＿＿＿＿＿＿＿＿＿＿＿＿。(归根到底)

10. 由财务处处长掌管的部门权力过大，＿＿＿＿＿＿＿＿＿＿＿。(足以)

11. 在迎接新生的大会上,校长滔滔不绝地讲述了我校的建校历史以及近年的发展方向，＿＿＿＿＿＿＿＿＿。(其间)

12. 只要是体操方面的好苗子,张教练都会千方百计地进行培育，＿＿＿＿＿＿＿＿＿＿。(开小灶)

九、选择最合适的答案

1. 两岸小阁楼的雕花小窗,如一双双不眠的眼睛还在发着_____。
   A. 光芒　　　B. 光线　　　C. 光彩　　　D. 光亮

157

2. 在这场冠军拼搏战中，_____出一连串动人的故事。
   A. 呈现　　　B. 表现　　　C. 展现　　　D. 涌现
3. 我们不可忽视有些人会在这历史转变中_____方向，世界观、人生观、价值观发生偏差。
   A. 迷惑　　　B. 迷失　　　C. 迷惘　　　D. 迷茫
4. 当国内出现供应短缺时，适当降低进口商品的关税，以_____进口，缓解供应紧张状况。
   A. 勉励　　　B. 鼓动　　　C. 激励　　　D. 鼓励
5. 中国将_____奉行"一个中国"的政策，坚决反对国家分裂。
   A. 继续　　　B. 持续　　　C. 延续　　　D. 陆续
6. 除夕之夜，鞭炮声随处可闻，欢乐的气氛_____大街小巷。
   A. 洒满　　　B. 充满　　　C. 弥漫　　　D. 蔓延
7. 现代人生活节奏加快，短信拜年日趋_____。
   A. 畅销　　　B. 完善　　　C. 走俏　　　D. 严重
8. 希思先生喜好音乐，弹得一手好钢琴，尤其_____指挥。
   A. 擅长　　　B. 善于　　　C. 拿手　　　D. 专门
9. 我们目前尚不愿做出_____的、难以更改的最后决定，只好静观事态的发展。
   A. 匆忙　　　B. 匆匆忙忙　　　C. 认真　　　D. 仓促
10. 上级_____我们必须在五天内把内务整顿好。
    A. 下令　　　B. 命令　　　C. 号召　　　D. 勉励
11. 王洁纯的权力可谓不小，他_____着4万户大大小小的企业。
    A. 管理　　　B. 掌握　　　C. 掌管　　　D. 把握
12. 随着四季的更替_____着装是最基本的常识，不外乎冬暖夏凉春秋适宜而已。
    A. 变更　　　B. 变动　　　C. 变化　　　D. 变换
13. 我们说的"农转非"，不是指城乡户籍变更_____之类的话题，而是另外一些令人忧虑的"农转非"现象。
    A. 迁移　　　B. 转移　　　C. 转变　　　D. 移动
14. 中国跳水队2日下午_____赴新西兰的奥克兰，参加6日在那里揭幕的国际跳水赛。
    A. 动身　　　B. 起程　　　C. 出发　　　D. 启发
15. 培训班成员开展认真而不是_____的批评和自我批评。
    A. 应付　　　B. 了事　　　C. 敷衍　　　D. 随便
16. 坚持在职工中广泛开展"职工明星"评选活动，_____了职工们的主人翁自豪感。
    A. 激发　　　B. 激起　　　C. 激烈　　　D. 引发

单元练习(二)

十、为画线词语选择一个意思用法最接近的答案

1: 我厂重视发扬工人阶级的主人翁精神,最近表彰了一批热爱企业、积极为企业无私奉献的模范职工。
   A. 表扬   B. 奖励   C. 赞扬   D. 赞美

2. 老师勉励她要克服种种困难,把这所充满希望的山区艺校办好,办出特色。
   A. 激励   B. 鼓励   C. 鼓动   D. 劝告

3. 这部影片反映了人们观念的变更和情感的交融。
   A. 更换   B. 变动   C. 变换   D. 改变

4. 他们向法院据理力争,法院最终采纳了他们的意见,以"故意杀人罪"判处凶手死刑。
   A. 采取   B. 接收   C. 接受   D. 采用

5. 两国应根据平等互利的原则并遵照国际社会公认的惯例,不断扩大在经贸、科技等领域的交流与合作。
   A. 根据   B. 遵守   C. 遵从   D. 依照

6. 时值春节即将到来之际,家家户户都在忙着准备年货。
   A. 来临   B. 来到   C. 光临   D. 降临

7. 选拔任用企业领导干部,要在以政绩取人的前提下,坚持公开、平等、竞争的原则。
   A. 任命   B. 起用   C. 启用   D. 用

8. 一个人说话有时免不了说错,一点儿错话都不说那是不可能的。
   A. 以免   B. 避免   C. 难免   D. 免得

9. 在世界游泳锦标赛和亚运会上,我国跳水队都稳居第一,展示了雄厚的实力。
   A. 显示   B. 表示   C. 表现   D. 说明

10. 当小舞剧《生日蜡烛》演到一位消防战士在生日那天因扑灭大火而英勇献身时,全场一片寂静,许多观众热泪夺眶而出。
    A. 宁静   B. 幽静   C. 平静   D. 安静

十一、填空

一支登山队在攀登一座雪山。

这是一座分外险峻的山峰,_____有不慎,他们就会从上面摔下去,粉身碎骨。

_____,队长一脚踩空,向下坠落。

他想发出一声临死前的悲呼,_____只要他一出声,准会有人受到惊吓,攀爬不稳,再掉下去。他咬紧牙关,硬忍着不发出一点儿声音来。

_____,他无声无息地落在了万丈冰谷里。

亲眼_____这一惨烈场面的只有一个队员。

_____,他是可以发出一声惊叫的,_____多年的经验使他明白,惊叫一声也不能救回队长,_____会惊吓其他队员,给全队带来灾难。

他像没事人一样_____向上攀登，每登一步，眼泪都会掉下来，打在雪上。登顶后大家才发觉队长不在了，他把事情的真相说了出来。

大家什么都没有说。

这是世界上最优秀的一支登山队，_____它的队员能够坦然面对自己的死亡，能坦然面对朋友的死亡。

他们_____登上了自然的高峰，_____登上了人性的高峰。

十二、改正下面的错别字

一个借人与朋友到草原上打野兔。期间，借人突然发现远外的地平浅在昌烟，很快他和朋友就听到"噼啪噼啪"的声音，他意识到自己遭偶了草原野火。火势在漫延，火迅速像他们身边推进，速度非常快，根木来不及逃脱。借人马上从口袋里掏出火紫，把两人周围地干草和灌木点着。于是，他们就站在一快被烧焦的光秃秃的地上了。大火迫近了，他们用毛巾捂住嘴，紧紧跑在一起。随后，火从周围一掠而过，他们却豪发无损——因为烈火烧过的地方不必具怕火。

十三、把文中缺少的人称代词和助词"的、地、得、了"补上

在去教堂举行婚礼路上，一对年轻情侣遇到一场致命车祸。两人灵魂飘到天堂门口，等待天使圣彼得开门让进入天堂。在等待时候，两人讨论起是否可以在天堂结婚这个问题。讨论半天，也没得出结果。

当圣彼得终于打开门时，迫不及待地向圣彼得提出这个问题。圣彼得说："我也不太清楚，因为以前从未有人提出过这种要求，让回去查查看。"说完，转身走。

两个人耐心等着，两个月过去，圣彼得还没回来。又开始设想如果可以在天堂结婚的话，怎样幸福生活。突然两个人谈到一个敏感话题：如果有一天两个人不相爱，怎么办？一时间，都不作声。

一个月后，圣彼得满脸疲惫回来，告诉这对情侣可以在天堂结婚。"太好了！"这对情侣兴奋喊。接着，问道："如果有一天两个人不相爱，可以在天堂离婚吗？"

圣彼得愤怒脸涨通红，手中记事本"啪"的一声掉到地上。

"怎么？"这对情侣惊慌问。

"天哪！"圣彼得惊叫道，"为了让能够结婚，花三个月才在天堂找到一位牧师，如果要离婚，得花多长时间才能给找一位律师啊？"

十四、从下面的词语中至少选择五个写一篇500字左右的文章

开小灶　擦边球　如此一来　足以　未尝　随之　大为　免不了

耐人寻味　屈指可数　归根到底　别具一格　津津有味

第九课　动物器官移植会毁灭人类吗？

一　生词语

1. 移植	yízhí	(动)	本义为将秧苗或树木移走并栽种在另一个地方,引申指一个器官或组织从一个身体移到另一个身体,或把身体的一个部分移到别处。 ＞移动　移民　迁移 移——侈
2. 毁灭	huǐmiè	(动)	彻底破坏,消灭:无价的艺术宝库被~了。
3. 猩猩	xīngxing	(名)	Orangutan,哺乳动物,比猴子大,头尖,吻部突出,两臂长,全身有赤褐色长毛。
4. 肝脏 （肝脏）	gānzàng zāng	(名)	liver,动物及人体的最大的腺体,除分泌胆汁促进脂肪的消化、吸收外,还与蛋白质、糖、脂类、激素、维生素等多种物质的合成、分解、转化、贮存有密切关系。
5. 患者 ≈病人	huànzhě	(名)	患某种疾病的人:心脏病~｜艾滋病~。 ＞患病　患处　强者　弱者
6. 生机	shēngjī	(名)	生存的机会:一线~。
7. 不可思议	bùkěsīyì		指奇怪、出乎常情;或对事物的情况、发展变化或言论无法想象:这件事真是~｜这种~的事情竟让我遇到了。
8. 忘怀 ≈忘却　忘记	wànghuái	(动)	忘记;不放在心上。
9. 无偿 ⟵→有偿	wúcháng	(形)	不需代价,无须报酬的:~资助｜~服务。
10. 捐献	juānxiàn	(动)	向国家、集体或个人献出财物:~财物｜无偿~。

11. 肾脏	shènzàng	（名）	kidney，又称"肾"，人体内脏。> 肝脏 心脏 脾脏 脏器 脏腑
12. 胰腺	yíxiàn	（名）	pancreas，一种大的复合性消化腺。
13. 医治 ≈治疗	yīzhì	（动）	给病人进行治疗：急性病应该赶快~。
14. 捐赠 ≈捐献	juānzèng	（动）	赠送，捐献：向灾区~物资。> 捐助 捐款 捐资 赠送 赠品
15. 进展	jìnzhǎn	（动）	事情向前发展：事情~顺利｜城市建设~迅速。
16. 奇缺 ⟷丰富 富余	qíquē	（形）	非常缺乏；异常缺少：食品~｜物资~。
17. 期待 ≈期盼 盼望	qīdài	（动）	期盼、等待：~他的到来｜~成功。> 期望 期求 期盼 等待 待—侍—诗—持
18. 寻求	xúnqiú	（动）	寻找探求；追求：~保护｜~解脱。> 寻找 追求 探求
19. 固然	gùrán	（副）	虽然；的确、确实。
20. 由来已久	yóuláiyǐjiǔ		有相当长的时间：她的这种想法~了。
21. 免疫学	miǎnyìxué	（名）	immunology，研究机体免疫反应的科学。
22. 试图	shìtú	（动）	打算，有某种意图：犯人~逃跑，但没有成功。
23. 狒狒	fèifèi	（名）	baboon，一种类似猴子的动物。 狒—沸—佛—拂
24. 起码 ≈至少	qǐmǎ	（副）	最低限度：他们班~有三个学生不及格。
25. 众所周知	zhòngsuǒzhōuzhī		不需要举出例证，人人都知道：~的情况｜~，如今的环境污染问题日益严重。
26. 瓶颈	píngjǐng	（名）	比喻事情进行中容易发生阻碍的部分或关键环节：交通~｜这个问题一直是研究的~。
27. 可想而知 ⟷不得而知	kěxiǎng'érzhī		可以通过想象而得知：这个问题的后果~。
28. 抗体	kàngtǐ	（名）	antibody，人和动物的血清中，由于

第九课 动物器官移植会毁灭人类吗？

			病菌或病毒的侵入而产生的具有抵抗或杀死病毒、病菌作用的蛋白质。
29. 激活	jīhuó	(动)	刺激有机体内某种物质，使其活跃地发挥作用：某些植物成分能~细胞免疫反应。
30. 变质	biànzhì	(动)	人的思想或事物的本质改变，多指向坏的方面变化：这块肉~了｜思想腐化~。
31. 立志	lìzhì	(动)	立下志愿：~改革｜~振兴中华。
32. 对策	duìcè	(名)	对付的策略或办法：商量~｜寻找~。
33. 当务之急	dāngwùzhījí		当前最急需要办的事：这是我们的~｜~是要解决吃饭问题。
34. 不无	bùwú	(动)	不是没有；多少有些：~关系｜~遗憾。
35. 忧虑	yōulǜ	(动)	忧愁思虑，担忧：他们为日常生活的过量开支而~。
36. 谈虎色变	tánhǔsèbiàn		一谈到老虎，脸色就变了。比喻对某事极为惧怕，一提起来就害怕不已而突然变色：2003年爆发的可怕的非典，至今还让经历过的人~。
37. 禽流感	qínliúgǎn	(名)	禽流行性感冒的简称，是由A型流感病毒引起的禽类传染病。
38. 瘟疫	wēnyì	(名)	流行性急性传染病：那个地区~流行。
39. 难关	nánguān	(名)	比喻不容易克服的困难或不易度过的时期：度过~｜突破~｜攻克一道道~。
40. 担忧 ≈忧虑 顾虑 担心	dānyōu	(动)	感到忧虑和不安，担心：母亲日夜为孩子~。
41. 灵长类	língzhǎnglèi	(名)	Primates，具有灵性的最高等哺乳动物，大脑发达、四肢灵活、行动敏捷、模仿能力强，是所有动物中最进步的一类。人类、猴子、猩猩、狒狒均属灵长类。
42. 感染	gǎnrǎn	(动)	病原体进入机体，在体内生长繁殖引起病变；受到传染：~期｜轻度~｜

				细菌~|~艾滋病病毒。
				>传染 沾染 染病
43.	基因	jīyīn	(名)	gene,生物体遗传的基本单位,存在于细胞的染色体上,呈线状排列。
44.	固有	gùyǒu	(形)	从一开始就有的:这是自然界~的规律。
45.	迎刃而解	yíngrèn'érjiě		只要用刀在竹子上劈开了口儿,下面的一段就迎着刀口自己裂开。比喻主要的问题解决了,其他有关的问题就容易解决。也比喻问题的顺利解决:找到了这个关键所在,所有的问题就~了。
46.	深层	shēncéng	(名)	内在,本质:~原因|~含义。
47.	隐患	yǐnhuàn	(名)	潜藏着的祸患:消除~。
48.	有待	yǒudài	(动)	尚待;需要等待:~解决|~深入调查研究。
49.	有朝一日	yǒuzhāoyírì		将来有一天:~,我也要靠自己的双手经营一个温馨美满的家庭。
50.	疑难	yínán	(形)	疑惑难解的:~问题|~杂症。
51.	匮乏 ≈缺乏 贫乏 缺少	kuìfá	(形)	缺乏:资源~|经验~。
52.	倡导 ≈提倡	chàngdǎo	(动)	率先提议;首倡:~和平共处五项原则。
53.	出台 ≈颁布	chūtái	(动)	方针政策等公布实施:政策~。
54.	提取	tíqǔ	(动)	从某处拿出、取出:~植物的精华|~现金。
55.	相应	xiāngyìng	(动)	互相呼应或照应;相适应:随着工业的发展,对环境保护也采取了~的措施|他们双方商定彼此都给对方以~的优惠。
56.	不然	bùrán	(形)	不是这样,并非如此:其实~。
57.	恳求	kěnqiú	(动)	恳切地请求:她再三解释,并~我过几天再做决定。
58.	肿瘤	zhǒngliú	(名)	在致病因素作用下,生物体组织细胞异常增生所形成的新生物。分良性、恶性两类。

59. 临终	línzhōng	（动）	人即将死亡:~遗言|~关怀|~嘱咐。
60. 保障	bǎozhàng	（名）	对生命、财产、权利等起保护作用的事物:安全~。
61. 擅自	shànzì	（副）	超出自己的权力范围自作主张,随意:~离开|~改变会议日程。
62. 惋惜	wǎnxī	（形）	表示同情、可惜:关键时刻没能坚持住,真令人~。 >怜惜 可惜 珍惜 爱惜
63. 车祸	chēhuò	（名）	车辆行驶中发生的交通事故。

二、课文

　　试想，如果一个人的身体里被安进一颗猪的心脏或者换一个猩猩的肝脏,他会做何感想,这些动物器官会为患者带来一线生机吗?他的生命还会延续吗?目前,大部分澳大利亚人表示,假如自己濒临死亡,愿意尝试接受动物的器官移植。这个说法听起来似乎有点儿不可思议。在医学发达的今天,人体究竟能否移植动物器官?移植后会和人体产生排斥吗?移植器官最好的来源是什么呢?带着一系列问题,本报记者专程走访了我国在器官移植领域有着多年经验的管德林教授。

> **提示一** 器官移植目前面临的最大问题是什么?有办法解决吗?动物器官移植到人体内会发生什么反应?

　　管德林教授是我国器官移植的权威,在谈到器官移植的问题时,他首先给记者讲了一件令他难以忘怀的事。1997年的秋天,他在澳大利亚访问期间,有位只有26岁的姑娘因为酒后驾车撞到了一棵大树上,当时她就发生了脑死亡,只能靠插管维持呼吸和心跳,但她的亲属告诉医生愿意将器官无偿捐献。

　　管教授回忆说:"当时我们摘取了她的心脏、肺、肝、肾脏和胰腺等器官,第二天就分别给6个病人实施了移植手术。特别凑巧的是,过了几天后,我们在医院的院子里碰到6个病人在一起聊天,他们正好是姑娘救活的那几个人。他们曾经濒临死亡,几乎无法医治,现在却因为一个姑娘的捐赠,全都活了下来。你不觉得这很神奇吗?"

据介绍,一个病人的死亡原因往往只是某个器官损坏,而非所有器官都有问题,在这个时候,将他们的健康器官移植给有需要的患者,可以使很多生命得以延续下去,这是多么有意义的事情啊!经过几代人的努力,20世纪50年代,美国的一位科学家实现了人类的这个梦想。

1954年,美国医生约瑟夫·默里成功进行了第一例肾移植手术。此后,器官移植术迅速发展。迄今为止,全世界仅心、肝、肾人体三大器官的移植已经达到50万例。我国器官移植从20世纪60年代开始,虽然起步比国外晚,但进展却很快。目前,器官移植面临的最大问题就是供体器官奇缺,许多病情严重的患者都是在期待中死去。

目前全世界等待合适的供体器官做移植手术的病人有30万。为了促进器官移植的快速发展,挽救更多人的生命,科学家一直致力于寻求更多更好的供体器官。就供体器官的来源和质量问题来讲,同种器官(即人的器官)固然最好,但在供不应求的情况下,专家们把探索的方向转向了动物器官。

其实,移植动物器官的想法由来已久。人类最早的尝试是把羊的器官移植到人体内,但由于当时缺乏免疫学方面的知识,这个器官很快就被排斥掉了。之后,世界上很多科学家都分别做过尝试,试图把狗、猪、猴子的器官移植到人体内,但这些尝试最终都没有获得成功。据管教授介绍,目前国内还没有一例把动物器官移植给人的,但世界上第一个把动物器官移植到人体内的是位中国人,他就是美籍华裔冯宙麟博士。他成功地把狒狒的肝移植到人身上,虽然那人只活了短暂的一个月,但这起码是种新尝试。

众所周知,器官移植的最大瓶颈在于排斥反应。人与人之间进行器官移植尚且要发生排斥,可想而知,动物和人之间器官移植后发生排斥更是意料之中的事了。假如动物的器官不经过特殊处理,移植到人体后几分钟内就会发生超级排斥。因为人类经过亿万年时间生存下来后,有一套自己的生态系统,绝不允许外来生物体进行干扰。所以一旦有"外物"侵入,人体自身就会产生大量抗体,这些东西被激活后就把所有血管堵塞,接着这个器官就会立即变质坏死,不能发挥任何作用。

> 提示二 动物器官移植到人体最急需解决的问题是什么?如何解决供体器官匮乏的难题?

科学家立志寻找解决排斥问题的对策,"但这并不是最主要的,当务之急是解决动物病毒传染给人类的问题。"管教授在评价移植动物器官时,不无忧虑地说:"据科学家报告分析,令人类谈虎色变的几种超级病毒,都是从动物体内传染过来的。比如,艾滋病(AIDS)病毒最初就是非洲猩猩传染给人的。几亿万年前,猩猩内部也曾流行艾滋病,那时候大部分猩猩死亡,只有一小部分猩猩继续存活下来,而它们体内就会有耐病毒的抗体,这种病毒不会在它们体内发作。但后来这个病毒传染给人后,就开始了新一轮的猛烈攻击。还有禽流感等瘟疫病毒,我们目前根本没有办法治疗,这才是最大的难关。更令人担忧的是,一旦这些病毒在人体内适应下来,造成人间传播,全世界死亡几十亿人都是可能的,后果不堪设想。"

据悉,为了避免传染动物的病毒,现在英、美等国家已经在法律上开始限制做这方面的研究。瑞士在2001年7月颁布新规定,允许有条件地将动物器官、组织和细胞移植于人体。但瑞士政府严禁向人体移植灵长类动物器官,因为灵长类动物与人类过于接近,他们担心移植后感染动物病毒的风险性比较大。

2000年8月底,美国有科研人员宣布,他们已经培养出一种新型转基因猪,猪体内固有的PERV病毒不会传染给人。这一研究结果似乎给移植动物器官的安全做了某种保证,但问题并没有因此迎刃而解,研究人员也谨慎地说,他们还不知道PERV不传染人细胞的深层原理,而且PERV的无传染性还需通过活体动物试验才能进一步确认。可见,感染动物病毒这一隐

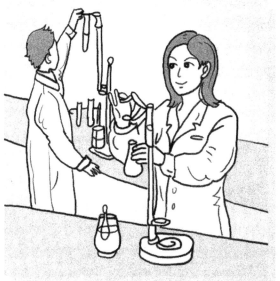

患仍有待消除。

有专家表示,有朝一日人们或许可以解决传染病毒的疑难问题,最终实现无风险异种器官移植。但在目前情况下,解决供体器官匮乏的最好办法,还是倡导人们捐献器官和出台提取器官的相应法律规定。

对此,管德林教授也表示了赞同意见。他说:"国内去年做了将近5000例肾脏移植手术,但亲属提供器官的却非常少,在国内不到1%的比例。这个数字说明老百姓对这个问题认识不足。在中国,大部分的器官捐献都是父母捐给子女的,很少有儿女捐给父母的,有的即使愿意捐献,父母也拒绝接受。实际上这种思想太传统,从医学角度来讲,子女捐给父母最好,因为他们的肾脏很年轻,成活率会很高。"但传统的观念使很多人认为,捐献人的身体健康会受到严重损害,其实不然,管教授说:"人的肾脏只要有1/7,就能发挥正常功能,正常生活。"

虽然我国器官移植方面的技术已经接近国际水平,但是在立法领域,我国还远远落后于世界发达国家。"现在最关键的就是没有法律的保护,即使有人愿意捐献,医院也不敢要。"管教授讲了一件他亲身经历的事情:"以前我在朝阳医院工作时,有个姑娘找到我,恳求我答应她父亲的一个愿望。原来她父亲得了脑肿瘤,善良的老人临终前想到要把自己的器官捐献出来。后来我请示了上级,最后因为没有法律保障而不敢擅自接受。所以老人的这个心愿终究也没能实现。"管教授不无惋惜地说。

在英、法、美、加拿大等国家,包括我国香港地区对器官移植都有相关法律规定。在美国,每个人考驾驶执照时,都会要求本人填写一栏内容,即:一旦你发生意外,造成脑死亡,是否自愿捐献器官。当车祸发生后,警察只要一划卡就知道这个人的相关情况,随时可以通知医院来取器官。管教授说:"脑死亡的病人活不到一个星期,这个时期正好是捐献的最佳时机。"

(据2004年9月2日《北京科技报》)

注　释

1. 忘怀—忘却—忘记

都是动词,表示不记得过去的事。其中"忘记"是最常用的一个,其意义只是一般地表示不记得过去的事或人;"忘怀"、"忘却"带有浓厚的书面语色彩。它们常与否定词或带有否定意义的词语组成固定搭配,如"难以忘怀/忘却"、"无法忘怀/忘却"、"不能忘怀/忘却"等。"忘却"常带宾语,其对象一般不指人,多指令人不愉快的、消极的事物;"忘怀"较少带宾语,含有浓厚的感情色彩,其对象多是给人印象深刻的或令人怀念的事物或人。

一般情况下,书面语中的"忘怀"、"忘却"都能用"忘记"来替换;而口语中的"忘记"不一定能换成"忘怀"、"忘却"。

(1) 他试图唱那首歌,可是唱着唱着突然忘记了歌词。(忘却× 忘怀×)
(2) 我试图忘却惨痛的往事,却发现那是一件不容易办到的事情。(忘怀× 忘记√)
(3) 我无法把你忘怀,因为你是我一生中的最爱。(忘却× 忘记√)
(4) 真希望有朝一日,能回到属于自己温暖的家,父母的关爱会让我忘却一切不快,抛开所有烦恼。(忘怀× 忘记√)
(5) 亿万中国人始终没有忘怀白求恩的崇高品格。(忘却× 忘记√)

2. 捐献—捐赠 ❋❋

二者都有"无偿赠送"的意思,在很多情况下可以互换。但"捐献"语义侧重在"献出",而"捐赠"侧重在"赠送",因此"捐赠"一般要有明确的受益者,而且宾语一般是财物或比较珍贵的东西;"捐献"可以没有明确的受益者,宾语可以是财物以外的东西。如:

(1) 通常情况下,捐献血液不会损坏造血功能,更不会对身体健康造成影响。(捐赠×)
(2) 广大师生、校友、国际友人、机关团体及民间各界人士给博物馆无偿捐赠了大量精美珍贵的藏品。(捐献√)

"捐赠"可以直接做定语,如"~仪式"、"~机构"、"~单位"、"~个人"、"~活动"、"~款"等;而"捐献"这种用法较少,有"~人"、"~者"等。如:

(3) 中国每年仅有6000个角膜捐献者,而我国到目前为止需要帮助的眼病患者将近200万个。(捐赠√)

"捐赠"可以做名词使用,而"捐献"则不行。

(4) 在这将近一个世纪的岁月里,我们的图书馆究竟接受了多少捐赠,作为晚辈的我们,已经无法一一说清了。(捐献×)

3. 寻求—寻找 ❋❋

二者都有找寻的意思。但"寻求"还含有"追求"、"探求"的意思,往往与比较抽象的词搭配,如:寻求帮助、寻求刺激、寻求安慰等。如:

(1) 虽然有很多人需要法律援助,也有一些律师愿意承办,但直接找律师寻求援助的当事人却很少。(寻找×)
(2) 科学家们称这种现象为"寻求刺激"。(寻找×)

"寻求"的对象若是不确定的,可以换成"寻找"。而"寻找"更常与比较具体的词语搭配,往往是一个确定的对象,如:寻找某人、寻找某物,这时一般不能换成"寻求"。如:

(3) 我们目前正寻求优质的服务合作伙伴,欢迎与我们联络。(寻找√)
(4) 二十多年来,女孩一直在寻找着她的亲生父母。(寻求×)
(5) 科学家们正努力寻求一种可靠的解决方法。(寻找√)
(6) 正当科学家们努力寻找解决这个问题的方法时,情况却又有了变化。(寻求×)

4. 固然 ✽✽

副词,用于书面语。表示承认某个事实,引起下文转折。意思是"虽然",后面常出现"但是"、"但"、"可"、"可是"等。跟"虽然"不同的是它一般只用于主语后,侧重确认事实。如:

(1) 工作~很忙,但还是可以抽出一些时间来的。

(2) 做人圆滑一点儿~不能算缺点,但是有可能会失去朋友的信任。

"固然"还可以用在重复的形容词中间,构成"A 固然 A"的格式,后边的小句也要用表示转折的词语,与口语格式"A 是 A,但/可/但是/可是"意思相同。如:

(3) 那家商场的东西便宜~便宜,但质量没有保证。

"固然"还可以表示承认甲事实,也不否认乙事实,常与"也"、"又"、"还"、"更"等配合,意思是"确实"、"的确",句子的语义重心在后一句,即不否认乙事实。如:

(4) 能参加比赛~很好,不能参加也没有关系。

(5) 凡事都靠自己~是对的,不过有人愿意帮忙岂不更好?

5. 试图—尝试 ✽✽

二者都可以做动词,表示一种意图。但"尝试"带有"试验"的意味,表示去接触新的领域,常常表示一种试验的过程;而"试图"则更着重于某种意图和打算,往往是在别无他法的情况下必须做出的打算。另外,在提到实施动作后的结果时,"尝试"的结果可以是成功也可以是失败,但"试图"的结果则往往是未知的或已经失败的。

(1) 敌人试图突围,但没有得逞。(尝试✓)

(2) 我们尝试使用新教学法来提高教学效率,终于取得了成效。(试图✗)

(3) 北美的一些野生动物试图适应气候变化,但不幸的是,它们最终可能还是难逃一劫。(尝试✗)

在结构上,"试图"必须带动词性宾语,构成"试图+V"结构。而"尝试"有多种用法,可以不带宾语,也可以重叠使用,如"尝试尝试",或者带补语,还可以做某些动词的宾语,比如:"勇于尝试"、"进行尝试"等,而"试图"都没有这些用法。如:

(4) 人的一生就是不断进行尝试,尝试得越多,生活就越美好。——爱默生(试图✗)

此外,"尝试"可以做名词用,"试图"则不行。

(5) 这次擦鞋,虽然我没赚到一分钱,但我获得了一次很有价值的尝试。(试图✗)

6. 起码—至少 ✽✽

二者都可以表示最小的限度,修饰动词或用在句首,此时可以互换。

(1) 经调查,起码有45%的病人是跟着广告走的,那是很危险的。(至少✓)

(2) 天生乐观的法国人相信,这支球队起码能打进四强,这种自信似乎也感染了场上的队员们。(至少✓)

(3) 为了这个理由,我也要去南方工作,至少,在漫漫冬夜里怕冷的问题就可以迎刃而解了。(起码✓)

"至少"是副词,能修饰数量词;"起码"是形容词,除可修饰数量词外,还可以受程

度副词修饰,也可以修饰名词。"至少"则不能。如:

(4) 北美健康专家建议,若要打赢这场防治儿童肥胖的仗,必须帮助孩子达到每天至少一小时的运动量。(起码√)

(5) 失去了劳动者起码的尊严,微薄的梦想也随之破灭。(至少×)

(6) 难道贫困真的可以磨灭我们心中最起码的良心?(至少×)

7. 忧虑—担忧—顾虑 ✻

"忧虑"、"担忧"都有为某事而内心"忧愁"的意思。其中"忧虑"更强调内心的思虑,程度比"担忧"高得多;而"担忧"则主要表示"担心"和"不安"的心情。一般不能互换。

"顾虑"与前两者不同,它的意思是:因为顾及到某种情况或某种担心而不敢去说或者去做。

三者都有名词和动词的用法。

(1) 人很难因为劳累而死,却可能因为重压所带来的忧虑而死,这真是不可思议。(担忧×顾虑×)

(2) 妈妈来电话了,话语间流露出她的担忧。(忧虑√顾虑×)

(3) 儿行千里母担忧。(忧虑×顾虑×)

(4) 有媒体做了抽样调查,90%的被调查者坦言,在帮助陌生人时心存顾虑。(忧虑×担忧×)

(5) 一个人要做一件事情,为什么就不能抛开所有的东西爽快地去做,而要顾虑这顾虑那?(忧虑×担忧×)

"顾虑"是自主动词,后边可以出现"一下",另外两个词不行。如:

(6) 你也该顾虑一下别人的感受,不能我行我素。(忧虑×担忧×)

8. 匮乏—缺乏 ✻

从语义上来说,都有"不足"、"缺少"的意思。其中"匮乏"有比较强烈的书面语色彩,语义的程度也比较深,多与资源、物资等规模大、影响远的语义搭配。"缺乏"可搭配的词语多得多,而且书面语色彩不如"匮乏"浓。如:

(1) 专家警告非洲水资源匮乏,将更依赖国际援助。(缺乏√)

(2) 人才匮乏严重困扰着上海的城市建设。(缺乏√)

(3) 当人体营养缺乏时,常会出现一些警告信号或症状。(匮乏×)

"缺乏"是动词,常做谓语,而且多带宾语,宾语可以是人的性格特点或人与人之间关系等方面的,如"耐心"、"主动性"、"信心"、"涵养"、"能力"、"经验"、"理解"、"了解"、"交流"、"沟通"等;"匮乏"是形容词,可做谓语,一般不单独做定语,和与之搭配的词语构成主谓词组后才能做定语。如:

(4) 由于女人缺乏安全感,所以她们无不在意能使她们有安全感的东西。(匮乏×)

(5) 资源较为匮乏的国家自然处于劣势,但是可以用其他办法补救。(缺乏×)

9. 不然 ✻

"不然"可做连词也可做形容词。做形容词时一般做谓语,意思是"不是这样"。还可以用在对话开头,表示否定对方的话。

(1) 曾以为父母的爱是理所当然的,其实不然。
(2) ——这件事情就是这样的。
    ——不然,事情肯定没那么简单。

做连词表示如果不是上文所说的情况,就发生或可能发生下文所说的情况。如:

(3) 他晚上不是读书就是写点儿什么,再不然就是听听音乐。

10. 擅自—私自 ❈

二者都有自作主张的意思。不同的是:"擅自"着重于超越自己的权限自作主张做出某事;而"私自"更强调私下里,不让人知道地、偷偷地做出某种行为。因此,"擅自"做出的行为往往是不合法或者不合乎情理的,而"私自"则不一定。

(1) 杨某诉称:妻子在没有经过他同意的情况下,擅自流产,侵犯了他的生育权利。(私自√)
(2) 他竟然不通知我,私自拿走了我的书。(擅自×)
(3) 我们不提倡患病后擅自服药。(私自×)
(4) 私自买卖的房屋无效,任何一方都不能以此要求法律保护。(擅自√)

11. 辞格(7):反问 ❈

反问是无疑而问,明知故问。它只问不答,把要表达的意思包含在问句里面。否定句用反问语气说出来就表达肯定的内容,肯定句用反问语气说出来就表达否定的内容。同陈述句比较,反问句的作用在于加重语气,抒发浓烈的感情。例如:

(1) 他们曾经濒临死亡,几乎无法医治,现在却因为一个姑娘的捐赠,全都活了下来。你不觉得这很神奇吗?
(2) 难道我们是生下来就懂得一切的吗?
(3) 你都这么大了,怎么能跟弟弟们抢玩具呢?

四 练 习

(一) 选词填空(答案可能有多个)

A. 忘怀—忘却—忘记

1. 那件事虽然已经过去多年了,可是我仍然不能_____。
2. 多年过去了,老人大概早已_____了当年的心愿。
3. 努力向前看,把那些伤心的往事都_____了吧!
4. 亲爱的,我怎么能把你_____?
5. 他是让我永远无法_____的人。

B. 匮乏—缺乏—贫乏

6. 他最大的问题就是_____经验。

7. 资源_____使那个地区的经济发展十分缓慢。

8. 思想的_____使他写不出优秀的作品。

9. 这个国家的森林资源十分_____。

10. 人才_____是该地区发展的一大瓶颈。

C. 试图—尝试

11. 科学家们_____寻找这次瘟疫的原因,可是一直没有令人满意的结论。

12. 他们从十年前开始_____使用太阳能代替煤气,终于取得了突破性成果。

13. 经过又一次失败的_____,他终于放弃了。

14. 能不能成功,不_____一下怎么知道呢?

15. 只有勇于_____的人才会不断发现新的机会。

D. 起码—至少

16. 这么不可思议的事情,你会相信吗?_____我不信。

17. 感染了这种病毒的患者_____有50%是无法医治的。

18. 这是作为一名大夫最_____的职业道德。

19. 这是_____的标准,不能再低了。

E. 擅自—私自

20. 请问,我妻子_____出卖夫妻共同住房的行为合法吗?

21. 这是他_____做出的决定,与我们大家无关。

22. 这是工作时间,不能_____离开工作岗位。

F. 寻求—寻找

23. 多年以来,他一直在_____一种理想的生活方式。

24. 为了_____多年前失踪的妹妹,她走遍了全国各地。

25. 无助的他,借助酒精来_____安慰。

26. 他们公司正在_____合适的管理人员。

G. 忧虑——担忧——顾虑

27. 做事情要放开手脚，不要有太多的_____。
28. 也不知他的身体怎么样了，我们真为他_____啊。
29. 她是一个多愁善感的人，仿佛总有数不清的_____。
30. 为这样的小事而_____，真是不值得。

(二) 下面每组中加点字的读音和含义是否一样？试着解释它们

1. 很脏——肾脏
2. 砝码——号码
3. 保鲜——保护
4. 试图——图书
5. 惋惜——珍惜
6. 固然——不以为然
7. 朝令夕改——朝前看
8. 难关——空难

(三) 根据解释猜出相应的词语，并用词语造句

1. 不需要特别的证明，大家都知道的。_____

2. 不是这样，并非如此。_____

3. 目前最急需解决的问题。_____

4. 可以通过想象而得知。_____

5. 不需代价，无须报酬的。_____

6. 问题非常顺利地解决了。_____

7. 超出自己的权力范围自作主张。_____

8. 有相当长的时间。_____

_____

(四) 改错

1. 他感动地接受大家的捐献。
2. 这是我最至少的要求,如果不能满足,就不用谈了。
3. 多年来,他一直在寻求自己的初恋情人。
4. 他的问题主要是贫乏经验。
5. 你怎么能这么久都不打电话回家?妈妈一直在为你顾虑。
6. 我们试图了一下,没有成功。
7. 谁能让我忘怀这一切的烦恼?
8. 他最大的优点在于敢于试图,敢于创新。

(五) 选择词语填空

  惋惜 擅自 有朝一日 有待 谈虎变色 由来已久 生机 进展

1. 看到有钱人的生活,他非常羡慕,心想:我一定要赚许多钱,_____。
2. 她的病情目前还不能确定,_____。
3. 再坚持一下就要成功了,你就这样放弃,_____。
4. 地铁四号线工程_____,预计年底即可开通运行。
5. 不经别人同意,_____。
6. 那场瘟疫流行期间,_____。
7. 作为一位医生,_____,就不能放弃对病人的治疗。
8. 对于中国人来说,春节吃饺子已经不是一天两天的习惯了,_____。

(六) 根据课文内容判断正误

1. ( )目前,大部分澳大利亚人表示,即使自己濒临死亡,也不愿意尝试接受动物的器官移植。
2. ( )20世纪50年代,美国科学家约瑟夫·默里成功进行了第一例肝脏移植手术。
3. ( )目前,器官移植面临的最大问题就是供体器官奇缺,许多病情严重的患者在期待中死去。
4. ( )人类最早尝试移植到人体的动物器官是猴子的器官。

5. （　）世界上第一个把动物器官移植到人体内的是美国人约瑟夫·默里。
6. （　）关于把动物器官移植给人类,最急需解决的是动物病毒传染的问题。
7. （　）目前,解决缺少移植器官供体的最好办法,是倡导人们捐献器官。
8. （　）从医学角度来讲,父母把器官捐给子女最好。
9. （　）传统观念认为,捐献人的身体健康会受到严重损害,这是不正确的。
10. （　）中国在关于器官移植的立法领域,还远远落后于世界发达国家。

（七）把下面的反问句改成陈述句,陈述句改成反问句

1. 他说得这么神奇,你会相信吗？

2. 你不觉得他是一位伟大的英雄吗？

3. 母亲病了,难道他不应该去探望吗？

4. 在这种情况下放弃,不是太可惜了吗？

5. 跟长辈说话,应该充满敬意。

6. 作为一名大夫,救死扶伤是他的职责。

7. 在一个陌生的城市,你会感到非常寂寞。

8. 这是父母的一片苦心,我们作为孩子应该理解。

（八）完形填空

以前,克隆是人类的一个设想,　1　在小羊"多利"出生的那一天,克隆就不再是设想,不再是问号了,这是一种现实。克隆这个"神奇"　2　又有科学力量的东西,就在人类勤劳的手中诞生了。这个神奇的"魔法"可以将一个东西变为两个或两个以上。如果我能克隆,我　3　会克隆对世界有益的东西。

假如我会克隆,我要克隆水资源,将它送给世界上缺水的国家。我们都知道,水是生命之源,没有了水,__4__等于人没有了生命。水是宝贵的,我们要珍惜它,__5__,最后一滴水将是我们的眼泪。

假如我会克隆,我想克隆一个地球,把人类分一半到另一个地球上生存;假如我会克隆,我想克隆许许多多个森林,__6__防止水土流失;假如我会克隆,我一定要克隆许许多多人体各个部位的器官,__7__救助那些需要它的人,让每一个需要移植器官的人都重新获得健康。__8__,就不会有那么多的人死掉,就不会有那么多的哭泣声,就不会有那么多的悲伤和痛苦。换来的是一阵阵的喜悦,一张张的笑脸和一个个幸福美满的家庭。

1. A. 而且　　B. 既然　　C. 但　　D. 所以
2. A. 而　　　B. 却　　　C. 但　　D. 所以
3. A. 却　　　B. 就　　　C. 但　　D. 所以
4. A. 然而　　B. 既然　　C. 因此　D. 就
5. A. 否则　　B. 既然　　C. 那么　D. 然而
6. A. 所以　　B. 就　　　C. 来　　D. 用
7. A. 而　　　B. 可以　　C. 但　　D. 去
8. A. 因此　　B. 这样　　C. 但是　D. 所以

五　副课文

少女捐肝义救陌生人　罗玮引发市民热议潮

2005年3月30日,19岁的四川广元打工妹罗玮在成都川大华西医院捐出了自己一半的健康肝脏,救助患肝硬化的蒲江县农民廖红霞。

34岁的廖红霞,家住农村,上有老人,下有上小学的女儿,丈夫老实巴交,她是家里的顶梁柱。红霞多年的肝病是全家人的一块大心病。听说要换肝,60多岁的公公第一个站了出来。全家人都把未来生活的希望寄托在这次肝脏移植手术上。罗玮的出现,让廖红霞更真切地感受到了这种希望。3月30日,二人的手术同时进行,从早上7点半到下午5点,长达近十个小时的手术取得了成功。罗玮由此成为我国第一例既无血缘又非亲属关系的活体器官捐献者。

为素不相识的人无偿捐肝,19岁的罗玮曾遭到了全家人的"围攻"。

当她第一次在报纸上看到廖红霞的公公要为儿媳捐肝的报道时,罗玮想到了自己的爷爷。罗玮跟爷爷感情特别深,前几年爷爷去世了,留给她深深的思念。一想到像自己爷爷一样的老人要去捐肝,罗玮就无法入眠。"我年轻,身体好,应当替'爷爷'去捐肝。"她很快做出了决定,向自己打工的工厂请了假,瞒着家人,独自来到廖红霞所在的医院报名捐肝、做检查。得知自己的各项指标都与廖红霞对上了,罗玮十分高兴。她主动要求在医院住下,一边接受进一步检查,一边陪伴廖红霞。为了不"露馅",她每周都给家里打电话报平安。

麻烦还是来了,按医院的规定,捐肝的手术必须经过家属签字才能做。父亲听说之后,连哄带劝把她拉上了车,带回广元老家。在家里,大家每日轮番劝她,捐肝危险、捐肝可能失败等等,给她讲了一大堆,罗玮还是没有动摇。父母只好把她"软禁"在家里。一天,罗玮对爸爸说,不捐肝了,想回去陪陪廖姐,让她最后的人生不孤独。爸爸犹豫再三,还是放她回了成都。其实此时,她捐肝的决心并没有动摇。

当爸爸意识到女儿可能撒谎之后,迅速赶到医院,见女儿铁了心要捐肝,又听了医生关于手术安全的解释,一颗悬着的心略略放了下来。善良的父亲协助女儿完成了手术的手续。手术终于如期成功地进行了。

前日一早,一位中南民族大学大三的学生就给记者打来电话说,罗玮的义举实在太令人感动了,应该报道。她说,虽然我们中很多人,包括她自己,可能比罗玮文化程度更高,经济上也比她富裕得多,但是又有谁能做出如此感天动地的事情来?

在武汉三镇的街头巷尾,记者随机采访了一些市民。电脑公司职员小谭说,罗玮的行为可用"伟大"两个字来形容。因为,这是一种"生死抉择"的爱,这是一种不计回报的付出,需要太大的勇气。首先是去战胜自己,而罗玮就战胜了自己。"一般人做不到,说实话,我也做不到。罗玮的义举让我肃然起敬。"某大学教授向老师也这样对记者说。现在的社会,人与人之间越来越冷漠,最集中的体现就是不愿意做没有回报的付出。而罗玮的义举,则是反其道而行之,的确令人敬佩,尤其是其捐肝行为的背后,还有来自社会和家庭的巨大压力。四川来武汉工作的朱瑞昌先生说,他在电视及报纸上看到了有关这件事的报道,为有罗玮这样的老乡而感动,罗玮只是一个普通的打工妹,却将肝捐给了一个素不相识的人,"其精神盖过三山五岳"。

当然,也有人对此不理解,认为罗玮太傻了,捐肝不是儿戏,这样做太不值得了。然而更多的则是支持,是肃然起敬。罗玮捐肝后一年多来,社会不仅给予她巨大的精神援助,还实实在在地伸出了关爱之手,为了让她早日恢复健康,许多人自发为她捐款。

"希望好人有好报,一生平安幸福!希望我们的社会能记住罗玮这个名字!"罗玮的义举,引发了又一次爱心高潮。

(据楚天金报 http://www.cnhubei.com/200503/ca721498.htm;
中国器官移植网 http://www.transplantation.org.cn/html/2006—09/691.html)

根据课文内容判断正误

1. (　)罗玮捐肝,始终都瞒着她的家人。
2. (　)经过家人的劝阻,罗玮捐肝的决心有些动摇了。
3. (　)罗玮是世界上第一例既无血缘又非亲属关系的活体器官捐献者。
4. (　)这次手术历时长达近十个小时。
5. (　)虽然社会上有人对罗玮的行为表示不理解,但是大多数人都非常支持。
6. (　)为了让她早日康复,社会上很多人给廖红霞捐款。

第十课　联盟抢亲的海豚

生词语

1. 抢亲	qiǎngqīn	（动）	一种婚姻风俗,由男方将女方强行抢走成亲:那个民族至今保留着~的风俗。
2. 海豚	hǎitún	（名）	Dolphin,哺乳动物,身体呈纺锤形,长达两米多,鼻孔长在头顶上,嘴细长,前肢呈鳍状,背鳍三角形,背部青黑色,腹部白色,生活在海洋中。 豚—琢—逐
3. 轻快	qīngkuài	（形）	(动作)不费劲儿:许老教授82岁时走路还像小伙子那么~。 ＞轻松　轻巧　轻便
4. 跳跃	tiàoyuè	（动）	两脚用力离开原地向上或向前跳:兔子是~着走路的。
5. 嬉戏	xīxì	（动）	游戏、玩乐:~玩耍｜远处传来了孩子们~的声音。 ＞嬉笑　嬉闹　嬉皮笑脸　游戏 嬉—嘻—禧
6. 嘴巴 ≈嘴	zuǐba	（名）	方言词,嘴、口:张开~。
7. 容量	róngliàng	（名）	每一次可容纳的数或量:车~｜箱子的~。 ＞容器　容纳
8. 群居	qúnjū	（动）	成群地聚居在一起:大象是一种~的动物。 ＞群婚　群集　群殴　群起
9. 哺乳动物	bǔrǔ dòngwù		mammalian,用乳汁喂养后代的动物。 哺—捕—辅—铺

第十课　联盟抢亲的海豚

10. 圆滑 ≈狡猾	yuánhuá	(形)	形容为人处世善于处理人际关系,各方面都应付得很周到:~的人｜手段~。 滑—猾
11. 哥们儿	gēmenr	(名)	伙伴,关系亲密的男性朋友之间对彼此的称呼:他是弟弟的好~。
12. 合伙	héhuǒ	(动)	共同,一起:~人｜~做生意。
13. 引诱 ≈吸引 诱惑	yǐnyòu	(动)	诱导,今多指引人做坏事;诱惑:~少年犯罪｜受坏人~走上邪路｜经不起金钱的~。
14. 技艺	jìyì	(名)	技巧才艺:~超群。 >技术 技能
15. 恐惧 ≈恐怖 害怕	kǒngjù	(形)	害怕:这真让人~。 >恐怕 恐慌 惊恐
16. 确保	quèbǎo	(动)	切实保持或保证:~安全｜~成功。 >确定 确认 保证
17. 不屑一顾	búxièyígù		形容对某事物非常瞧不起,认为不值得一看:他对这些所谓的新生事物~。
18. 追随 ≈追逐	zhuīsuí	(动)	跟随,因为喜欢、崇拜某人而跟随身边或者把他作为学习的榜样。
19. 鳍	qí	(名)	fim,鱼类和某些其他水生动物的类似翅或桨的附肢。
20. 扇 (扇子)	shān shàn	(动)	摇动扇子的动作,引申指类似的动作:鸟儿~动着翅膀。
21. 敏锐 ←→迟钝	mǐnruì	(形)	对感觉上的刺激反应灵敏:感觉~｜反应~。 锐—悦—说
22. 阴险	yīnxiǎn	(形)	表面和气善良,暗地不怀好意:~的主意｜这个人非常~,你得留神。 >阴谋 阴毒
23. 震惊	zhènjīng	(动)	令人震动而惊异:~中外。 >吃惊 惊奇 惊讶 惊人 大惊小怪
24. 周密	zhōumì	(形)	周到而细密:~的计划｜安排得很~。
25. 得心应手	déxīnyìngshǒu		技艺非常熟练,做事顺手,运用自如:她的英语水平很高,翻译这些资料肯定~。
26. 琢磨 ≈思考 考虑	zuómo	(动)	思考、研究:这个问题我~了很久。 磨—摩—魔—蘑

27. 追逐	zhuīzhú	（动）	加快速度追上前去打击或捉住:~敌人｜~带头的那只山羊。
28. 择偶	zé'ǒu	（动）	人或动物选择、挑选配偶:~观念｜~标准。
			偶—遇—寓—愚
29. 挑剔 ⟷随便	tiāotī	（动）	过分严格地在细节上指摘:他对吃的东西十分~。
30. 权宜	quányí	（形）	暂时适宜;变通的:~之计。
31. 交配	jiāopèi	（动）	mating,雌雄动物性交,或植物的雌雄生殖细胞相结合
32. 力图	lìtú	（动）	努力争取、尽力达到某个目标:~成功。
33. 竞	jìng		竞争;竞赛:~折腰。
			＞竞走 竞技 竞答 竞猜
34. 折腰	zhéyāo	（动）	弯腰行礼,也指弯着身子侍奉别人,引申为屈服:不为五斗米~。
35. 忠于	zhōngyú	（动）	忠诚地对待:~祖国。
			＞忠诚 忠实 便于 善于
36. 兴许 ≈也许 可能	xīngxǔ	（副）	方言词,也许、或许:这事~他并不知道。
37. 稳固	wěngù	（形）	安稳牢固,不容易变动:~的感情。
38. 终生 ≈终身	zhōngshēng	（名）	一辈子:~伴侣｜奋斗~。
39. 和平共处	hépíng gòngchǔ		和平地相处,不发生矛盾和争斗:你有办法让猫跟老鼠~吗?
40. 炫耀	xuànyào	（动）	故意把自己的好东西或者优点显示出来,给别人看:他得意地~新买的轿车。
41. 交情	jiāoqing	（名）	互相交往而产生的感情:~深｜很有~｜我跟他有多年的~。
			＞交际 交往 外交 建交 打交道 交易 社交
42. 阴部	yīnbù	（名）	pubes,动物或人类的外生殖器。
43. 检测	jiǎncè	（动）	检查并进行测试:他正在~那台机器。
44. 排卵期	páiluǎnqī	（名）	雌性动物排出卵子的时期。
45. 迫使	pòshǐ	（动）	用某种强迫的力量或行动促使:大风天气~航班停运。
46. 侦察	zhēnchá	（动）	探查摸清对方有关情况:~员｜~一下。
47. 抚摸	fǔmō	（动）	充满爱意地摸:妈妈~着孩子的脑袋。

第十课　联盟抢亲的海豚

	≈抚摩			
48.	劝说	quànshuō	（动）	劝人做某种事情或使对某种事情表示同意:反复~｜不听~。
49.	参与 ≈参加	cānyù	（动）	参加(事务的计划、讨论、处理):~调查。
50.	挑衅 (挑选)	tiǎoxìn tiāo	（动）	故意挑起事端、企图引起冲突:武力~。
51.	敌对	díduì	（形）	因利害冲突而不能和平相处,因为仇视而互相对抗:~心理｜~情绪。 ＞反对 对抗 对立 对手
52.	施展	shīzhǎn	（动）	发挥、运用:~本领｜~魅力。
53.	帮手 ≈助手	bāngshǒu	（名）	帮助他人工作的人:他真是老师的好~。
54.	义气	yìqi	（名）	指由于私人关系而甘于承担风险或牺牲自己利益的气概:讲~｜有~｜哥们~。
55.	转瞬即逝	zhuǎnshùnjíshì		一转眼就消失了,形容消失得非常快:这样的好机会是~的。
56.	偷窃	tōuqiè	（动）	偷别人的财物:~行为｜~财物。
57.	傲慢 ≈骄傲	àomàn	（形）	看不起人,对人没有礼貌:态度~。 ＞骄傲 慢待 怠慢
58.	霸道	bàdào	（形）	做事按照自己的意愿,不考虑别人:他做事向来很~。 ＞霸权 霸王 霸占 霸主
59.	起劲儿	qǐjìnr	（形）	(工作、游戏等)情绪高、劲头大:~地工作｜玩儿得很~。
60.	尺度	chǐdù	（名）	衡量的标准:用什么~来衡量人的成熟程度?
61.	分享	fēnxiǎng	（动）	与他人分着享受、使用、行使:~成功的快乐。
62.	一清二白	yìqīng'èrbái		非常清白:他这个人~,从来不做这种事。

提示一 为什么说海豚是狡猾的动物？海豚形成的联盟与别的动物有何不同？

海豚跟熊猫或者孩子一样，在任何地方都受到欢迎。稍加刺激，它们就会轻快地跳跃、嬉戏……嘴巴也天生一副笑呵呵的模样。

它们的行为聪明、脑容量也很大，人们普遍认为海豚的智力不低。可是研究发现，海豚的聪明并不是人类想象中那种忠诚、伶俐、带有感情色彩的聪明，而是狡猾！

研究者们花了很多时间观察澳大利亚海岸一些鼻子长得像酒瓶的海豚。他们发现，海豚形成了一些群居性的联盟，其复杂与狡猾的程度超过了除人类以外的任何哺乳动物。在这些圆滑无比的海洋动物伙伴关系中，一组雄性海豚会联合其他一些雄性海豚组成联合小组对付第三个小组，互相之间就像"哥们儿"一样，这种多层次战争计划，要求具备相当复杂的大脑运算功能。

这种复杂联盟的目的不完全是嬉戏性的。雄海豚会与同党合伙从竞争者手中偷走具有生育能力的雌性海豚。它们成功地引诱走雌海豚以后，雄海豚会继续维持这个组织严密的小组，并进行一系列的技艺表演，既壮观又令人恐惧，以确保雌海豚安心留下。两到三只雄海豚会围在雌海豚周围，时而跳跃，时而旋转，时而翻着跟头，一切动作都是同步进行、完美无缺的。如果雌海豚对这种表演不屑一顾，企图逃走，雄海豚会紧紧地追随其后，并咬它，用鳍扇它，或者用身体去撞它。

长期以来，科学家们对酒瓶鼻海豚的智力和其群居的复杂性印象极深。这种海豚在一些海上哺乳动物的表演中十分引人注目，因为它们对培训者的反应极为敏锐。

科学家们为雄海豚的阴谋当中所包含的阴险狡猾成分而震惊。许多灵长类动物，包括黑猩猩和狒狒，都因为联合起来对抗敌人而出名，可是以前还从没有哪一组动物会想到去联合另一组动物打击第三组，而且还有着周密的计划，可是海豚们却把它运用得得心应手。更令人吃惊的是，海豚形成的多组联盟看起来是富于变化

184

的，根据海豚的需要、根据一个组是否欠另一个组的人情以及海豚认为能否获取成功的感觉而每天发生变化。每一只动物随时都在琢磨着谁是朋友、谁是敌人。

为了抵抗雄海豚的侵犯，雌海豚也组成了同样复杂的联盟，这些姐妹们有时候会追逐偷走一个朋友的雄海豚。另外，雌海豚好像在择偶时格外挑剔，有时候会很高兴地跟在另一只海豚旁边游来游去，而另外一些时候又不惜一切力量挣扎着想逃跑，而且经常真的逃走了。综合起来看，这种不固定的、权宜的群居联合或者反联合，可能就是加速海豚智力进化的动力。

提示二 海豚们的联盟都是固定不变的吗？人们推测什么加速了海豚大脑的进化？

海豚在希望交配或者力图躲避交配时，明显会变得极不逗人爱。雌海豚每隔四年或者五年才能怀一只小海豚，因此，一只到了生育期的雌海豚可说是个群雄为之竞折腰的宝贝。由于不同性别之间几乎没有大小的区别，因此，一只雌海豚不可能被强迫着仅与一只雄海豚交配并一生忠于这只雄海豚。这兴许就是雄性要结成联盟的一个原因。

科学家们曾对澳大利亚西部海域约三百多只雄海豚进行了一项长达十年的研究，发现雄性海豚早在青年时期就与另外一只或两只海豚形成了稳固的联盟，它们一连几年坚持在一起，也许是终生和平共处，它们总是同步露出肚腹并在水面游动，以此炫耀其牢固的交情。

雄海豚们"共妻"不"共妻"呢？不知道。有时候，这对或者这三只海豚当中的一个可以单独追求某只到了生育期的雌海豚，不过一旦这些雄海豚成功之后会发生什么情况？或者雌海豚是否"从一而终"？都还是一个未知数。海豚的交配是在深海进行的，几乎无法看见。研究者们也搞不清楚雄海豚是如何知道某只雌海豚到了生育期或者快到生育期，才追求她的。雄海豚有时候的确围着雌海豚的阴部闻个不停，就好像要试着检测出她的接受性。可是，因为酒瓶鼻海豚很少生产，雄海豚也许试图在她没到排卵期的时候就迫使她留在身边，这样的话，等她到了极为珍贵的动情期时，就有可能要求雄海豚的帮助了。

在雄性海豚的联盟准备到别的集团当中去偷一只雌海豚来之前，它们有时会侦察到另一个仅由一些雄性海豚组成的联盟，这时候他们就会通过熟练地抚摸几下它们的胸鳍，或者用嘴轻轻地碰几下，劝说它们暂且参与到这个联盟中来，大家一起冒险。

组建成一个联盟后，这两个海豚小组组成的联盟就去袭击正在追逐一只雌海豚的第三个集团。它们围攻并挑衅这个敌对的海豚小组，施展它们的本领，而且，因为它们的数量多些，通常就会赢得这场战斗，然后抢走这只雌海豚。有意思的是，这支凯旋而归的盟军会解散，让一个由两只或者三只海豚组成的小组得到雌海豚，其他的小组从严格意义上来说，很明显只能算是几个帮手。然而，这种哥们儿义气可能只是转瞬即逝的。两个曾

经合作过的海豚小组，这个星期可能是朋友，而下个星期却可能就成了敌人，一对海豚可能会转向帮助第二个小组偷窃它们曾经帮助的第一个小组俘虏到的同一只雌海豚。

这种配对游戏的不稳定性和复杂性也许能解释为什么雄海豚如此好战，并对它们想要捕获的雌海豚如此傲慢和霸道。

雄性海豚组成的小组凶猛地看守着雌海豚，用头撞她，攻击她，咬她，并且动作一致地在她周围跳跃和游动，就好像把它们的身体变成围墙。

有时候，一只雄海豚会对她发出一种噼噼啪啪的破裂声，这声音听起来就像是一只拳头起劲儿地敲打着空心木头。这声音也许是指："过来，到这里来！"因为如果雌海豚忽视这个声音，雄海豚会威胁她或者攻击她。

高度群居的情况肯定加速了海豚大脑的进化，海豚拥有哺乳动物中最大的大脑。但这不说明问题，羊的脑子也不小。一般情况下，大脑相对身体大小的比率通常也就是衡量其智力水平的尺度。对比人类这种大脑袋物种的智力成熟期，有人提出了类似的假设：与其同伴合作与竞争的压力也许加速了海豚大脑的进化。

因为人类就是在高度群居的状态下进化的，亲戚、朋友和敌人都混在一起，而一个人今天可以分享的资源，到明天兴许就变得非常稀少了，这就会引起争斗。在这样一个环境下，很少有那种一清二白的关系存在。然而只有具备分辨细小差别的能力，才称得上具有智力。

第十课　联盟抢亲的海豚

注　释

1. 圆滑—狡猾

"圆滑"常用来形容人的为人处世面面俱到,让人挑不出毛病,是个贬义词;"狡猾"则多形容人的性格和行为,有"聪明"的意思,它的感情色彩也偏向贬义,有时用来形容动物。二者不能互换。如:

(1) 从社会交往的能力和适应力的角度看,为人适当圆滑,是一种良好的社会交往能力的体现。(狡猾×)
(2) 在现实生活中,有一种极其圆滑的人,其特点是:终日不思进取,善于拉关系、走后门。(狡猾×)
(3) 警察终于抓住了那个毒贩和他狡猾的老板。(圆滑×)
(4) 猎人们非常清楚,狐狸是一种狡猾的动物。(圆滑×)

2. 多~

前缀,后接名词,构成一个新的形容词,意思与单一相对,可以做定语、状语,但是不能受程度副词修饰,如多层次、多角度、多方位等等。如:

(1) 我们应该多渠道、多角度地开展学生活动。
(2) 这家公司新出的多功能电子词典非常好用。
(3) 为了保障网络安全,他们采用了多层次的病毒防护措施。

3. 引诱—吸引

"引诱"是指主动地靠某种手段、方式去吸引别人,以达到某种目的,往往是不好的目的,是贬义词;而"吸引"则未必是一种主动的行为,它可能是主动的,但也有可能是无意识的,是由于本身固有的力量和魅力把别的物体、力量或别人的注意力引到自己这方面来。如:

(1) 该服装店打出"全场商品5折起"的广告,其目的在于引诱消费者进店,但实际上并不想以5折的价格来销售商品。(吸引√)
(2) 法院对在饭店内引诱他人吸食毒品的被告人林某判处有期徒刑1年6个月。(吸引×)
(3) 人民币升值2%,吸引香港投资者纷纷在内地买楼。(引诱×)
(4) 害羞是女人吸引男人的秘密武器,而她们往往意识不到自己拥有这件武器。(引诱×)

"引诱"的施事、受事一般都是人或动物,而"吸引"的施事、受事却可以是别的事物。如:

(5) 展览会吸引了无数商家的注意力。(引诱×)
(6) 当地良好的投资环境吸引了大量的外资。(引诱×)

此外,"吸引"可以构成"吸引力","引诱"不行。

4. 恐惧—恐怖 ✽

"恐惧"是动词,意思是害怕,而"恐怖"是形容词,意思是可怕的。如:

(1) 那个地方实在太恐怖了!(恐惧×)

(2) 为什么人们往往对那些让自己恐惧的场景感兴趣呢?(恐怖×)

例(2)"让自己恐惧"可以换为"恐怖"。

"恐惧"还可以做主、宾语,"恐怖"一般很少这样用。如:

(3) 孩子的脸上写满了掩饰不住的恐惧。(恐怖×)

(4) 今天,恐惧已成为人类普遍的心理障碍。(恐怖×)

都可以直接做定语,构成偏正结构,但搭配不同,"恐怖"可构成"~组织"、"~电影"、"~分子"、"~气氛"、"~活动"、"~袭击"、"~行动"、"~主义"、"~事件"等,"恐惧"则可以构成"~心理"、"~感"、"~症"等。

5. 追随—追逐 ✽

"追随"着重于"跟随",其宾语多半是表示人的名词,表示因为强烈的喜爱、崇拜而跟随身边。"追逐"则着重于"追赶",表示以很快的速度追赶某人某物;引申为追求梦想、理想、事业、金钱、名利、地位、利益等。如:

(1) 他多年来一直追随着现在这位老板。(追逐×)

(2) 虽然演唱会已经结束了,许多她的忠实歌迷还在后面紧紧追随着她。(追逐×)

(3) 孩子们似乎都热衷于追逐的游戏。(追随×)

(4) 他追逐的是那种自由自在的生活。(追随×)

6. 琢磨—思考—考虑 ✽

三者都有"想"的意思,但侧重点不同。"思考"是指大脑进行比较深刻的思维活动,指动脑的过程,多用于书面语中。"思考"还可以做名词使用,其他二者都只能做动词。如:

(1) 让孩子学会独立思考问题是素质培养的目标之一。(琢磨×考虑√)

(2) 他的一番话,让我陷入深深的思考。(琢磨×考虑×)

(3) 这是我对教学改革的一点思考。(琢磨×考虑×)

"琢磨"指的是针对某人某事仔细地思考,以达到"把人或事物弄明白,或把问题想清楚"的目的;有时也表示没有什么特别目的地想事情,带有较强的口语色彩。如:

(4) 这个问题,我琢磨来琢磨去,也没想出一个所以然来。(思考×考虑×)

(5) 为了演好这个角色,那位演员反复琢磨剧本。(思考×考虑×)

(6) 有时间就多做些实际工作吧,别老是瞎琢磨。(思考×考虑×)

"考虑"表示为了做出某个决定而思考问题,或者要顾及某方面,后边可以出现"到"。如:

(7) 很多为人父母的都在考虑让孩子多参加一些兴趣班。(思考×琢磨×)

(8) 考虑到学生压力太大,老师们正想方设法对学生进行适当的心理辅导。(琢磨×思考×)

"考虑"还可以表示为某人或某事的利益而打算,或者是把"考虑"的宾语作为候选项。

(9) 做任何事情都不能只考虑自己,要为别人考虑一下。(思考×琢磨×)

(10) 找工作时,我们要首先考虑那些能发挥自己特长的工作单位。(琢磨×思考×)

7. 参与—参加 ✽

一般来说,"参加"指的是具体地加入某项活动,而"参与"则往往是从事与这项活动有关的某些工作。因此,"参加"的对象往往是具体的某一次活动,而"参与"的对象则相对比较抽象。"参与"的书面语色彩较浓。如:

(1) 主动参与的教学策略就是通过教师采取各种教学措施,调动学生的积极性、主动性和创造性,使全体学生积极主动地参与到教学过程中来。(参加×)

(2) 我参与了他们婚礼的筹备工作,可是却没能参加婚礼。

(3) 参与制订活动规则的工作人员,不得参加本次活动。

"参加"还可以指加入某个团体、组织,"参与"无此意思。

(4) 出游参加旅行团会比自己去划算一点。(参与×)

(5) 他一毕业就参加中国共产党了,可谓老党员了。(参与×)

8. 傲慢—骄傲 ✽

"傲慢"常用来形容人的态度,"骄傲"则既可以表示外在的态度,也可以形容人的内心活动。在表示内心活动时,"骄傲"不能换成"傲慢"。如:

(1) 她一直傲慢得像个公主,大家都不喜欢跟她交往。(骄傲√)

(2) 谦虚使人进步,骄傲使人落后。(傲慢×)

"骄傲"除了表示贬义之外,也可以表示褒义,自己觉得自己好,相当于"自豪";"傲慢"是觉得别人不好,因而对别人不友好,不能表示褒义。如:

(3) 母亲为孩子出色的成绩感到骄傲。(傲慢×)

此外,"骄傲"还可以做名词用,"傲慢"不行。

(4) 这是我们国家的骄傲!(傲慢×)

9. 辞格(8):排比 ✽

把由三个或三个以上结构相同或相似、内容相关、语气一致的短语或句子排列在一起,使语气得到增强,感情得到加深,这种修辞手法就叫排比。

(1) 时而跳跃,时而旋转,时而翻着筋斗。

(2) 在这里,蓝天明月,秃顶的山,单调的黄土,浅浅的水,似乎都是最恰当不过的背景。

(3) 愚蠢是一种天生的无奈,是一种后天的懒惰,是一颗自己种下的恶果,是一条好果实中的蛀虫。

(4) 静物是凝固的美,动景是流动的美;直线是流畅的美,曲线是婉转的美。生活中处处都有美,只要你有一双发现美的眼睛,有一颗感悟美的心灵。

四 练 习

(一) 把词语和解释用线连起来

1. 迫不得已　　　　A. 非常和谐地生活在一起。
2. 不屑置辩　　　　B. 常用以讥讽别人年轻,幼稚无知。
3. 和睦相处　　　　C. 稍微一放松就消失了。
4. 权宜之计　　　　D. 逼得没有办法,不得不这样做。
5. 稍纵即逝　　　　E. 认为不值得争辩。
6. 乳臭未干　　　　F. 由天意安排的美满婚姻。
7. 瞬息万变　　　　G. 暂时应付某种情况而采取的变通办法。
8. 佳偶天成　　　　H. 比喻没有主见,随着潮流走。
9. 以卵击石　　　　I. 形容极短的时间内变化极多。
10. 随波逐流　　　　K. 比喻不自量力,自取灭亡。

(二) 选择合适的词语填空

　　A. 参加—参与

1. 要成为学生中的一员,我们就要经常_____学生的活动,关注学生的感受,与学生进行情感交流。

2. 上次的篮球比赛你_____筹备工作了吗?

3. 大学期间,阿明_____了很多学生社团。

　　B. 圆滑—狡猾

4. 我发誓,再也不会借钱给这个虚伪_____的女人。

5. 我妹妹总觉得自己处事不够_____,在社交中出现各种问题。

　　C. 傲慢—骄傲

6. 孩子,你永远是妈妈的_____。

7. 我们不能有了一点儿成绩就_____。

8. 她虽然有非常优越的家庭条件,但是从不炫耀,也不会_____地对待别人。

　　D. 引诱—吸引

9. 那边的展览实在太_____人了,大家都舍不得离开。

10. 他_____未成年人犯罪的行为,受到了法律的制裁。

    E. 追随—追逐

11. 多年来,他一直_____在将军身边。

12. 我会努力_____我童年的梦想。

    F. 琢磨—思考—考虑

13. 会读书的人,都懂得经常_____。

14. 新来的那个家伙真让人_____不透,跟我们格格不入。

15. 这是我们可以提供的工资待遇,请你仔细_____。

    G. 恐怖—恐惧

16. 这简直太令人_____了!

17. 昨天下午,那里再次发生了_____事件。

(三)用括号里的词语完成句子

1. 这么快就取得了这么大的进步,_____。(分享)
2. 这里的条件太差了,_____。(施展)
3. 在婚姻生活中要学会去适应对方,_____。(试图)
4. 其实每个人都有自己的优点,_____。(炫耀)
5. _____,我们做了最周密的安排。(确保)
6. 连续两天的暴雨_____。(迫使)
7. 刚得了奖的陈力待人的态度十分傲慢,_____。(不屑一顾)
8. 这也不是长久的办法,_____。(权宜)
9. 别看大象身体笨重,_____。(轻快)
10. 那位魔术师的技艺十分熟练,_____。(得心应手)

(四)改错

1. 那里风景如画,引诱了很多游客前去观光。
2. 阿里因病没能参与这次HSK考试。
3. 这是买房之前必须琢磨的几个问题。

4. 把他视为精神的引领者和行为的榜样,你会不由自主地追逐他。
5. 小王最爱讲鬼故事,制造恐惧气氛。
6. 我参与了羽毛球俱乐部,认识了很多新朋友。
7. 他很忠于自己追随多年的老板,绝对不会背叛的。
8. 那个戴帽子的小矮个儿很兴许就是这群小偷的头儿。

(五) 根据意思选用合适的词语改写句子

　　和平共处　炫耀　阴险　起劲　挑剔　霸道　震惊　交情

1. 为了挣钱给母亲治病,他非常努力地工作。

2. 老王这个人太不讲理了,总是擅自做决定,从不考虑别人的感受。

3. 以我们俩之间的友谊,他不会不帮忙的。

4. 你能保证一直跟她好好相处,不发生矛盾吗?

5. 我表弟这个人对吃穿的要求非常多。

6. 这个消息令所有的人惊讶无比。

7. 莉莉经常故意把自己的好东西显示出来给别人看,大家都不喜欢她。

8. 那个人表面看上去很和气,实际上暗地里常常不怀好意。

(六) 根据课文内容判断正误

1. (　) 海豚的聪明其实是一种狡猾的聪明。
2. (　) 海豚的复杂与狡猾的程度超过了人类。
3. (　) 一组雄性海豚会联合另外一个雄性海豚小组一起对付第三个小组。

4. ( )抢到雌性海豚后,雄性海豚会进行一系列的技艺表演,以确保雌海豚安心留下。
5. ( )黑猩猩和狒狒也会联合另一组动物打击第三组。
6. ( )雄海豚对他们偷来的雌海豚非常温柔。
7. ( )一只到了生育期的雌海豚是个雄海豚们为之竞折腰的宝贝。
8. ( )研究者们很清楚雄海豚是如何知道某只雌海豚到了生育期的。
9. ( )雄海豚的哥们儿义气可能只是转瞬即逝的。
10. ( )海豚在哺乳动物中有最大的大脑。

(七)下面句子分别使用了什么修辞手法

1. 看到他那么痛苦,我心里像油煎一样。( )
2. 这事是不是能成功,就看你是否开绿灯。( )
3. 困难吓得倒我们吗?当然不能!( )
4. 你怎能不听长辈的劝告呢?( )
5. 你要想办成这件事,简直比登天还难!( )
6. 自私是一面镜子,镜子里永远只看得到自己;自私是一块布匹,蒙住了自己的眼睛,看不见别人的痛楚;自私是一层玻璃,看上去透明,却始终隔开了彼此的距离。( )
7. 你可真是聪明啊,这么简单的问题也搞错了。( )

(八)把下面的句子连成一段话

两只海豚的故事
1. 若干年过去了,他们已经长大了。
2. 传说,在美丽的爱琴海有两只快乐的小海豚,其中那只公海豚叫做 Sea,另一只是母海豚 Tear。
3. 它们都向往着自由、快乐的生活,曾经,也为了自由奋力冲破了渔夫们撒下的网;虽然是遍体鳞伤,但它们坚信只要呼吸到自由的空气,就能得到属于它们的快乐和幸福。
4. 它们每天在蔚蓝的大海中无忧无虑地追逐、嬉戏。
5. 可这一切,Tear 并没有察觉到,她依然如往常一样对待这位陪伴她多年的好朋友。
6. 正因为共同经历的这些磨难,它们成了一对很要好的朋友。
7. 而 Sea 渐渐地将这种友情转化成了对 Tear 的爱,它默默地保护着这个特殊的朋友,不愿让她受到任何伤害。

五　副课文

小心宠物也会得抑郁症

如果有一天,您发现心爱的狗狗整天没事都要叫唤两声,心爱的猫猫不知何故死活吃不下饭,或者它们对您的爱抚没有回应,很是冷漠,在这种情况下,它们也许是得了抑郁症。

造成宠物抑郁的原因可能来自宠物本身、外界环境以及宠物主人等三个方面。

一、宠物本身

不同的宠物得抑郁症的原因可能会大不相同。比如:宠物胆子太小,看见什么不熟悉的人或者物都会害怕好半天,这样的宠物就更容易产生抑郁症;如果宠物本身身体不够健康,缺乏一些微量元素,或者长期患有其他的身体疾病,身体上的痛苦也很容易导致心理上的抑郁症。

解决方案:宠物主人应该对宠物多加呵护和照顾,避免其受到惊吓,并且主人应该帮助宠物先治疗好身体的疾病。

二、外界环境

(1) 生活环境突然变化。如果生活环境突然变化,比如说被送到主人朋友家里寄养,或者主人家搬迁到了一个新房子,宠物一般会表现出有点儿不适应,觉得自己无所适从。

解决方案:宠物主人可以提前带宠物去感受新环境,并且可以在新环境里为它准备更好的物质条件,比如说更加温馨的小窝,更加美味的食物,更加可爱的玩具,让它在心情紧张时能有躲避之处。

(2) 新成员的加入。如果家里新来了别的宠物或者朋友,抑或是出现了一个新生婴儿,它们都会感到自己受到冷落,从而显得郁郁寡欢。

解决方案:宠物主人必须事先做好充分的准备,让家里宠物对新成员的到来感到快乐。比如说,可以刻意在没有别的宠物的时候对它表现出一丝冷淡,在别的宠物来到的时候却表现出对它的格外关心和爱护,这样它就会变得期待别的宠物到来。如果是即将有新生婴儿,可以试着在婴儿出生之前就让宠物慢慢熟悉一些婴儿用品的味道。

(3) 与宠物主人分离。猫、狗、兔子、小鸟以及乌龟等小动物在主人离开家却不带它们出门时,都会感到非常不安、紧张甚至郁闷。

解决方案:主人在离家前不妨留下一些美味的点心给宠物享用,最好是一些它从未享受过的东西。当宠物忙于享受美食时,也就可以减轻思念的痛苦了。

三、宠物主人

宠物主人对宠物的态度是很关键的因素。

(1) 如果宠物主人每天都是早出晚归,不到"五一"、"十一"这样的长假都没有时间想到去陪伴小家伙,也没有时间带它出去遛弯,这种经常不被顾及并且出不了家门的宠物会很容易产生抑郁和焦虑,甚至会自残以发泄心中的烦闷。

解决方案:宠物主人应该花更多时间照顾宠物,或者给它找一个伙伴,以免它的生活太过孤独单调。

(2) 如果宠物主人的家庭气氛比较紧张,时不时地爆发家庭战争,唇枪舌剑不绝于耳,宠物的日子自然也不会好过。在这种环境里,宠物很容易出现恐惧不安的情绪,久而久之就会产生抑郁。

解决方案:在这种情况下,要改变宠物的抑郁自然应该先给它换个轻松点儿的环境。

(据《京华时报》)

 根据课文内容判断正误

1. ( )不同的宠物得抑郁症的原因大致相同。
2. ( )宠物身体上的疾病有时候会导致心理上的抑郁。
3. ( )如果宠物被送到主人的朋友家里寄养,他们会高兴一些。
4. ( )当主人要暂时离开宠物时,应该给它们留下一些美味的食品。
5. ( )当主人很忙而没有时间理会宠物时,它们比较容易患抑郁症。
6. ( )主人的家庭关系对宠物影响不大。

第十一课　中国的载人航天事业

一　生词语

1. 航天	hángtiān	(动)	指人造卫星、宇宙飞船等在地球附近或太阳系空间飞行:~技术｜~事业。 >航空　航行　航线　航海　宇航
2. 飞船	fēichuán	(名)	宇宙飞船。
3. 太空	tàikōng	(名)	极高的天空,特指地球大气层以外的宇宙空间:~飞行｜~船｜~人。
4. 遨游	áoyóu	(动)	漫游;游历:~世界｜~太空。 遨—熬—傲
5. 预示	yùshì	(动)	预先显示:灿烂的晚霞~明天又是好天气。 >预告　预兆　预测　预感　预见　预言
6. 心血	xīnxuè	(名)	心思和精力:花费~。
7. 振兴	zhènxīng	(动)	大力发展,使兴盛起来:~工业｜~中华。 >振奋　振作 振—赈—娠
8. 雄心	xióngxīn	(名)	远大的理想和志向:~壮志｜~勃勃。 >雄伟　雄壮　雄姿
9. 壮志	zhuàngzhì	(名)	伟大的志向:雄心~｜~凌云。 >壮大　壮举　壮观　壮阔 壮—状—妆
10. 搁浅	gēqiǎn	(动)	(船只)进入水浅的地方,不能行驶。比喻事情遭到阻碍、不能进行:谈判~。 >搁置　耽搁(担搁)
11. 共识	gòngshí	(名)	共同的认识:经过多次讨论,双方终于达成~。 >共同　共通　共性　共享
12. 强大 ⟵⟶弱小	qiángdà	(形)	(力量)坚强雄厚:~的国家｜~的阵容。

第十一课　中国的载人航天事业

13. 阵容	zhènróng	（名）	队伍所显示的力量,多比喻人力的配备:~强大｜~鼎盛。
			阵—陈—栋—练—冻
14. 跨越	kuàyuè	（动）	越过地区或时期的界限:~障碍｜~了几个世纪。
			＞跨度　跨年度　跨国公司
15. 历程	lìchéng	（名）	经历的过程:成长~｜光辉的~。
			＞来历　历时　历尽　历练　历险
16. 截然	jiérán	（副）	形容界限分明,像割断一样:~不同｜~分开。
			截—载—戴
17. 分水岭	fēnshuǐlǐng	（名）	两个流域分界的山脊或高原。比喻不同事物的主要分界。
18. 元器件	yuánqìjiàn	（名）	构成仪器、仪表等的单个制件和电子、电工仪器上能独立起控制变换作用的单元。
19. 重	chóng	（量）	层:云山万~｜突破一~又一~的困难。
20. 长征	chángzhēng	（名）	军队的长途行进。也特指中国工农红军1934—1935年由江西等省转移到陕北的二万五千里战略转移。
			征—证—政—怔
21. 冗余	rǒngyú	（名）	本义是多余的、不必要的。机械上指重复配置系统的一些部件,当系统发生故障时,冗余配置的部件介入并承担故障部件的工作,由此减少系统的故障时间,增加系统的可靠性。冗余对重要的系统工程是必须的。
22. 切换	qiēhuàn	（动）	改变;改换。
≈转换			
（一切）	qiè		
23. 备用	bèiyòng	（动）	准备着供随时使用:~件｜~物资｜留出部分现金~。
24. 有目共睹	yǒumùgòngdǔ		人人都能看见。形容极其明显:他的成绩是~的。
			＞目睹　熟视无睹　睹物思人
			睹—赌—堵
25. 智能	zhìnéng	（名）	智慧和能力:~双全｜培养~｜~机器人。
26. 代谢	dàixiè	（动）	交替;更替:新陈~｜~旺盛。

27. 血压	xuèyā	（名）	血管中的血液对血管壁的压力：高~︱低~。
28. 参数	cānshù	（名）	表明任何现象、机构、装置的某一种性质的量。
（人参）	shēn		
（参差）	cēn		参—惨—渗—掺
29. 使命	shǐmìng	（名）	派人办事的命令，多比喻重大的责任：历史~︱神圣~︱不辱~。
30. 严寒	yánhán	（形）	（气候）极冷：天气~︱~的冬天︱抵御~。
←→炎热			
31. 专用	zhuānyòng	（动）	专供某种需要或某个人使用：专款~︱~电话︱~汽车。
32. 超标	chāobiāo	（动）	超过规定的标准（多指不好的方面）：~收费︱废水排放量严重~。
33. 弊病	bìbìng	（名）	缺点或毛病：法律不健全的~。
←→优点 好处			
≈弊端 缺点			
34. 优化	yōuhuà	（动）	加以改变或选择使优良：~组合︱~设计︱~环境。
35. 非凡	fēifán	（形）	超过一般；不寻常：~的组织才能︱市场上热闹~。
36. 废寝忘食	fèiqǐn-wàngshí		顾不得睡觉，忘记吃饭，形容非常专心努力：工人们正~地工作着。
＝废寝忘餐			>废除 废弃 寝食 寝具
			寝—侵—浸
37. 发愤图强	fāfèn-túqiáng		下定决心，努力进取，谋求强盛：我们一定要~，才能赶上先进。
＝奋发图强 发奋图强			>奋斗 奋力 奋勇 奋进 奋战
38. 主人翁	zhǔrénwēng	（名）	当家做主的人：劳动人民成了国家的~︱我们要有~的精神。
39. 卓越	zhuóyuè	（形）	非常优秀，超出一般：~的成就︱~的贡献︱~的科学家。
≈出色 杰出			>卓见 卓著 卓有成效
			卓—桌
40. 快速	kuàisù	（形）	速度快的；迅速：~前进︱~增长。
41. 称奇	chēngqí	（动）	称赞奇妙：啧啧~︱令人~。
42. 备	bèi	（副）	书面语。表示完全：关怀~至︱~受欢迎。

第十一课　中国的载人航天事业

43. 激情	jīqíng	（名）	强烈激动的情感:创作~｜~满怀。
44. 志气	zhìqì	（名）	求上进的决心和勇气;要求做成某件事的气概:有~｜~昂扬。
45. 昂扬	ángyáng	（形）	(情绪)高涨:斗志~。 ＞高昂　昂贵　激昂 扬—杨
46. 凭借	píngjiè	（动）	依靠:他们的成功主要是~集体的智慧。
47. 百折不挠 ＝百折不回 （折腾）	bǎizhébùnáo zhē		无论受多少挫折都不退缩,形容意志坚强:科学家们~,终于攻克了难关｜我们一定要有~的精神,决不向困难低头。 ＞挫折　曲折　阻挠　不屈不挠 折—哲—折—诉　挠—绕—饶—烧—浇
48. 酝酿	yùnniàng	（动）	比喻做准备工作,如事先考虑、商量、相互协调等:~候选人名单｜要好好~一下。 ＞酿造　酿酒　酿成大祸
49. 独创	dúchuàng	（动）	独自创造;独特地创造:~精神｜~一格。
50. 电源	diànyuán	（名）	把电能供给电器的装置,如电池、发动机等。
51. 交会	jiāohuì	（动）	会合;相交:两条铁路的~点。
52. 对接	duìjiē	（动）	指两个或两个以上航行中的航天器(航天飞机、宇宙飞船等)靠拢后接合成为一体。
53. 平台	píngtái	（名）	泛指进行某项工作所需要的环境或条件。
54. 重力	zhònglì	（名）	泛指任何天体吸引其他物体的力:月球~｜火星~。
55. 真空	zhēnkōng	（名）	没有空气或只有极少空气的状态。
56. 获益匪浅	huòyìfěiqiǎn		匪,不。得到的利益或好处不少。
57. 牵引	qiānyǐn	（动）	(机器或牲畜)拉(车辆、农具等)。 ＞牵动　牵手　牵线 牵—牢
58. 展望	zhǎnwàng	（动）	对事物发展前途进行观察与预测:~未来。
59. 振奋	zhènfèn	（动）	使振作奋发:~精神。

| 60. 广袤 ≈广阔 | guǎngmào | （形） | 书面语。广阔、宽广：~无际的天空。 |
| 61. 无垠 ≈无边 无际 | wúyín | （动） | 书面语。没有边际：一望~｜~的原野。 |

二、课文

提示一 中国的载人航天工程是什么时候开始正式启动的？什么时候有零的突破？载人火箭和非载人火箭的区别在哪里？

2003年10月15日，中国第一艘载人飞船神舟五号进入太空飞翔，实现了中华民族千年飞天梦想。

2005年10月12日，神舟六号载人飞船飞上太空，并在遨游太空5天、完成一系列太空实验后安全返回地面。这预示着拥有13亿人口的中国已踏上了一个新台阶。

能否实现载人航天，是当今衡量一个国家综合实力的重要标志，载人航天更是人类未来发展的新领域。

奇迹般的飞天路上，洒满了中国航天人的心血和汗水，展示了中华民族面向未来、振兴祖国的雄心壮志。

我国早在20世纪70年代，就曾启动载人航天工程。但由于种种原因，研制计划不得不搁浅。

20世纪80年代，世界进入了一个科技加速发展的时期。从1986开始，科学家们经过多次讨论，反复论证，对中国载人航天发展的途径逐渐达成了共识：从载人飞船起步。

1992年9月21日，中共中央政治局决定启动中国的载人航天工程，集中了中国航天科技人才的强大阵容，开始制订周密的研究计划。

当时，我国的载人航天事业几乎一切都要从零开始。中国航天人，

要在设计和制造水平相对落后的条件下,造出一艘跨越国外40年发展历程的性能优越的飞船。

如果说我国的飞船是从零起步的话,那么,已步入国际商业发射市场的火箭早已具有了一定的基础,但送卫星上天和送人上天是两个截然不同的概念。过去发射卫星时,火箭的可靠性是0.91,即10次发射当中允许有一次失败,但发射载人飞船,要确保航天员生命的安全性,这个标准就必须提高到0.97。这数字上0.06的差别,却是载人火箭与非载人火箭的一个分水岭。

一个元器件的可靠性从91%提高到97%,要进行200多次反复试验,其中不能出现任何一次故障。而火箭上有20多万个元器件,这是一个在严格标准之上又增加了一重严格的标准。

严格到什么地步?比如,火箭从发射到入轨,只有短短的600秒,但火箭的设计寿命却达到了546小时。此外,长征二号F型火箭还大量采用了先进的冗余设计技术。假如一套系统出现问题,可以立即切换到另一套备用系统,使火箭运行不受影响。

从1992年启动载人航天工程以来,我国在短短13年间,就一跃成为世界上第三个独立掌握载人航天技术并能够开展有人参与的空间实验的国家。艰难起飞的中国载人航天工程创造了一个又一个的辉煌,中国航天事业取得的成就是有目共睹的。

提示二 从第一艘飞船到第六艘飞船的成功发射,中间经历了多长时间?过程如何?这六艘飞船有何不同?

1999年11月20日至21日,我国第一艘试验飞船神舟一号太空飞行取得圆满成功。神舟一号是一艘初样产品,主要是借以验证飞船关键技术和系统设计的正确性以及整个大系统工作的协调性。

2001年1月10日,神舟二号飞船再次载着中国航天人的希望飞上太空。这一次,飞船运行时间从神舟一号的1天增加到了7天。神舟二号是我国第一艘正样无人飞船,技术状态和载人飞船基本一致。在返回舱返回后,神舟二号的轨道舱按计划留轨运行了约半年时间,获取了大量宝贵的数据。

2002年3月25日,神舟三号升空。与前两艘飞船相比,神舟三号对一些直接涉及航天员安全的系统进行了改进和提高。神舟三号仍是无人飞船,但船上装载了智能人体代谢模拟装置、拟人生理信号以及形体假人,能够模拟航天员呼吸和心跳、血压、耗氧以及产生热量等重要生理参数,为航天员进入太空探路。这与美国、苏联先把动物送上太空试验不同,"模拟人"是我国载人航天的一项创造,事实证明"模拟人"成功地完成了使命。

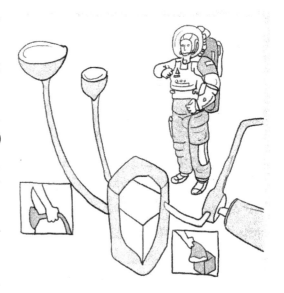

2002年12月30日至2003年1月5日,神舟四号无人飞船在零下20多摄氏度的严寒中成功发射,并在飞行7天后平安返回。这是我国实施首次载人航天飞行前的最后一次无人飞行试验,飞船的技术状态与载人飞行时完全一致,载人航天所涉及的各系统包括专用的应急救生区全面启动,甚至连航天员的换洗衣服都给装上了。前3次无人飞行试验中发现的有害气体超标的弊病,也因为找到了有效的对策而被彻底消除。各方面的设备都得到了最大限度的优化。

一步一步地,中华民族终于走到了梦圆太空的时刻。2003年10月15日,中国首位航天员杨利伟乘坐神舟五号飞船成功进入太空,并在飞行21小时后安全返回地面。

两年后的金秋时节,神舟六号载着中国航天员费俊龙、聂海胜再升太空,在为期5天的飞行中,他们脱下航天服,从返回舱首次进入轨道舱进行了空间科学实验和日常生活活动。

从1999年到2005年,6年时间,6艘飞船,6次飞跃,中国航天人以他们非凡的智慧和废寝忘食的工作,发愤图强,充分发扬主人翁的战斗精神,弥补了物质技术基础的不足,取得了卓越的成就,接二连三地实现了中国载人航天的快速飞跃。

提示三 为什么说中国载人航天技术的发展速度和效率令世人称奇?与世界上其他国家的载人飞船相比有何特点?航天技术的进步有何重大意义?

我国载人航天技术的发展速度和效率,令世界称奇,令亿万中国人民备受鼓舞、备感自豪。千年梦想,千年激情,志气昂扬的中国航天人,凭借着他们的聪明才智和百折不挠、自强不息的精神,就在一张白纸前一步步开始了把梦想变成现实的努力。他们没有像苏联和美国在研制载人飞船时经历的体积由小到大、乘员从单人到多人、结构由单舱到多舱的发展历程,神舟飞船的研制成功,使中国的载人飞船技术一步达到国际第三代载人飞船的水平。尽管晚了40多年,技术上却没有"代"差。中国航天人13年的心血,酝酿出这一步惊人的跨越。比起国外的飞船,神舟还有一样重要的独创:航天员乘返回舱返回后,拥有电源、推进系统和控制系统的轨道舱还可作为一个空间实验卫星,留在轨道工作半年,这也为未来的空间交会对接打下了基础。

载人航天的发展,已把中华民族带入了全新的发展平台。

太空为人类提供了高度、微重力、超高真空、无限的能源和物质资源,还有我们目前还不知有多么丰富的空间资源。发展空间技术半个世纪以来,全球发射到空间轨道上的航天器已有4000多个。中国的发展,也从航天事业中获益匪浅。

1984年4月8日,我国第一颗试验通信卫星发射成功。今天,通信卫星已被广泛用于电视、广播、长途电话、金融、电力等部门,几乎每一位中国人都在不同方面享受着卫星带来的文明和便利。

自1987年以来,有800多个品种的植物种子乘坐我国发射的返回式卫星进行了太空育种试验,高产、优质的农作物新品种层出不穷。

新药品、新材料、新物种……我国1100多种新型材料中有80%是在空间技术的牵引下研制完成的。目前,已有1800项空间技术成果运用于电视转播、纺织、石油、交通运输、医疗等行业,正在改变着人们的生活。

地球资源是有限的,太空资源是无穷无尽的。展望明天,我们看到的更是一个振奋人心的美好前景:载人航天使中华民族在未来的发展中,拥有了一个更高的起点和无限的可能。

从神舟五号到神舟六号,是中国载人航天事业发展的又一大步。它标志着中国的载人航天进入了真正有人参与的空间科学试验的新时代。航天员的参与将使空间科学实验实现质的飞跃。随着下一步交会对接、建立空间实验室等工作的逐步展开,广袤无垠的太空,将为我们提供取之不尽的丰富资源。

(根据新华网徐壮志文)

注释

1. 历程—过程

"历程"是经历的过程,因此其主体一般是生命体或者是与生命体密切相关的事物;而"过程"则不限于此。当不需要强调经历的过程时,可以用"过程"代替"历程",如"成长历程/过程"、"发展历程/过程"。

(1) 香港回归,经历了百年艰难曲折的历程。(过程√)
(2) 庄稼在生长过程中要确保免遭病虫害侵袭。(历程×)

"历程"一般是长期的行为,"过程"则可长可短。如:

(3) 临死前,他在给父母留下的遗书中详细记述了被辱过程。(历程×)
(4) 演员在酝酿感情的过程中是不能分心的。(历程×)

当这两个词做宾语时,前边一般要有定语,而且其与动词搭配有些不同。"历程"常与"走过"搭配,"过程"可与"需要"、"有"、"是"搭配。

(5) 伟大的中国共产党已经走过了85年的光辉历程。(过程×)
(6) 这场伟大的变革,也是一个企业优化的过程。(历程×)
(7) 要消除有害气体超标的弊病需要一个过程。(历程×)

2. 截然

副词,形容界限分明,像割断一样。后边常出现"不同"、"相反"、"分开"等。如:

(1) 眼前这位县长与媒体广为报道的主人翁~不同。
(2) 花费心思去做事和不费心做事的效果是~相反的。
(3) 从外表上看,我们无法把这种元器件与原来的~分开,但是它的功效却是有目共睹的。

"然"是副词或形容词的后缀,如:骤~、忽~、突~、当~、偶~、显~、欣~、茫~、飘飘~等。

3. ~型

"型"是名词后缀,指具有前一语素表示的事物的共同特征所形成的种类。前一语素可以是名词性的,也可以是形容词性的,如:F~、新~、血~、小~、机~、外向~、生活~。

4. 弊病—缺点

都指欠缺或不完善的地方,有时可互换。但是"弊病"常用于书面语,常常用来说制度、方法方面存在问题,且比"缺点"程度高。如:

(1) 这类方法的缺点是缺乏整体的考虑和社会效益的评价。(弊病√)

"缺点"可以指人欠缺的地方,跟"优点"相对,"弊病"一般不这样用。

(2) 老张工作起来就废寝忘食,这既是他的优点,也是他的缺点。(弊病×)
(3) 工作中的缺点错误在所难免,我们要凭借集体的力量克服。(弊病×)

"弊病"与"消除"搭配,"缺点"与"克服"、"批评"、"纠正"、"改正"搭配。如:

(4) 技术人员正在研究一种可以纠正自身缺点的专用机器。(弊病×)

第十一课　中国的载人航天事业

(5) 切换过程中的弊病消除了,研究人员备受人们的称赞。(缺点×)

5. 卓越—出色　✺✺

都是形容词,都有"超出一般"的意思。都可以做定语,都可以修饰人。如:

(1) 掌握航天技术的都是一些卓越的科学家。(出色√)

但是"卓越"比"出色"程度高,一般是具有很高的成就、贡献很大的才可以用"卓越",因此"卓越"可以和"贡献"、"成就"等搭配;而"出色"不行,"出色"的意思是在一定范围里特别好的。如:

(2) 鉴于李娜出色的工作及卓越的贡献,上级领导决定嘉奖她。

"出色"除了做定语外,还可以做谓语、状语、补语,"卓越"一般很少这样用。如:

(3) 厨师们的烹饪表演相当出色,使我们大开眼界、获益匪浅。(卓越×)

(4) 科考队员们凭借着非凡的毅力和百折不挠的精神,终于出色地完成了任务。(卓越×)

(5) 载人飞船的元器件设计得非常出色,没有一点儿问题。(卓越×)

6. 凭借—依靠　✺✺

都是动词,必带宾语。在句中不做谓语动词时,有时可互换。如:

(1) 这些军人依靠非凡的勇气和本领才在严寒中完成了使命。(凭借√)

(2) 中国航天工程凭借科技人才的强大阵容实现了遨游太空的梦想。(依靠√)

他们的对象都可以指力量、水平、势力、能力等,但是"凭借"更强调其对象是某种有利的条件,而"依靠"则更强调指望某人或某物达到目的。

(3) 记者凭借特殊身份,走进了航天实验基地。(依靠×)

(4) 马红凭借良好的耐力一举夺得了金牌。(依靠×)

"凭借"后边可以出现"着","依靠"后一般不行。如:

(5) 凭借着空间试验站这个平台,航天员可以大展身手了。(依靠×)

"依靠"可以做谓语动词,"凭借"很少这样用。如:

(6) 经济建设必须依靠科学技术。(凭借×)

这两个词还可以用做名词,但是"凭借"指某事的依据、理由,"依靠"指可以依靠的人或物。如:

(7) 血压、心跳、呼吸等生理参数是判断一个人身体健康与否的凭借。(依靠×)

(8) 智能机器人将成为孤寡老人的依靠。(凭借×)

7. 辞格(9):反复　✺✺

为了突出某个意思、强调某种感情,特意重复某个词语或句子的一种修辞格。可以分为连续反复和间隔反复。连续反复是接连重复相同的词语或句子,中间没有其他词语出现。如:

(1) 周总理,我们的好总理,你在哪里呵,你在哪里?

间隔反复是相同词语或句子的间隔出现,即中间有别的词语或句子隔开。如:

(2) 从1999年到2005年,6年时间,6艘飞船,6次飞跃,中国航天人以他们非凡的智慧和废寝忘食的工作,发愤图强,充分发扬主人翁的战斗精神,弥补了物质技术基础的不足,取得了卓越的成就,接二连三地创造了中国载人航天的快速飞跃。

(3) 千年梦想,千年激情,志气昂扬的中国航天人,凭借着他们的聪明才智和百折不挠、自强不息的精神,就在一张白纸前一步步开始了把梦想变成现实的努力。

8. 辞格(10):对比 ✴✴

把两种不同事物或者同一事物的两个方面放在一起相互比较的一种辞格,也叫对照。作用是揭示对立意义,使事理和语言色彩鲜明。对比分两类:两体对比和一体两面对比。

两体对比是把两种根本对立的事物放在一起进行对照,使好的显得更好,坏的显得更坏,大的显得更大,小的显得更小。如:

(1) 地球资源是有限的,太空资源是无穷无尽的。

一体两面对比是把同一事物的正反两个方面放在一起来说,能把事理说得更透彻、更全面。如:

(2) 时间是勤奋者的财富、创造者的宝库,时间是懒惰者的包袱、浪费者的坟墓。

四、练 习

(一) 把词语与解释用线连接起来

1. 寝食不安　　　　A. 指在困难或恶势力面前坚强不屈服。
2. 熟视无睹　　　　B. 得到的好处很多。
3. 不屈不挠　　　　C. 形容生活富裕。
4. 获益良多　　　　D. 睡觉和吃饭都不安定。
5. 卓有成效　　　　E. 亲耳听见,亲眼看见。
6. 丰衣足食　　　　F. 虽然经常看见,还跟没看见一样,指对客观事物不关心。
7. 有利有弊　　　　G. 成绩、效果显著。
8. 耳闻目睹　　　　H. 指事物有两面性,既有好的一面,也有坏的一面。

(二) 把下列词语扩展成词组

1. 振兴(　　　　　)　　2. 展望(　　　　　)
3. 振奋(　　　　　)　　4. 展示(　　　　　)
5. 跨越(　　　　　)　　6. 切换(　　　　　)
7. 非凡(　　　　　)　　8. 专用(　　　　　)
9. 卓越(　　　　　)　　10. 出色(　　　　　)

11. 快速(　　　　　　)　　　12. 强大(　　　　　　　　)

(三) 从各组近义词中选择最合适的填空

A. 历程—过程

1. 一个人性格的改变都有一个_____,不可能是一夜之间发生的。

2. 二十年的奋斗_____告诉我们,没有耕耘就没有收获。

3. 这份报纸的体育版经常会有一些介绍国内外体育明星奋斗_____的文章。

B. 弊病—缺点

4. 国有企业还是私营企业困难、_____多？很难一概而论。

5. 此次火灾暴露了公共安全_____严重的问题,绝不可轻视。

6. 对有能力的厂长,即使他有_____和错误,也不应该马上免职。

C. 卓越—出色

7. 最近几个月陈力表现_____,受到表彰。

8. 我们永远无法忘记毛泽东主席为中国革命和建设所做的_____贡献。

D. 凭借—依靠

9. 我们要充分_____群众,个人的力量终究是有限的。

10. _____发达的计算机网络管理,异地购票、异地取款变为现实了。

11. _____着得天独厚的自然条件和勤劳智慧,村民们建起了一个个小型加工厂,生活过得越来越红火。

(四) 为带点字找出正确的解释,把序号填入相应的括号内

1. 备用(　　)　　　　A. 量词,层
2. 装备(　　)　　　　B. 完全
3. 备受鼓舞(　　)　　C. 平凡、一般的
4. 非凡(　　)　　　　D. 准备
5. 凡是(　　)　　　　E. 重新、再
6. 凡尘俗世(　　)　　F. 相同的东西又一次出现或又一次做相同的事情
7. 截然(　　)　　　　G. 设备(包括人力物力)
8. 然而(　　)　　　　H. 某个范围内的一切
9. 不然(　　)　　　　I. 害处、毛病

10. 弊病(　　)　　J. 副词后缀
11. 作弊(　　)　　K. 指示代词,这样
12. 双重标准(　　)　　L. 欺诈蒙骗、图占便宜的行为
13. 重复(　　)　　M. 表示转折
14. 重申(　　)　　N. 宗教迷信和神话中称人世间

(五) 用指定词语回答问题

1. 发射火箭和发射载人飞船一样吗?(截然)
2. 听说黄教授去年申请了一个项目,不知道他的研究顺利不顺利?(搁浅)
3. 你认为目前的体制问题在哪里?(弊病)
4. 食物保鲜除了冷藏以外,还有什么方法?(真空)
5. 两国领导人讨论的结果怎么样?(共识)
6. 这篇报告文学里的主人公最令你感动的是哪方面?(百折不挠)
7. 请你总结一下你们部门去年的工作,好吗?(有目共睹)
8. 请谈谈你们公司未来五年要开发的新产品计划。(酝酿)
9. 为什么你要跳槽离开那家世界闻名的跨国公司而屈就于我们这家小公司?(平台)

(六) 改错

1. 拍摄的历程中没有人叫过一声苦。
2. 小王工作非常卓越,这是有目共睹的。
3. 我这个人有很多弊病,所以不适合做这项工作。
4. 那个篮球运动员依靠身高两米的优势连续投进了几个球。
5. 你一定要消除缺点,才能不断进步。
6. 这是两种截然的类型,不能混淆。
7. 小张属于旅游型的,每次旅游都少不了他。

(七) 选择词语填空

　　截然　历程　长征　凭借　搁浅　酝酿　遨游　过程　振奋　获益匪浅

1. 今天是个_____人心的日子,我_____自己的努力在这里安了个家!早就有记录自己心路_____的念头,只是一直都没有去实践!也时常在脑海里梳理那些值得回忆的东西……还记得上高中时我的语文老师对我的作文评语:"希望你不要在浅海处_____,要到深海去_____!"这句话使我_____,至今咀嚼起来,仍觉滋味无穷。

2. 鲁迅有句名言:不在沉默中爆发,就在沉默中灭亡。这话的确是真理,但乍一听起来,总是让人重视了爆发和灭亡这两个结果,而忽略了沉默这个漫长而曲折的_____过程。实际上,正是这个过程决定了两个_____相反的结果。

　　现在的中国队正处于这样一种_____之中,仿佛是另一场_____,漫长而艰苦,路上布满了荆棘。而作为球迷的我们,也跟着他们喜怒哀乐,嬉笑怒骂,在希望中等待。

(八) 从下列词语中选取五个以上写一篇500字的文章,题目自拟

历程　截然　弊病　卓越　凭借　搁浅　酝酿　遨游　共识　心血
非凡　获益匪浅　百折不挠　有目共睹　发愤图强　废寝忘食

五　副课文

神六航天员在太空的生活

　　从神舟六号载人飞船进入太空那一刻起,中国航天员费俊龙和聂海胜开始了在太空多天的生活。地球上日常的穿衣吃饭,到了太空就变得不那么寻常了。

　　首先是航天服,它不是简单的服装,它是航天员的个人防护系统。在飞船出现意外情况时,航天服将成为保护航天员生命安全的最后防线。

　　中国航天员的舱内航天服重10多公斤,价值高达数十万元人民币。搭乘神舟六号载人飞船的两名航天员不出舱活动,所以只配备了舱内航天服。当飞船座舱出现意外失压时,启动舱内航天服系统救生,可在6小时内保证航天员的生命安全,实现应急返回着陆。

　　从外形上看,航天服心脏部位有一个可以拧动的圆形装置,用来调节衣服内的压力、温度和湿度。衣服右腹部位置有一根细管,是航天员的通信工具;左腹部处有两条管路,是给航天员供氧和排放二氧化碳的设备。航天服外层采用的是高强度涤纶材料,5厘米见方的布,可以承受300公斤的拉力。衣服质感很好,既漂亮又精致。

　　在神舟六号飞行中,费俊龙和聂海胜将脱掉航天服,从返回舱进入轨道舱内活动。航天服虽然结构复杂,从地面上看有些笨重,但在太空失重的情况下,穿脱并不困难,航天员一般10分钟内即可穿戴完毕,穿着它工作和生活也轻松自如。

脱掉航天服后,航天员将穿着蓝色的连体工作服在飞船上工作和生活。在工作服的里面,是由纯棉制造的白色连体内衣。工作服和内衣均采用连体结构,是因为这种设计更便于航天员开展空间活动。

在神舟六号上天之前,航天医学专家们为两位航天员制订了详细的太空食谱。食谱中包括50多种各类食品,航天员在太空中每日进餐3次,每餐可以享用到五六种食品。这些食品既考虑到了营养均衡,还考虑到了航天员的口味习惯。包括主食和副食。主食以米饭为主,每份米饭140克,装在真空包装袋中,食用时使用加热器加热。副食包括肉类、蔬菜、罐头三大类,其中肉类包括陈皮牛肉、牛肉丸子、墨鱼丸子等,蔬菜类都是各种复水蔬菜,包括香菇、菜心、素什锦等,罐头类也都以肉类罐头为主,如牛肉罐头、猪肉罐头等。通过对这些食品的科学搭配,可以保证航天员在太空中主食2天不重样、副食4天不重样。

航天员在太空还能吃上水果。经过低温冷冻、去掉水分等程序处理的草莓、苹果、香蕉、水蜜桃、哈密瓜等水果,虽然是"干"果,但色泽依旧,味道也相当好。在吃饭的同时,航天员还可以喝上咖啡、绿茶或橙汁等饮料,此外还有奶油浓汤。当然,这些都是复水饮料。

用餐时,航天员每人一套餐具,包括餐盘、勺子、叉子、安全剪刀等,将餐盘束缚在航天员一侧大腿上,勺子、安全剪刀等吸附于餐盘上,利用餐盘上的尼龙搭扣,将食品固定在餐盘内。航天员取食食品后,要闭嘴咀嚼,防止残渣外泄。复水食品具有相互粘连性,用勺子食用,饮料用吸管吸食。

餐后,航天员要将食品包装袋及剩余食品放入废弃物收集袋中,以防止食品碎屑、水滴或包装在飞船座舱内到处漂浮。

(据新华网奚启新、李宣良文)

 回答问题

1. 航天服有何作用?它笨重吗?为什么?
2. 为何航天员在飞船上工作和生活时要穿连体工作服?
3. 航天医学专家们为航天员制订的菜谱有什么讲究?
4. "神六"上的主食和副食分别是什么?
5. 航天员在太空上吃的水果是怎么样的?
6. 在太空上用餐和我们一般人用餐有何不同?

第十二课　翻开黄土万卷书

一　生词语

1. 交替	jiāotì	（动）	前一个事物结束紧接着换上后一个事物：新旧~｜冬春~。
			＞交织　交叉　交错　替代　代替
2. 沙尘暴	shāchénbào	（名）	带着大量小沙和尘土的强风，发生时空气很差，天色阴暗，距离很近的东西也看不清楚。也叫沙暴、尘暴。春季在中国西北部和北部时有发生。
			暴—恭
3. 肆虐	sìnüè	（动）	大范围内起破坏作用，多指自然现象：大火~。
			＞大肆　放肆　肆意　肆无忌惮
			肆—津—律
4. 漫卷	mànjuǎn	（动）	随风翻卷：彩旗~。
			漫—慢—蔓
5. 遮天蔽日 ≈遮蔽天日	zhētiān-bìrì		遮住了天空和太阳：大风刮起的尘土~。
			＞遮掩　隐蔽
6. 司空见惯	sīkōngjiànguàn		表示看惯了就不觉得奇怪：行人不遵守交通规则的行为在某些地方~。
			＞习惯　惯例
7. 入侵 ≈侵入	rùqīn	（动）	（外来的和有害的事物）进入内部：冷空气~。
			＞深入　投入　融入　陷入　侵略　侵犯　侵蚀
			侵—浸　人—入
8. 贫瘠 ←→肥沃	pínjí	（形）	（土地）薄；不肥沃：土地~。
			＞贫困　贫苦　贫穷　贫乏

211

9. 流失	liúshī	（动）	自然界的水、泥土等被风力、水带走：水土~。
			>损失 丧失 失去 失眠 失踪 失信
			失—夫—天—天
10. 泛滥	fànlàn	（动）	江河湖泊的水因太满而流出来：连日的大雨使黄河水~，淹没了河边的农田。
11. 耕种	gēngzhòng	（动）	把田里的土翻松并种植：春天来了，农民都忙着~。
12. 携带 ≈带	xiédài	（动）	随身带着：~行李｜~危险品。
13. 间接 ⟷直接	jiànjiē	（形）	通过第三者发生关系的：~经验｜~传染｜~选举。
14. 沉积	chénjī	（动）	某些生物在生命活动中产生的物质积累起来，如海洋生物的遗体层层积累等。
			>沉没 沉溺
			沉—沈
15. 冰芯	bīngxīn	（名）	冰块的中心部分。冰川、冰山等地不同深度的冰芯保存了不同时期气候和环境变化的信息，为研究古气候发生变化的规律、预测未来气候的变化趋势提供了重要的数据。
16. 凸 ⟷凹	tū	（形）	高于周围：~出｜~起。
			>凹凸不平
17. 气流	qìliú	（名）	流动的空气。
			>水流 泥石流
18. 致使 ≈使	zhìshǐ	（动）	由于某种原因而使得。
			致—到—侄
19. 常年	chángnián	（副）	全年，长期：她~坚持用冷水洗澡。
20. 侵蚀	qīnshí	（动）	逐渐侵入使变坏：病菌~身体。
21. 卵石	luǎnshí	（名）	形状像鸡蛋的光滑石头：河边到处都能见到~。
22. 飞沙走石	fēishā-zǒushí		沙子飞扬，石块滚动，形容风很大：刚才还是阳光灿烂，却骤然刮起了大风，~，天空像黄昏一样暗。

第十二课 翻开黄土万卷书

23. 大体 ≈大致	dàtǐ	(副)	就多数情况或主要方面说：我们的看法~相同。	
24. 显露 ←→掩饰 掩盖	xiǎnlù	(动)	原来看不见的变成看得见：他突然~出紧张的表情。 >明显 显示 显著 流露 暴露 揭露 透露	
25. 戈壁	gēbì	(名)	指地面几乎被粗沙、小石块所覆盖，植物稀少的地方。也称戈壁滩。 戈—找	
26. 颗粒	kēlì	(名)	小而圆的东西。 颗—棵—课 粒—拉	
27. 荒凉 ←→繁华	huāngliáng	(形)	居住的人少；冷清：战争过后，这里一片~。 荒—慌—谎 凉—惊	
28. 赠与 ≈赠送 (参与)	zèngyǔ yù	(动)	法律用语。把自己的财产或跟财产有关的权利让给他人。 >赠送 捐赠 赠—增—憎	
29. 宝库	bǎokù	(名)	储藏珍贵物品的地方，多用于比喻：知识~｜艺术~｜理论~。 >宝贵 宝贝 财宝 珍宝 水库 仓库	
30. 剖面	pōumiàn	(名)	把东西切断后呈现出的表面，如球的剖面是个圆形。也叫截面、切面或断面。 >解剖 剖腹 剖析	
31. 参照	cānzhào	(动)	参考并按照已有的方法、式样、经验等去做。 >参考 参见 按照 遵照 依照	
32. 机制	jīzhì	(名)	指某些自然现象的物理、化学规律。	
33. 夹杂	jiāzá	(动)	在一种东西里混进了别的东西：风声~着雨声。	
34. 院士	yuànshì	(名)	中国科学院和中国工程院各学部（学科咨询机构）的成员，由院内外著名科学家担任。 >学院 医院 科学院 院长 士—土	
35. 覆盖	fùgài	(动)	从上面遮住：厚厚的雪~着地面。	
36. 冰期	bīngqī	(名)	地质历史上气候非常寒冷，陆地被大范围冰川覆盖的时期。	

37. 间冰期	jiànbīngqī	(名)	两个冰期之间的气候温暖、冰川融化缩小的时期。
38. 蜗牛	wōniú	(名)	一种软体动物,头上有两对触角,眼睛长在后一对的顶端上,身体藏在壳里。生活在潮湿地区,吃草,行动缓慢。 蜗—锅
39. 迟缓 ←→迅速 ≈缓慢	chíhuǎn	(形)	不迅速,缓慢:动作~。 >迟钝 缓步 缓不济急 缓—援—暖—媛—绥
40. 同类	tónglèi	(形)	种类相同:~作品｜~植物。
41. 同一	tóngyī	(形)	共同的一个或一种:~形式。
42. 孢子	bāozǐ	(名)	某些低等动物和植物产生的一种细胞,这种细胞有繁殖或休眠作用,离开母体后能形成新的个体。 孢—抱—饱
43. 花粉	huāfěn	(名)	花心的地方有些像丝一样长条状物,它顶端稍粗大,里面的粉粒状物质叫花粉,多数为黄色,也有青色或黑色的。每个粉粒里都有一个生殖细胞。
44. 坚实	jiānshí	(形)	结合紧密,不容易弄坏:~的基础。
45. 酸	suān	(名)	跟碱混合后能生成盐和水的化合物,跟某些金属反应能生成盐和氢气,有酸味。
46. 溶解 ≈溶化	róngjiě	(动)	一种物质均匀地分散在另一种物质中。 >溶化 溶剂 溶液 溶—熔—榕
47. 借助 ≈凭借	jièzhù	(动)	靠别的人或事物的帮助:这种气球~风力可以飘到很远的地方。
48. 腐烂	fǔlàn	(形)	具有生命的个体由于细菌、病毒等微生物的生长而被破坏:那些苹果都~了。 >腐蚀 腐化 腐朽 破烂 烂—拦
49. 断定 ≈判断	duàndìng	(动)	下结论:这场比赛的结果目前还很难~。 >推断 鉴定 商定 制定 认定 议定 测定
50. 粗细	cūxì	(名)	粗和细的程度:~均匀的沙子。

第十二课　翻开黄土万卷书

| 51. 测算
≈测定 | cèsuàn | （动） | 测量计算；推算：经过专家~，这座大楼已经有一百多年的历史。
>测量 检测 预测 探测 推测 计算 运算
测—侧—则—恻 |

52. 测定　cèdìng　（动）　经测量后确定：~方向｜~气温。

53. 磁化　cíhuà　（动）　使某些原来没有磁性（能吸引铁等金属的性质）的物体具有磁性。
>磁带 磁卡 磁铁 磁石

54. 微量元素　wēiliàng yuánsù　　生物体正常生理活动所必需但需求量很少的元素（化学上指同一类原子，如氧元素）。

55. 放射性　fàngshèxìng　（名）　某些元素的原子核（原子的核心部分）不稳定，能自己放出粒子（构成物体的比原子核更简单的物质）而变成另一种原子核的性质。
射—谢

56. 核素　hésù　（名）　具有一定的质子数和中子数（"质子"和"中子"都是构成原子核的粒子）的一类原子核所对应的原子，如铀(U)—234、铀—235、铀—238是三种不同的核素，它们的化学性质相同而核性质不同。

| 57. 揭示
⟷隐藏
≈揭露 | jiēshì | （动） | 使人看见原来不容易看出的事物：~客观规律。
>揭露 显示 展示 预示 |

| 58. 觉察
≈察觉 | juéchá | （动） | 发觉，看出来：从脸色上妈妈~到孩子很紧张。
>发觉 视察 侦察 观察 考察
觉—党 |

59. 线索　xiànsuǒ　（名）　比喻事物发展的层次、秩序或探索问题的途径；故事的~。

60. 茂盛　màoshèng　（形）　（植物）生长得多而强壮：庄稼长得很~。
>繁茂 茂密 根深叶茂 强盛 阴盛阳衰
茂—成—戍—戊

61. 流逝　liúshì　（动）　像流水一样流走、消失：日子一天一天地~。
>逝世 消逝 稍纵即逝
逝—浙—渐

62.	高温	gāowēn	（名）	较高的温度。在不同的情况下所指的具体数目不同。
	←→低温			
63.	前所未有	qiánsuǒwèiyǒu		历史上从未有过：这么大的建设项目真是~。
64.	冰盖	bīnggài	（名）	指长期覆盖在陆地上的，面积大于5万平方千米的冰体，又称大陆冰川。
65.	共处	gòngchǔ	（动）	相处；共同存在：和平~。

专名

1.	蓝田人	Lántián Rén	又称蓝田猿人。中国猿人（最原始的人类）的一种。大约生活在60多万年以前。
2.	丁村人	Dīngcūn Rén	古代人类的一种。
3.	新石器时代	Xīnshíqì Shídài	石器时代（人类最早的一个时代，从有人类开始到青铜器出现共二三百万年）的晚期，约开始于八九千年以前。人类已能磨制石器，制造陶器，并开始有农业和畜牧业。
4.	仰韶文化	Yǎngsháo Wénhuà	中国黄河流过的附近地区新石器时代的一种文化，因为陶器上常带有彩色的花纹，所以曾称为彩陶文化。
5.	兰州	Lánzhōu	城市名，在中国西北部，甘肃省省会。
6.	第四纪	Dì-sì Jì	地质年代，约从距今250万年前至今。
7.	南极	Nánjí	地球南部的顶点。
8.	青藏高原	Qīngzàng Gāoyuán	世界最高大的高原，在中国西部和西南部。
9.	印度洋	Yìndù Yáng	Indian Ocean，地球上四大洋之一。
10.	洛川	Luòchuān	县名，在中国陕西省北部。
11.	宝鸡	Bǎojī	市名，在中国陕西省西部。
12.	侏罗纪	Zhūluójì	Jurassic Period，地质年代，约距今一亿九千五百万年前至一亿三千七百万年前。
13.	白垩纪	Bái'èjì	the Cretaceous period，地质年代，约距今一亿三千七百万年前至六千七百万年前。
14.	中亚	Zhōngyà	亚洲中部地区。
15.	阿拉斯加	Ālāsījiā	Alaska，美国的州名。

16. 汉堡	Hànbǎo	Hamburg,德国城市名。
17. 柏林	Bólín	Berlin,德国首都。

二、课文

提示一 黄土高原是怎样形成的？那里的土地有什么特点？

每当冬、春交替的时候，生活在北方的人有时能感受到沙尘暴的肆虐：黄沙漫卷，遮天蔽日。严重时，几米之外不见景物，给人们的生活带来极大的不便。当大的沙尘暴过后，地面上都会落下一层黄土，在潮湿的地方更为明显。周围的世界看上去好像披上了一层黄纱。

从历史上来看，在中国的西部，这种类似的沙尘暴司空见惯。由于沙尘暴一年又一年的入侵、袭击，经过千百万年来的堆积，中国的西部形成了一个奇特的"大土包"，这就是黄土高原。

一般人都认为黄土高原是一个贫瘠的地方，物产匮乏，生活贫困，水土流失严重，更是黄河水泛滥的根源。实际上黄土结构松软，容易耕种，那里很早就开始了农业生产，因此黄土高原也就成为中华民族兴起和发展的重要区域之一。60多万年前的蓝田人、10万年前的丁村人以及新石器时代的仰韶文化等都出现在黄土高原及周围地区。今天的黄土高原上仍然有占中国可耕种土地面积1/5的土地，养育着全国1/5以上的人口。由于黄土高原处于特殊的地理位置，由西向东吹来的大风到达那里就开始减速，风中携带的沙尘开始降落，使那里成为亚洲一个典型的沙尘沉降区。最近40年来，研究人员共记录到24次以兰州为中心的大降尘，这与地质学上黄土高原的黄土堆积以兰州为最厚的说法是一致的。这些都间接地说明，黄土高原是由一层一层的黄土堆积而成的。

217

提示二 黄土对研究地球环境历史有什么作用？被称为地球环境历史的3本大书分别是什么？为何中国的黄土是其中之一？

地球上许多地质体都能"记录"地球演变的历史，但是能够长时间、连续、完整保存的并不多见。目前，人们发现有3种地质记录完整地保存着第四纪古气候环境的历史，这就是深海沉积物、南极和格陵兰的冰芯以及中国的黄土，它们被称为地球环境历史的3本大书。世界各地的科学家们正在想方设法读懂这3本由大自然写成的神秘的书，他们的共同心愿都是想知道地球在漫长的历史中发生了什么，更想知道今后还将发生什么。

黄土高原位于北纬34°—41°之间，总面积约有50多万平方公里，黄河流经其中。近来对黄土高原的研究表明，其形成可能与青藏高原的形成有关。由于青藏高原的迅速凸起，至少在2000万年前已经影响到印度洋暖湿气流的北移，这可能是致使亚洲大陆大范围常年干旱的主要原因。另外，青藏高原的迅速凸起加快了侵蚀和风化的速度，在高原周围较低的地区堆积了大量卵石、沙子和更细的颗粒。每当大风骤然刮起，我国西部地区就会飞沙走石、尘土弥漫。被卷起的沙和尘土便会依照由大到小的顺序沉降，颗粒细小的粉尘最后降落到黄土高原区域。从地图上我们可以大体看到自西向东显露出戈壁——沙漠——黄土这样一个岩石颗粒逐渐变小的荒凉地带。从学术的观点来看，青藏高原凸起带来的干旱，使得黄土高原成为地球上唯一一本保存完好的、记录了大陆沉积情况的珍贵的大书。这是大自然赠与中国的一个宝库。

与另外两本书比较起来，黄土高原处于人类活动的大陆，与人类的生存活动密切相关。由于离海岸较远，因此生物、化学活动频繁，在黄土沉积时以及沉积之后都能记录丰富的信息。从另一方面来说，它也让人比较容易直接观察。到过黄土高原的人都能看到黄土剖面上由不同颜色展现出的黄土条纹。另外，科学家们还可以参照近代沙尘暴沉积成黄土的过程和机制来进行研究,所以黄土高原就成为吸引环境科学家的一个巨大的天然实验室。

提示三 黄土剖面上为什么会出现不同颜色的条纹?科学家可以利用黄土中的哪些东西来研究古代气候环境的特点?

从黄土剖面上可以明显地看到,在每两层黄土中间都夹杂着一条红色的古土壤带,有时清晰,有时模糊:当气候暖湿时,雨水相对较多,黄土堆积较少,生物的种类和数量增长较多,就形成棕红色的古土壤;当气候冷干时,雨水相对较少,黄土沉积较多,生物增长较少,就形成黄色的土壤。

在20世纪50年代,刘东生院士和他的同事们开始研究黄土的历史和环境,在130多米厚的洛川黄土剖面发现了很多的古土壤,后来又在160多米厚的宝鸡黄土剖面,计算出第四纪约250多万年的时间内至少有32次黄土与古土壤的轮流覆盖。它们代表了32次由暖湿到冷干的变化,这一结果证明大陆冰期和间冰期是不断循环的。打开一层黄土,我们看到的是黄土中夹杂的动物、植物的化石。黄土里有丰富的蜗牛化石。蜗牛行动迟缓,一生也走不出去多远,在各层黄土中都曾生活着不同种类的蜗牛。有些蜗牛喜欢温湿,有些喜欢冷干,有些喜欢温干,有些喜欢冷湿等等。把黄土层里发现的各种蜗牛与现在生存于世界各地的同类蜗牛对比,通过同一土层中不同蜗牛所占的比例就能推测出古代的气候环境。

同时,古植物的孢子和花粉大量散布于黄土中。由于孢子和花粉外壁都很坚实,化学稳定性很强,耐酸、碱,极难氧化,在15℃—25℃的温度下也难以溶解,因此,无论它借助风力飘落到哪里,即使埋在土壤中千万年也不会腐烂,而能保持外壁形状不变。根据各种植物孢子和花粉在土壤中出现的规律,科学家们可以断定土壤的地质年代,研究某个年代覆盖在这个区域地面上的植物种类以及古气候的特点等等。

科学家们根据黄土颗粒的粗细还可以测算风力的大小。在距离较近的土层中,颗粒越大说明风力越大,风大才能搬运大颗粒。在有些情况下,颗粒越大,说明沙漠离黄土高原越近,沙漠的面积也更大。另外,他们还可以利用测定磁化率、微量元素、放射性核素等多种方法来揭示古气候的某些特点。

人的一生是很短暂的,人类的历史相对于地球的年龄来说,只是一刹那。人们只感到春夏秋冬的循环变化,难以觉察地球上年平均气温的变化。从地质记录的一些线索可以看出,地球上的气候在不同的时期很不相同。比如在2亿年前的侏罗纪和1亿年前的白垩纪,地球上平均温度较高,中亚一带气候温暖潮湿,各种植物生长茂盛。随着时间的流逝,这些植物和其他生物被深深地埋在地下,经历复杂的化学变化和高温高压而形成了大量的煤和石油。250万年前,地球气温开始下降,进入第四纪的大冰期。在这次大冰期中,地球上反复出现冰期和间冰期,气温由暖到冷,冰川就逐渐长大增大;由冷变暖,冰川就缩小。目前我们正处于一次冰期后的间冰期。

　　最近的一次冰期从8万年前开始,在1.8万年前达到前所未有的高峰,叫做盛冰期。当时,现在的阿拉斯加、加拿大和今天美国的北部都覆盖着1000多米厚的大冰盖。在欧洲,冰川延伸到了今天的汉堡和柏林。后来温度迅速回升,在大约1.2万年前冰期结束,进入到温暖的间冰期。这种气候的反复在250万年间共发生过几十次,它们都被如实地记录在黄土这本大书中。

　　今天只是打开黄土这本大书的一角,就已经使我们激动万分,以后能全部读懂它时,我们必将知道怎样才能与自然和谐共处。

(据《科学世界》2004年第4期唐云江文)

注　释

1. ……来看

　　与"从"、"就"、"由"等词语搭配组成"从~来看"、"就~来看"、"由~来看"等固定结构,常单独放在句首做状语,后边有停顿,强调说话所依据的东西或者看问题的角度、范围。如:

(1) 从科学家对兰州盆地考察得到的数据~,六千多年前至今,由风携带而沉积在这里的黄土就达数米厚。

(2) 由近几年河水泛滥的情况~,不注意环境保护和生态保护是主要的原因。

(3) 就全国的情况~,迷信、愚昧的风气有所抬头,不断蔓延。

2. 入侵—侵入—侵蚀

　　都是动词,都可带宾语,都有从外面或外部进入里面或内部的意思。

　　"入侵"和"侵入"的意思差不多,既可以用来表示外来军队强行进入国境,也可以表示外来的或有害的事物进入内部,常可互换。如:

(1) 根据情报提供的线索,敌军已入侵我国边境。(侵入√ 侵蚀×)

(2) 今年最后两个月,禽流感病毒的侵入已造成我市上万只鸡鸭死亡。(入侵√ 侵蚀×)

但在一些四字格式中,习惯上用"入侵"不用"侵入"。如:

(3) 我们准备彻底消灭入侵之敌。(侵入× 侵蚀×)

"侵蚀"指逐渐侵入使变坏。它没有"入侵"和"侵入"的前一个义项,意思也跟它们有所区别。"入侵"和"侵入"可能是逐渐的,也可能是迅速的;"侵蚀"一定是逐渐的。"入侵"和"侵入"只表示有害的事物进入内部,但没说明内部有没有因此而变坏;"侵蚀"则表示被侵入的事物变坏了。因此,"侵蚀"和"入侵"、"侵入"一般不能互换。另外,"侵蚀"还有暗中一点一点地占有不属于自己的财物的意思,"入侵"和"侵入"都没有。如:

(4) 他撑着被肝癌侵蚀的身体坚持工作。(入侵×侵入×)
(5) 由于侵蚀公共财物的行为被发现,他受到了法律的制裁。(入侵×侵入×)

3. 贫瘠—贫穷 ✽

都是形容词,都有缺少必需的东西的意思。但两者搭配的词语不同,不能互换。"贫瘠"指土地缺少必需的肥料,不肥沃,不适合耕种。"贫穷"指社会、家庭或某人缺少必需的生产资料和生活资料,生活不富裕。如:

(1) 这一带气候干燥,土地贫瘠。(贫穷×)
(2) 台风肆虐之后,由于救济物资及时运到,人们的生活得到了保障,特别是一些贫穷的家庭,生活甚至比以前还好。(贫瘠×)

4. 携带—带 ✽

都是动词,表示随身带着。"带"常用于口语和非正式的场合,比较随意;"携带"常用于书面语和较正式的场合,比较严肃。如:

(1) 这位旅客带的东西里有水果、酒、烟等,有些是不允许入境的。(携带√)
(2) 机场工作人员从入境旅客携带的物品中检查出打火机、小刀等危险物品。(带√)

以上两例虽然可以互换,但换后不如原来的词用得自然和合适。
在用法上,两者都可以做定语。如:

(3) 如果你携带的行李中有小刀,是不能上飞机的。(带√)

如果前面有双音节的动词或形容词做状语,"携带"后面可以直接跟宾语,如"违章携带危险品"、"非法携带危险品"、"随身携带行李"等;"带"要在后面加上"了"才行,如"违章带了危险品"、"非法带了危险品"、"随身带了行李"等;或者后面有别的动词性成分,如"违章带危险品上飞机"等。

"携带"可以直接放在某些名词词尾前构成名词,如"病毒携带者"、"携带物"等;"带"没有这种用法。

"携带"可以做主语,"带"不能。如:

(3) 这种产品采用小包装,美观大方,携带方便。(带×)

"携带"可以和双音节动词组成联合词组做句子成分,"带"不能。如:

(4) 随着我国对外开放及进出口贸易的增加,携带和传播动植物病虫害的途径越来越多。(带×)

当句子有表示当时正在带着的意思时,"携带"后面可以直接跟宾语,也可以加"着"后带宾语;"带"一般要加上"着"才跟宾语。如:

(5) 冬天,常有北风携带遮天蔽日的沙尘袭击这里。(带×带着√携带着√)
(6) 这架神秘的飞机在外人没有察觉的时候携带18名军人悄悄起飞了。(带×带着√携带着√)

5. ~体 ✻✻

"体"是名词性语素,基本义是物体,常跟在别的词或语素后面构成名词。在它前面的词或语素可以是名词性的,如:地质~、尸~、媒~、团~、液~;也可以是动词性的,如:载~、遗~、抗~;还可以是形容词性的,如:整~、总~。

6. 致使—使 ✻✻

都是动词。都有由于某种原因而使得的意思,一般都带兼语。但"使"使用的范围比较宽,由某种原因产生的结果是好是坏都能用;"致使"使用的范围较窄,一般只用于产生不好结果的事情上。做动词时,"致使"的地方都可以用"使"替换。如:

(1) 被盗汽车的出现,使案件的线索越来越清晰。(致使×)
(2) 这次沙尘暴致使北方多个城市交通严重堵塞。(使√)

"使"一般不做连词,而"致使"有连词的用法,意思是"以致",用在下半句话的开头,表示下文是上述原因所形成的结果,也多指不好的结果。如:

(3) 由于河水泛滥,致使两岸居民不得不多次搬迁。(使×)

7. ……来说 ✻✻

常构成"一般~"、"具体~"、"对/从/就/拿 A~",在句子中做状语或插入语。

"一般~"的句子多表示说话人的评论或普通大众的看法,常单独放在句子开头,有停顿。如:

(1) 一般~,高温天气会使人体感到不适。
(2) 荒凉的戈壁一般~是很难种植东西的。

"具体~"多用在总分式的语段或复句里。短语前的句子是从总的方面说,短语后的句子则从分的方面一个一个去说,有时候分说的部分比较长,会有很多分句,甚至会把要说的各个方面分点一一列出。如:

(3) 要治理水土流失,具体~,必须做好以下三方面的工作:第一……,第二……,第三……。

"对 A~"、"从 A~"、"就 A~"、"拿 A~"等后面的介词宾语 A 若是人,则表示从 A 的角度发表评论或看法;若是事物,则表示对 A 发表评论或看法。如:

(4) 对刘翔~,成名后受到过多的关注似乎是意料中的事情。
(5) 对人体健康~,保证食品中有一定的微量元素是十分重要的。
(6) 从同类产品~,我们工厂的产品依然具有很强的竞争力。
(7) 就散布于黄土中的古植物孢子和花粉~,它们可以帮助科学家们测定土壤的地质年代。
(8) 拿深海沉积物~,它完整地保存了第四纪古气候环境的历史,因此具有很高的研究价值。

"……来说"有时也可以说成"……说来"、"……来讲"。

8. 测算—测定 ✻✻

都是动词,用法基本相同。区别主要在意义上:"测算"是测量计算,推算;"测定"是经测量后确定。虽然两者都需测量,但一个是测量后计算、推算,一个则是测量后确定。所以一般不能互换。如:

(1) 经专家测定,这个地方土地贫瘠,不适合耕种。(测算×)

(2) 水灾过后,科学家们对这次水灾引起的前所未有的水土流失进行测算。(测定×)

9. 修辞知识:长句和短句 ✻✻

短句是指词语少、结构简单的句子(包括复句中的分句)。短句的修辞效果是表达意思简单明白,没有多余的内容,能抓住要点,有力量。如:

(1) 目前我们正处于一次冰期后的间冰期。

这个短句重点突出,简单明白地告诉读者现在所处的地质时期,让读者一眼就能看清楚。

长句是指词语多、结构复杂的句子。定语、状语用得多,联合成分用得多,或某一成分结构比较复杂,就构成了长句。长句的修辞效果是表达意思丰富、周到、准确、细致。如:

(2) 由于孢子和花粉外壁都很坚实,化学稳定性很强,耐酸、碱,极难氧化,在15℃—25℃的温度下也难以溶解,因此,无论它借助风力飘落到哪里,即使埋在土壤中千万年也不会腐烂,而能保持外壁形状不变。

这个因果关系的复句中,前面的分句表示原因,其主语"孢子和花粉"后面有由五个动词性短语构成的谓语;后面的分句表示结果,这个分句里又套进了表示条件和让步关系的分句,使整个句子形成多重复句的长而复杂结构。对事物进行分析时使用这样的句子,显得证据充分、分析细致、说理深刻,令人信服。

长句和短句各有自己的修辞效果。一般来说,政治论文、科学论著论文多用长句,文艺作品、辩论稿、演讲稿等多用短句。但是在多数情况下是长短句配合使用的。如:

(3) 从学术的观点来看,青藏高原凸起带来的干旱,使得黄土高原成为地球上唯一一本保存完好的、记录了大陆沉积情况的珍贵的大书。这是大自然赠与中国的一个宝库。

这段话前面用了长句,细致地说明了黄土高原的珍贵之处以及如此珍贵的原因;后面用了一个比拟的短句,鲜明有力地指出了中国拥有黄土高原的幸运与可贵。

四 练 习

(一) 根据解释写出相应的成语或固定结构

1. 沙子飞扬,石块滚动,形容风很大。(　　　　)

2. 表示说话人的评论或普通大众的看法,常单独放在句子开头。(　　　)
3. 表示看惯了就不觉得奇怪。(　　　)
4. 表示从某人的角度发表评论或看法。(　　　)
5. 历史上从来没有过。(　　　)
6. 遮住了天空和太阳。(　　　)
7. 强调说话所依据的东西或看问题的角度、范围,单独放在句首做状语。(　　　)
8. 由某种地质结构形成的物质或物体。(　　　)

(二) 选择适当的词语填空

　　荒凉　肆虐　贫瘠　线索　流逝　交替　覆盖　坚实　凸　参照

1. 夏天的草原,被茂盛的绿草和五颜六色的鲜花_____着,美极了!
2. 今年夏天,持续的高温天气_____欧洲,造成了多人死亡。
3. 飞机在凹_____不平的冰盖上向前冲了一段,终于停了下来。
4. 这里只能见到布满石块、杂草的土地和远处的山脉,周围几十里没有路,没有人,更没有住房,显得一片_____。
5. 根据消费者举报的_____,我们对市场上出现的假冒商品进行了调查,然后按照相关法律做出了严肃的处理。
6. 这是根据国外经验,并_____我国的实际情况而制定出来的制度。
7. 地震活动有一个最突出的特点,就是地震活动的高潮和低潮_____出现。
8. 目前,各国科学家正寻找在_____的土地上提高农作物营养成分的方法。
9. 历史证明,我们两国之间的友谊具有_____的基础,在新的国际形势下一定会得到进一步加强。
10. 随着时间的_____,时代在变化,观念在变化,价值标准在变化,人们身上穿的服装当然也在变化。

(三) 选择适当的词语改写句子

　　前所未有　共处　遮天蔽日　宝库　赠与
　　飞沙走石　流失　司空见惯　揭示　侵蚀

1. 刚才还阳光灿烂的戈壁滩上,忽然刮起了狂风,灰黑色的厚厚云层迅速把天空遮住了。
2. 明星们为了吸引人们的注意,不时会传出一些绯闻,大家见得多了,也就不觉得奇怪,也不会当真了。

3. 沙尘暴袭击时,狂风总是吹得沙子飞扬,小石子到处滚动,刹那间晴朗的天空陷入一片漆黑之中。
4. 最近几年,一些国内企业走出国门,与外国著名企业进行合作,显示出以前从来没有过的勃勃生机。
5. 中国的儒家思想具有丰富的知识和智慧,直到今天仍然值得我们继承和发扬。
6. 每当下大雨的时候,雨水都会带走黄土高原上的大量泥土。
7. 科学家们在南极冰盖上得到的这块冰芯,使我们看到过去1万年这里的气候变迁情况。
8. 在这个偏远的山村,人和动物和谐地生活在一起,连鸟儿见了人也不躲开。
9. 由于海水对土地的逐渐破坏,这里除几种耐盐碱的野生植物外,就看不到别的绿色了。
10. 他结婚的时候,父母把新买来的一栋三层楼房送了给他。

(四)选择适当的词语完成句子(每个词语只能用一次)

致使　常年　觉察　携带　借助　断定　测算　夹杂　腐烂　泛滥

1. 上个月发生了7级地震,_____。
2. _____,这里已经不适合人类居住了。
3. 笔记本电脑体积小,_____。
4. 我们不应因为一个人曾经做过错事_____。
5. 外国人学习汉语_____。
6. 当旅客吴某把机票和身份证递给检查员时,_____。
7. 他去英国留学四年刚回到中国,说话写文章都常常_____。
8. 买回来的水果_____。
9. _____,每个参加社会保险的工人,退休后至少可领到当时社会平均工资的60%左右。
10. 过去由于没有有效的治理,每年春季冰雪融化时,黄河水_____。

(五)改错
1. 我国正遭受400余种外来生物侵蚀,经济损失巨大,一年吞掉数千亿元。
2. 坐飞机时请不要随身带危险物品。
3. 互联网致使我们跟朋友的联系更方便了。
4. 这个县土地贫穷,大部分都不能种粮食。

5. 专家们测定出今天的黄土高原上仍然有占中国可耕种土地面积1/5的土地。
6. 这个繁华的大都市里也生活着一些贫瘠的家庭。
7. 癌细胞慢慢入侵着他的身体,他越来越瘦,越来越没精神了。
8. 经医生们测算,他的眼睛完全可以恢复光明。
9. 腐烂的水果不能一般来说食用。
10. 由于大雾影响了司机的视线,两辆汽车使发生碰撞事故,造成一人重伤。

(六) 根据课文判断正误

1. (　) 黄土高原是千百万年来沙尘暴带来的沙土堆积而成的。
2. (　) 黄土高原是一个贫瘠的地方,物产匮乏,水土流失严重,更是黄河水泛滥的根源。
3. (　) 深海沉积物、南极和格陵兰的冰芯以及中国的黄土都完整地保存着侏罗纪古气候环境的历史。
4. (　) 青藏高原的迅速凸起带来的干旱,使黄土高原成为地球上唯一一个完好地保存和记录了大陆沉积情况的地方。
5. (　) 当气候暖湿时,雨水相对较多,黄土堆积较多,生物的种类和数量增长也较多;当气候冷干时,雨水相对较少,黄土沉积较少,生物增长也较少。
6. (　) 夹杂在黄土层里的各种蜗牛、植物孢子和花粉都能帮助科学家们推测出古代的气候环境。
7. (　) 黄土颗粒的粗细还可以帮助科学家们测算风力的大小。
8. (　) 科学家们还可以利用测定磁化率、微量元素、放射性核素等多种方法来揭示古气候的某些特点。
9. (　) 人们对地球上年平均气温的变化非常敏感,但从地质记录的一些线索来看,地球上的气候在不同的时期是大体相同的。
10. (　) 黄土这本大书还如实地记录了最近的一次冰期从8万年前开始,盛冰期出现在1.8万年前,那是冰期里温度最高的时期。

(七) 综合填空

纽约的冬天常有大风雪,扑面的雪花 __1__ 令人难以睁开眼睛, __2__ 呼吸都会吸入冰冷的雪花。有时前一天晚上还是一片晴朗,第二天拉开窗帘往外看,门外 __3__ 已经堆满了厚厚的雪,连门 __4__ 推不开了。

遇到这样的情况,公司、商店常会停止上班,一般的学校 __5__ 会停课, __6__ 公立小学仍然开放。据统计,十年来纽约的公立小学只 __7__ 超级暴风雪停过七次课。这是 __8__ 令人惊讶的事啊!家长们不明白为什么在大人都不用上班的时候 __9__ 让孩子去上学。 __10__ 每次下大雪而小学不停课时,都有家长打电话去骂学校。

1. A. 不过　　　B. 不但　　　C. 不料　　　D. 虽然

2. A. 甚至　　　B. 但是　　　C. 致使　　　D. 通常
3. A. 曾　　　　B. 就　　　　C. 而　　　　D. 也
4. A. 却　　　　B. 就　　　　C. 都　　　　D. 而
5. A. 也　　　　B. 却　　　　C. 而　　　　D. 并
6. A. 只有　　　B. 甚至　　　C. 而且　　　D. 尽管
7. A. 不过　　　B. 因此　　　C. 因为　　　D. 因而
8. A. 太　　　　B. 真　　　　C. 多么　　　D. 极
9. A. 也　　　　B. 就　　　　C. 都　　　　D. 还
10. A. 只有　　　B. 最终　　　C. 于是　　　D. 尽管

(八) 试找出下面这段话中长句运用得不够好的地方,并把它们改好

　　一个不吃肉的人很容易缺乏对维持人体健康具有重要作用的营养元素蛋白质。用大豆蛋白替代猪肉可以防止因为缺乏蛋白质而引起的体力下降、对病毒的抵抗力减弱、精神紧张、身体各种功能低下、皮肤干燥、过早衰老等一系列不良症状的出现。因为大豆中含有丰富的植物蛋白。

五　副课文

黄土的功与过

　　一提到黄土高原,人们自然就会想到那块贫瘠的土地,那里不但干旱少雨,而且水土流失十分严重。千百年来,黄土高原流失的泥沙被卷入黄河,导致黄河水灾不绝。但黄河的泛滥也形成了肥沃的土地,孕育了中华文明。可以说,人们对黄河又爱又恨:一方面称黄河为中华民族的"母亲河",另一方面又称黄河为"中国的忧患"。这一切都是因为那可爱又可恨的黄土。

　　打开中国地形图,我们会看到从南向北延伸的太行山脉把中国的中部地区分为东西两半。高耸的太行山阻挡了西北吹来的强风。数百万年来,西部内陆荒漠的沙尘被风吹到太行山脚下,堆积成山,形成了黄土高原。发源于青藏高原的黄河,被黄土高原阻挡,绕道北上,进内蒙古草原后又不得不南下,横穿黄土高原,最终东出三门峡,经华北平原入海。

　　在横穿黄土高原时,黄河被泥沙染成了黄色,成为黄色的河。据统计,现在的黄河每年从黄土高原带下约 16 亿吨泥沙,也许历史上还有比这更大的排沙量。因为在 2500 多年前就有黄河"一斗水七升泥"之说。即使含沙量相当,二三千年前的降雨量比现在要大,所以带走的泥沙会比现在多。

数百万年来，黄河不断地把黄土送到华北平原和大海。正因为有了黄土和黄河，才有了华北冲积平原，为中华民族带来大面积肥沃的土地。在漫长的历史里，黄河填海造地数十万平方公里。至今，黄河每年继续造地十几平方公里。由黄土流动造出的这片肥沃土地，是中华民族的主要发源地之一，在这里创造出灿烂的中华文明。

但反过来看，黄河的泥沙也破坏了中华文明。据历史记载，约2500年前至今，黄河决口泛滥1500多次，平均每三年发生两次，大的改道26次，其影响范围北到天津，南到淮河。可以说，整个华北平原到处都可找到黄河改道的遗迹。黄河的泛滥与改道，使许多古代繁华的都市被埋在黄土之下，给下游人民带来深重的灾难。

黄土的存在是黄河频繁泛滥的主要原因。为了阻挡黄土的下移，人们在黄土高原上修建了数十万座挡土的建筑；为了控制黄土，人们在黄河上修建了数座大型水利设施。这些阻挡和控制黄土的办法短期内有一定的效果，但从长时间来看，黄土不可能只堆积，而不向下游流动的。

正如喜马拉雅山继续长高一样，黄土高原也在继续增长。虽然黄土的流失几千年来一直比较严重，但从较长的时间段来看，黄土的堆积量可能比流失量还要大一些。黄土高原的年平均降尘量可能还没有人调查计算过，但是近3000多年来的降尘堆积覆盖层厚度达40—80厘米，如果按第四纪每万年长高60多厘米计算，近几万年来每万年长高1米多，长高速度似乎越来越快了。

距今8500—4000年是全球性的温暖期，平均气温比现在高10℃左右，雨量充足，是现在的两倍。那时的黄土高原上也分布有森林和草原，西部荒漠比现在小，黄土堆积较慢。因此，虽然当时雨量较大，但黄土的流失量不是很大。最近的4000年，气候变冷，雨量逐渐减少，黄土堆积加速，黄土流失也加快。堆积和流失总是相互伴随的，并随着气候的变化而增减。一段时间堆积大于流失，另一段时间流失又会大于堆积。黄土高原的不断增高表明，总体上堆积可能还是大于流失。

人们爱也罢，恨也罢，黄土高原依然在增高，黄土依然在流失。人们希望它不要再增高，也不要再流失，会有这么一天吗？

(据《科学世界》2004年4月唐云江文)

第十二课　翻开黄土万卷书

回答问题

1. 千百年来黄河水灾不绝的主要原因是什么？
2. 黄土高原是怎样形成的？
3. 黄河水在哪一段开始变成黄色？为什么？
4. 历史上黄土高原水土流失最严重的时期是现在吗？
5. 黄土和黄河为什么能孕育出灿烂的中华文明？
6. 黄河的泥沙从哪里来？为什么说黄河的泥沙又破坏了中华文明？
7. 为什么黄土高原在继续增长？其长高的速度近几万年来有什么变化？
8. 请总结归纳黄土有哪些功和过。

单元练习(三)

一、给加点词语注音并另组一个同义词

慕名____( )　　获悉____( )　　赏识____( )

称颂____( )　　患者____( )　　茂盛____( )

捐赠____( )　　感染____( )　　轻快____( )

阴险____( )　　霸道____( )　　航天____( )

壮志____( )　　搁浅____( )　　卓越____( )

挫折____( )　　牵引____( )　　肆虐____( )

入侵____( )　　腐烂____( )　　迟缓____( )

二、注出下列多音字的读音并分别组词

脏 {( )____ ( )____}　难 {( )____ ( )____}　应 {( )____ ( )____}　扇 {( )____ ( )____}

挑 {( )____ ( )____}　血 {( )____ ( )____}　参 {( )____ ( )____}　发 {( )____ ( )____}

折 {( )____ ( )____}　间 {( )____ ( )____}　朝 {( )____ ( )____}　调 {( )____ ( )____}

咽 {( )____ ( )____}　更 {( )____ ( )____}　差 {( )____ ( )____}　嚼 {( )____ ( )____}

悄 {( )____ ( )____}　闷 {( )____ ( )____}　着 {( )____ ( )____}　系 {( )____ ( )____}

称 {( )____ ( )____}　露 {( )____ ( )____}　重 {( )____ ( )____}　藏 {( )____ ( )____}

单元练习(三)

三、为中间的词语找出前后分别能搭配的词语并连线

1. 积极/苦苦/继续/努力　　　A. 毁灭　　a. 生机/趋势/矛盾/实力
2. 彻底/大规模/逐渐　　　　B. 显露　　b. 时机/网络/力量/舆论/优势
3. 日益/逐渐/日见　　　　　C. 寻求　　c. 相关政策/工资标准/便民措施
4. 适当/继续/进一步/巧妙地　D. 借助　　d. 人类/理想/文化/真诚/信任
5. 大力/积极/共同/进一步/一贯 E. 感染　　e. 解脱/可行的办法/出路/发展
6. 切实/进一步　　　　　　　F. 出台　　f. 科学文明/社会新风/高雅艺术
7. 相继/悄然/顺利/纷纷/陆续　G. 倡导　　g. 资金/现金/有效成分/植物精华
8. 深深/强烈/严重/极大地　　H. 提取　　h. 人身安全/公民权利/合法权益
9. 盲目/竞相/疯狂地　　　　I. 保障　　i. 才华/才能/抱负/身手/本领
10. 充分/难以/无法/得以　　　J. 追逐　　j. 读者/观众/病毒
11. 及时/部分/充分　　　　　K. 振兴　　k. 快乐/欢乐/喜悦
12. 尽情　　　　　　　　　　L. 施展　　l. 太空/书海/商海
13. 共同/一起　　　　　　　　M. 分享　　m. 利润/梦想/金钱/权力/名誉地位
14. 全面　　　　　　　　　　N. 遨游　　n. 工业/教育/民族/经济/中华

四、把四字成语中缺少的字补上，并选择其中合适的填空

不可＿＿议	众所＿＿知	可想＿＿知	＿＿来已久	当务之＿＿	谈＿＿色变
迎＿＿而解	有＿＿一日	不＿＿一顾	＿＿心应手	和平共＿＿	转＿＿即逝
一＿＿二白	有目共＿＿	废＿＿忘食	发愤＿＿强	百折不＿＿	获益＿＿浅
无＿＿无尽	＿＿天蔽日	＿＿空见惯	前＿＿未有

1. 我们对大众文化不能采取＿＿＿＿＿＿、彻底否定的态度。

2. 小丽毕业后要到国外留学,这个想法＿＿＿＿＿＿,并不是最近才有的。

3. 遇到难题,朋友们帮着出出主意,想想办法,或许问题便会＿＿＿＿＿＿。

4. 经过较长时间的实践,她终于可以＿＿＿＿＿＿地处理这类问题了。

5. 艾滋病目前仍然是令不少医学界权威＿＿＿＿＿＿又无可奈何的致命杀手。

6. "举行记者招待会"的消息经常见诸报端,人们早已＿＿＿＿＿＿。

7. 投递员这个工作很苦,一年到头骑车奔忙,冬冷夏热,滋味＿＿＿＿＿＿,

8. 陈辉从小嗜好音乐,一直梦想着＿＿＿＿＿＿能成为一名音乐家,结果却走进了田径场。

9. 由于＿＿＿＿＿＿的原因,在1978年以前我国对知识产权保护重视不够。

10. 账算明白了，钱的来龙去脉自然也搞清楚了。集体的账和钱像小葱拌豆腐——_____。

五、用括号中的词语改写句子

1. 如果把动物器官移植到这位患者的身上，可能还有最后一点儿的希望，否则他至多只能活一个月了。(生机)
2. 丛飞毫无条件地帮助那些贫困学生，却被一些别有用心的人说闲话，能不让人心凉吗？(无偿)
3. 正当侦察员以为案件已经无法再查下去时，案情突然有了新的变化。(转机)
4. 要解决这个疑难问题，需要等待相应的政策出台。(有待)
5. 我们考虑问题要周密一点儿，一定要保证不出任何差错。(确保)
6. 你的择偶标准能否放宽一点儿？否则只能到月球上才能找到你的白马王子了。(挑剔)
7. 王太太经常佩戴不同的首饰出来，故意吸引别人的注意，以显示自己多么富有。(炫耀)
8. 对待同样的事件，我们两位领导态度完全相反，令我们无所适从。(截然)
9. 要破解这一世界难题，除了有过硬的本领以外，还要有惊人的毅力。(非凡)
10. 近年来，假冒伪劣和过期商品在很多国家已经成灾，成为政府和广大消费者普遍关注的社会公害。(泛滥)
11. 只要属于同一个时代、同一个民族，便会具有基本相似的文化背景、生活背景、意识形态和心理活动。(大体)
12. 老王这个人一向正直老实，我可以肯定这些钱绝对不是他拿的。(断定)
13. 等秋天来临时，也许悲伤的心灵会得以安慰。(兴许)

六、选用合适的词语填空

力图　瓶颈　肆虐　立志　进展　无偿　相应　搁浅
敏锐　酝酿　阴险　迫使　挑衅　超标　夹杂　固有

1. 据不完全统计，首届_____献血日期间献血人数已超过3000人。
2. 备受百姓关注的"安居工程"在广西已取得一定_____。
3. 可以毫不夸张地说，管理落后已成为制约我国社会经济发展的一大_____，加强管理已是势在必行。
4. 孙中山先生曾经说过"要_____做大事，不要_____做大官"这样一句具有深刻意义的名言。
5. 科学的世界观不是人们头脑中_____的，也不是自发产生的，必须从外往里"灌输"。

6. 如今体育活动的项目丰富多了,可大众体育设施却没能得到_____的发展。

7. 当改革的浪潮到来时,杨林_____地抓住了这一大好时机,最终成为成功的弄潮儿。

8. 我跟老李有十多年的交情了,他绝对不是那种为人_____的人。

9. 中国的希望工程致力于普及农村贫困地区的初等教育,_____使每一个孩子都能受到基础教育。

10. 会场气氛热烈,与会者纷纷发言,_____会议不得不延长半小时。

11. 对方球队在外面故意大喊大叫是对我们的公然_____。

12. 由于大部分研究人员已调离,这个研究课题_____了。

13. 我们这个计划已经_____多时,现在是实施的时候了。

14. 最近媒体报道说某品牌的化妆品重金属含量_____,引起轩然大波。

15. 当初艾滋病刚刚开始在非洲_____时,如果能采取更有力的措施,或许它不会成为一场代价沉重的灾难。

16. 来此地的除了商人、投资者外,还_____着不少游客和小商贩。

七、选择最合适的词语填空

1. 这家商场以价廉物美的商品_____了成千上万的顾客。
   A. 吸引　　　B. 引诱　　　C. 诱惑　　　D. 牵引

2. _____到这个问题的严重性,我们决定要报警。
   A. 思考　　　B. 琢磨　　　C. 考虑　　　D. 认识

3. _____器官目前仍没有相应的法律法规保障,使很多人未能如愿。
   A. 捐赠　　　B. 募捐　　　C. 赠送　　　D. 捐献

4. 家里的贵重物品放在抽屉里很容易被小偷发现,应该_____到安全的地方。
   A. 迁移　　　B. 转移　　　C. 搬运　　　D. 移植

5. 宋庆龄_____孙中山先生多年,后来成为志同道合的夫妻。
   A. 追逐　　　B. 追求　　　C. 追随　　　D. 随着

6. 自从发生孩子被绑架的事件后,王丽至今仍生活在_____中。
   A. 恐惧　　　B. 恐怖　　　C. 狰狞　　　D. 害怕

7. 电视机前的观众,感谢你们积极的_____,我们下周再见。
   A. 参加　　　B. 参观　　　C. 加入　　　D. 参与

8. 小聪得奖以后对我们的态度变得_____了,你没有看出来吗?
   A. 骄傲　　　B. 自负　　　C. 傲慢　　　D. 融洽

9. 海水的_____使这里八百亩良田变成了盐碱滩,再也种不出粮食来了。
   A. 侵入　　　B. 入侵　　　C. 侵蚀　　　D. 腐烂
10. 恐怖袭击事件发生后,乘客在机场托运和_____的行李必须接受严格检查。
    A. 携带　　　B. 带　　　　C. 拿　　　　D. 提
11. 开发大西北的号召一发出,无疑在_____的土地上播种了明天的希望。
    A. 贫困　　　B. 贫穷　　　C. 贫乏　　　D. 贫瘠
12. 我们提倡素质教育,是因为仅凭一张试卷无法准确_____考生的全部学识。
    A. 预测　　　B. 测定　　　C. 测算　　　D. 推测
13. 求职的前提是必须要有一个固定的住所,否则雇主不可能对求职者有_____的信任。
    A. 至少　　　B. 起码　　　C. 大体　　　D. 至多

八、用所给的词语完成句子

1. 尽管大学毕业已经二十多年了,_____。　　　　　　(忘怀)
2. 人老了,_____,可思想上精神上的营养同样重要。
   　　　　　　　　　　　　　　　　　　　　　　　　　　　　　　　　(固然)
3. 美元汇价究竟将如何发展,_____。　　　　　　　　(有待)
4. _____,电脑的用途不外乎打字、听音乐、玩儿游戏、查资料。
   　　　　　　　　　　　　　　　　　　　　　　　　　　　　　　　(……来说)
5. _____,改革开放确实促使我国经济的迅速发展。　(……来看)
6. 吸烟已成为一个极其严峻的社会问题。戒烟,_____。
   　　　　　　　　　　　　　　　　　　　　　　　　　　　　　　　(当务之急)
7. 从目前情况来看,前来旅游的人将越来越多,_____。(随之)
8. 全国男篮甲级队8强赛2月15日战罢第四轮后,_____。(大体)
9. 银幕上的她是一个阴险、狡猾的小人,_____。　　(截然)
10. 这种料子质地柔软,用来做衣服特别耐穿,_____。(起码)
11. 人们都以为这场风波已经平息了,_____,更大的风波还在后头呢。
    　　　　　　　　　　　　　　　　　　　　　　　　　　　　　　　　(不然)

九、改错

1. 二十多年前发生的事情我已经忘怀了,你又何必旧事重提呢?
2. 学习钢琴固然高雅是高雅,学习古筝也不俗呀。

3. 遇到别人求助于你时,及时伸出援助之手,这是做人最至少的良心。
4. 他们制造的"9·11"恐惧事件使人至今回想起来仍然心有余悸。
5. 我们试图了很多新方法都没有成功,唯有放弃。
6. 目前匮乏人才资源,我们一定要想方设法解决才行。
7. 一个人生活在这个世界里不可能完全不忧虑别人的看法。
8. 载人航天飞船的升天,致使十三亿中国人扬眉吐气。
9. 昨晚大体做了十道练习题就困了,所以早早就睡觉了。
10. 小丽要寻求十年前失去的爱情,决心抓住了就再也不放手了。

十、把下列词语排列成合法的句子

1. 有朝一日 千古之谜 期待 我们 着 能 这 破解 个
2. 忧虑 证明 其后 发展 的 不无 我们 事态 的 道理
3. 对 挑衅 追随者 敌方 不屑一顾 的 我 的
4. 匮乏 广袤 物质 的 无垠 把 投向 资源 使 目光 太空 的 人们
5. 非凡 十分 百折不挠 毅力 精神 他 钦佩 我们 和 那 的 的
6. 黄沙 致使 遮天蔽日 流失 这 水土 日益 一 的 严重 带
7. 自然 来说 和谐 当务之急 对 共处 要 与 是 我们
8. 沉积物 尚 是否 这里 带有 考察 元素 的 有待 放射性 进一步

十一、修改短文

　　真理和谬误一起到河边去游泳,他们都脱了光光的,跳入水中。趁真理游着正高兴的时候,谬误偷偷地游回岸边,真理的衣裳被谬误偷走了。
　　其间,谬误经常把真理的衣裳穿着招摇过市,却真理赤条条地一丝不挂。
　　寓言是真理的好朋友。起初,一丝不挂的真理常常被寓言带着到另外一些朋友家里去串门,但是,他们被人们远远地一看见,就紧紧地拴上大门。
　　寓言伤心地说:"你们怎么能这样对待我的朋友呢?他即使一丝不挂,却比任何穿着美丽的谬误都真诚、都纯洁、都可以被信赖啊!"朋友们告诉:"人类赤身裸体的年代早已过去了。一丝不挂,毕竟是落后的象征。你要把你的朋友成为大家欢迎的人,还是使他穿上一件与时代相称的衣裳吧!"
　　寓言听从朋友们的劝告,经常给真理设计一些新颖、独特、大方而又漂亮的服装。他们无论走到哪里,都受到人们的欢迎。

十二、填空

　　_____,有一个海岛,岛上有很多沉积了多年的珍贵的大颗珍珠,_____谁也无法接近这个海岛,_____栖息在海岸附近的海鸟能飞行往来在这个岛上。

很多人慕名而来,带着枪支弹药,捕杀飞回岸边的海鸟。_____这种海鸟每到白天都会飞到岛上去吃光如明月的珍珠。_____,海鸟渐渐地灭绝,_____剩下的几只也过得胆战心惊,_____一闻到人的气息,看到人的踪影,_____会早早地逃走。

_____,来了一个很有智慧的商人,他在海岸附近买下了大片的树林,_____在树林周围围上了栅栏,不让闲杂人走进他的树林。_____,他严厉地告诫他的仆人,不许在树林里捕捉或驱赶海鸟,_____不许放枪。

_____,当海岸其他地方的枪声一响,_____会有海鸟在惊慌逃窜中不经意地闯进他的树林。时间一长,海鸟渐渐地留在他的树林里栖息,它们也因此不必为安全_____战战兢兢。

等海鸟在他的树林里逐渐安定下来的时候,他开始用各种粮食果实等做成味道鲜美的百味食物,撒给这些海鸟吃。海鸟贪吃百味食物,就_____肚中的珍珠全部吐了出来。

日复一日,这个商人就成了百万富翁。

在对待一些问题上,人与人的思维只存在细微的区别,_____不同的思维得出的结果_____截然不同。

十三、用"A、B、C、D、E"给下面的短文排序,然后写一篇 300—500 字的读后感

1. (　)"噢,"小狐狸说,"那么,做个正直的人不就用不着去学这些丢人、冒险的本领了吗?"

2. (　)小狐狸不耐烦地说:"爸爸,你不是说有了欺弱捧强这两种本领后就能吃一辈子了,为什么还要练长跑呢?"

3. (　)老狐狸教了小狐狸遇到弱者就咬、遇到强者就讨好献媚的招数后,又让小狐狸练长跑。

4. (　)"话虽如此,"老狐狸说,"可我们狸族的祖宗八代不知试过多少次,要做到正直诚实,比学会这三种本领要难几万倍呀!"

5. (　)"孩子,"老狐狸说,"这两种本领虽然是我们的传家宝,但如果要是遇上不吃拍马这一套的强者怎么办,只有用跑来逃命呀。"

第十三课　生命之源——水

一　生词语

1. 炎热 ⟷严寒	yánrè	(形)	(天气)很热:~的夏天｜天气~。 >炎夏 炎暑 炎炎 炎凉
2. 极限	jíxiàn	(名)	最高的限度:达到~｜挑战~｜生命~｜~运动。 >极度 极端 极量 上限 下限
3. 比重	bǐzhòng	(名)	一种事物在整体中所占的分量:我国第三产业在整个国民经济中的~逐年增长。
4. 传送 ≈传递	chuánsòng	(动)	把物品、信件、消息、声音等从一处传递到另一处:~消息｜~电报。 >传阅 传言 传译 传扬
5. 养分	yǎngfèn	(名)	物质中所含的能供给有机体营养的成分。
6. 排泄	páixiè	(动)	生物把体内新陈代谢产生的废物排出体外。 >排忧解难 排险 排遣 泄漏 泄愤
7. 润滑	rùnhuá	(动)	用油脂等减少物体之间的摩擦,使物体便于运动:~油｜~机器。
8. 关节	guānjié	(名)	骨头与骨头之间相连接的地方,可以活动。 >肩关节 膝关节 肘关节 关节炎
9. 矿物质	kuàngwùzhì	(名)	也叫无机盐,是构成人体组织和维持正常生理功能所必需的各种元素的总称,是人体必需的七大营养素之一。
10. 镁	měi	(名)	金属元素,符号 Mg。
11. 美容	měiróng	(动)	使容貌美丽:~院｜~手术｜汽车~。 >美发 美体
12. 保养 ≈保健	bǎoyǎng	(动)	保护调养:~身体｜皮肤~。
13. 延缓	yánhuǎn	(动)	延迟;推迟:~衰老｜因天气变化,工程进

	≈延迟		度~了。 >延期 延迟 延续
14.	衰老	shuāilǎo （形）	年老精力衰弱:手术之后,老人显得~多了。 >衰败 衰竭 衰落 衰亡 衰弱
15.	黏	nián （形）	像胶水等所具有的、能使一个物体附着在另一物体上的性质。 >黏度 黏合 黏附 黏糊 黏结
16.	脱水	tuōshuǐ （动）	人体中的液体大量减少,常在严重的呕吐、腹泻或大量出汗、出血等情况下发生。
17.	负荷	fùhè （名）	负担:沉重的~｜不堪~。
18.	戒严	jièyán （动）	国家遇到战争或特殊情况时,在全国或某一地区内采取非常措施,如增设警戒、限制交通等。 >戒备 戒律 戒心 戒惧
19.	部位	bùwèi （名）	位置(多用于人的身体):发音~｜消化道~。 >部门 部首 部下 部落
20.	机能	jīnéng （名）	细胞组织或器官等的作用和活动能力:人体~。
21.	运作	yùnzuò （动）	(组织、机构等)进行工作;开展活动:改变现行的~方式｜保证机关的正常~。
22.	势必	shìbì （副）	根据形势推测必然会怎样:不努力学习,~要落后｜如此冥顽不灵,~将来要后悔的。
23.	损伤 ≈损害	sǔnshāng （动）	损害;伤害:毫无~｜~皮肤。 >损失 损坏 损毁 损耗
24.	摄	shè （动）	吸取:~入维生素｜~入过量煤气。 >摄取 摄食
25.	气喘	qìchuǎn （动）	每分钟呼吸次数增多或深度增加,并伴有吸气费力的症状,也叫哮喘,简称喘。
26.	高血压 ⟵→低血压	gāoxuèyā （名）	成人的动脉血压持续超过140/90毫米水银柱时叫高血压。
27.	风湿	fēngshī （名）	中医指由风和湿两种病邪引起的疾病。症状是头痛、发热、小便少、关节酸痛、不能屈伸等。
28.	关节炎	guānjiéyán （名）	关节发炎的病。症状是关节红肿疼痛,有时体温增高,严重的能使关节变形或脱位。

第十三课　生命之源——水

29. 间隔	jiàngé	(动)	隔开；隔绝：两个疗程之间要~一周｜彼此音讯~。
30. 跛	bǒ	(动)	腿或脚有毛病，走起路来身体不平衡。
31. 抽筋	chōujīn	(动)	筋肉痉挛：腿受了寒，直~儿。
32. 痊愈	quányù	(动)	病好了：积极治疗后，他的气喘~了。
33. 饮	yǐn	(动)	喝。 ＞饮食　饮品　冷饮　饮料
34. 黏膜	niánmó	(名)	口腔、气管、胃、肠、尿道等器官里面的一层薄膜，内有血管和神经，能分泌黏液。
35. 营造	yíngzào	(动)	有目的地造（气氛、环境）：~宽松和谐的氛围。
36. 烦躁 ≈烦恼	fánzào	(形)	烦闷、急躁：心情~｜~不安。 ＞烦闷　烦扰　烦心
37. 缓解 ≈缓和	huǎnjiě	(动)	剧烈、紧张的程度有所减轻；缓和：~压力｜病情有所~。 ＞缓冲　缓急　和缓
38. 安然	ānrán	(形)	平安；安安稳稳地：~无事｜~无恙。
39. 动态 ⟷静态	dòngtài	(名)	运动变化状态的或从运动变化状态考察的：~分析｜~平衡。
40. 相符	xiāngfú	(形)	彼此一致：名实~｜他所说的话与事实完全~。
41. 均衡 ≈平衡	jūnhéng	(形)	平衡：~发展｜饮食~。
42. 中枢 (中奖)	zhōngshū zhòng	(名)	在一事物系统中起总的主导作用的部分：交通~｜电信~。
43. 日复一日	rìfùyīrì		一天又一天地过去，形容时日不断地流逝：小镇的生活~，平静如同没有波浪的湖水。
44. 适量 ≈适当	shìliàng	(形)	数量适宜：饮酒要~。 ＞适度　适合　适当　适用
45. 食欲	shíyù	(名)	人进食的要求：~不振｜适当运动能促进~。
46. 适时	shìshí	(形)	适合时宜；不太早也不太晚：播种~。
47. 外在 ⟷内在	wàizài	(形)	事物本身以外的：~因素。
48. 浇灌	jiāoguàn	(动)	浇水灌溉。
49. 漱	shù	(动)	含水洗（口腔）：~口｜用药水~~。
50. 保健	bǎojiàn	(动)	保护健康：~工作｜~操｜~室。 ＞保洁　保温　保驾　保卫

51. 畅通	chàngtōng	（形）	无阻碍地通行或通过：~无阻｜铁路~。
52. 空虚	kōngxū	（形）	里面没有什么实在的东西；不充实：精神~｜生活~。
⟷充实			
53. 蜂蜜	fēngmì	（名）	蜜蜂用采集的花蜜酿成的黏稠液体，供食用和药用。
			＞蜂房 蜂窝 蜂箱 蜂王
54. 便秘	biànmì	（名）	粪便干燥、大便困难而次数少的症状。
55. 行之有效	xíngzhīyǒuxiào		实施某一办法、措施很有成效：他们制订的办法切合实际，~。
56. 就餐	jiùcān	（动）	到吃饭的地方去吃饭：学生在食堂~。
			＞就读 就寝 就任 就业 就位 就职
57. 切忌	qièjì	（动）	切实避免或防止：~粗心大意。
			＞切记 切实
58. 异味	yìwèi	（名）	不正常的气味：食物已有~，不能吃了。
59. 纯净水	chúnjìngshuǐ	（名）	不含杂质、单纯洁净的水。
60. 净化	jìnghuà	（动）	清除杂质，使物体纯净：~空气｜~心灵。
61. 蒸馏水	zhēngliúshuǐ	（名）	把水加热产生蒸气后冷凝成液体取得的水，清洁而不含杂质，多用于医药和化学工业。
62. 财力	cáilì	（名）	经济力量（多指资金）。
			＞人力 物力
63. 程序	chéngxù	（名）	事情进行的先后次序：工作~｜会议~。
64. 沉淀	chéndiàn	（动）	溶液中难溶解的固体物质沉到溶液底层。
65. 老化	lǎohuà	（动）	橡胶、塑料等在光、热、空气、机械力等的作用下变得黏软或硬脆，本课用的是引申义：血管~｜配备~。
66. 陈旧	chénjiù	（形）	旧的；过时的：~的观念｜设备有点儿~。
67. 不容	bùróng	（动）	不许；不让：~拖延｜~置疑。
≈不许			
68. 刻不容缓	kèbùrónghuǎn		片刻也不能拖延，形容形势紧迫：抢险救灾工作，~｜请你先办理这件~的事。

第十三课　生命之源——水

课 文

> **提示一** "民以食为天",课文为何说"饮"比"食"更为重要?水对人体的主要作用有哪些?

一个健康的人,如果有足够的水喝,即便连续几个月不吃东西,也能维持生命。但如果没有水,三天就会丧命。在炎热的沙漠中,倘若两个小时不喝水,生命的极限就会受到挑战,死神就会降临。所以《本草纲目》把水放在第一章。中国古代早已有"药补不如食补,食补不如水补"的说法。为什么水对人如此重要?

水占人体的比重是2/3。水是传送养分至各个组织、排泄人体废物和体液(如血液)循环的载体,是消化食物、润滑关节和各内脏器官以及调节体温所必需的。水是含有溶解性矿物质的血液系统的一部分,它同溶解的钙、镁一样,对维持人体组织的健康,必不可少。它还能美容,起到保养皮肤、延缓皮肤衰老的作用。

当水分充足时,血液保持正常的黏度,人体的各个组织、系统都能有效地工作。但是当水分不足(即脱水)时,身体就会不堪负荷,于是进入紧急戒严状态,不得已牺牲自己一些部位的正常机能,以保证另一些组织和器官的运作需要,这样势必会导致疼痛、组织损伤或其他健康问题。

当摄入充足的水后,许多问题就能减轻甚至迎刃而解,比如气喘、高血压、头疼、背痛、风湿性关节炎和间隔性跛行(比如由于供血不足引起的抽筋)等。

喝足够的水有利于防病治病,比如可以预防感冒,并使感冒患者早日痊愈。其原因在于,感冒大多数由病毒引起,充足地饮水可避免皮肤和黏膜干燥,有利于阻止病菌和病毒进入人体。足够的水可加快人体排出废物,使患者早日康复。

喝足够的水有利于营造好的心情。人如果长期处于心理紧张状态,身体就无法防御病菌或病毒的入侵。多饮水,能使烦躁的心情得到缓解。水本身对人

241

体有镇静作用,有利于人体健康。老年人睡前喝少量的水,很快就可安然入睡。

喝足够的水可以延缓衰老,有利于长寿。人体衰老的过程,就是人体脱水的过程。例如老年人皱纹增多,就是皮肤干燥和脱水引起的。随着年龄的增长,水占人体体重的比例会逐渐下降。根据科学研究的成果,已知水占人体的比重大体如下:在婴儿期,水占80%—85%,成人期占70%—75%,中老年期占60%—65%,老年期在60%以下,最低不会低于50%。

提示二 人体每天的"需水量"和"饮水量"有什么不同?酒、咖啡、茶和可乐等能代替水吗?为什么?

这里要区别"需水量"和"饮水量"二者的不同。正常人体内的水总是处于动态平衡状态,摄入和排出的量基本相符,变化幅度为1%—2%。美国科学家测定,一个体重65公斤的中年人,通过尿液、皮肤等多种途径,每日排出水的总量为2569毫升。为保持人体内水的均衡,每日起码须补充2560毫升左右的水。但我们所需的水,不完全来自饮水,粮食、肉类、蔬菜、水果等食品中也含有水,所以每日需要从饮水中获取的

水,约需1200毫升。常用饮水杯容量为200毫升,即每天约需饮6—8杯,才能说饮了足够的水。当然,这是指正常状态,在高温天气和运动、劳动强度大的情况下,还要增加约1/3的水。

还要注意,酒、咖啡和茶不能算做水。比如咖啡和茶,都含有脱水的成分,这些成分会刺激中枢神经系统,同时对肾脏产生强烈的利尿作用。因此,喝了这些饮料,还需要补充水。以咖啡为例,一天喝6杯咖啡,有12克咖啡因。身体要将这些咖啡因代谢掉,需要相应多排掉500—1000毫升的水。所以咖啡、茶不仅不能代替水,而且喝这些饮料还要多补充一些水。另外,咖啡有兴奋作用,即使体内缺水,人也不觉得口渴。日复一日,就可能出现慢性脱水。因此,喝咖啡一要适量,二要补充因喝咖啡所失去的水分,这样才有利于健康。

喝可乐等饮料也不能代替水。饮料多为酸性,经常喝酸性的饮料,会使

第十三课　生命之源——水

人体内的酸性物质增多,容易产生疲劳,导致免疫功能降低。另外,饮料中含糖,喝多了会抑制摄食中枢,人容易没有食欲。

> **提示三** 何时饮水最合适?为何心脑血管病患者常在清晨犯病?人应该饮用什么样的水?

关键是要主动适时喝水,不要等到口渴时才喝水,口干是极度脱水的外在信号,那时细胞已处于脱水的状态,喝水已经晚了,好像农田干裂了才去浇灌一样。饮水次数要多,不能暴饮。洗澡前喝一杯水,对避免在洗澡过程中昏迷、防止皮肤干燥,都很有好处,洗后也不会有口渴的感觉。睡前喝少量的水,有利于入睡,不要怕起夜。夜间起来小便,也要补充水。特别在早晨起床以后,要及时补充足够的水,最好是一杯以上的凉开水。要按(漱口)喝水、早餐、刷牙的步骤,做好保健工作。因为经过一夜的睡眠,人体排出了大量的水分,血液的黏稠度增加,血容量不足,微血管不畅通,很容易造成血流不畅、血压升高。不少心脑血管病患者常在清晨犯病,就是这个原因。早晨人体肠胃空虚,水吸收快,补水效果较好。所以清晨补水,对于恢复血液正常生理功能、减少心血管病、排出体内代谢垃圾都有好处。对于早晨锻炼身体的人来说,清晨补水更为重要。清晨补水,可在水中稍加点儿食盐,使水迅速进入细胞。睡前饮水中加点儿蜂蜜,对预防便秘行之有效。

在空调房间里空气比较干燥,在飞机上气压较低,这两种情况下人体水分的消耗都比平时快,更需要多喝水。

也有不该喝水的时候,如边吃饭边喝水就不好。因为吃饭时会产生大量胃液,喝水会使胃液变稀,影响食物消化,所以就餐前后及就餐时切忌大量饮水。

人应当饮用健康水,健康水是最廉价、最有效、最安全的营养物质,它可以使你更健康、更有活力、更长寿。所谓健康水,要具备三个条件:

1. 没有污染的干净水,即不含有毒、有害、有异味物质的水。
2. 符合人体生理需要的水,即水中含有适量的有益矿物质、氧和二氧化碳等。
3. 生理功能强、具有生命活力的水。

"纯净水"是经过净化处理的干净水,但不是"健康水"。因为它只具备第一个条件,虽然不含有毒、有害的物质,但去掉了人体需要的钙、镁等矿物质。水中的这些矿物质易被人体吸收。没有这些矿物质,水就失去了活力,喝了这样的水,人的免疫功能就会降低,容易得高血压、心脏病、癌症等疾病。蒸馏水和纯净水一样,对人体有不良影响。英国人喝了几十年蒸馏水,全民身体素质都下降了,后来政府规定不许喝蒸馏水。

自来水符合第一、二两个条件,可以说是安全水。但目前一些国家因财力所限,自来水还不能说是健康水:一个原因是自来水处理程序仍比较落后,对水源中的有害物质只能沉淀或过滤掉20%左右;二是自来水的配备老化,如水管、水箱比较陈旧,会造成二次污染;三是消毒程序不科学。所以WHO(世界卫生组织)认为,改善水质、使用对人体无害的消毒剂已成为不容忽视的问题,因此改进工艺、设备已经到了刻不容缓的地步了。

(据《自然与人》总第144期 李复兴文)

注 释

1. 传送—传递

这两个词都可用于把具体的东西如信件、消息、情报等从一处传到另一处,但"传送"的发出者和接收者可以是人,也可以是机器等别的事物;"传递"的发出者和接收者一般都是人。如:

(1) 全国各地的信件每天通过交通工具传送到不同的城市。(传递×)

(2) 请同学们把作业本传递下去。(传送×)

(3) 他在盛大的奥运会上传递奥运圣火,令运动员羡慕不已。(传送×)

(4) 该项工程改造后,除传送广播电视节目外,还可传送会议电视、数据、语音、图像等多种业务。(传递×)

此外,"传送"还可用于把抽象的声音等从一个地方传到另一相距比较远的地方,"传递"不行。如:

(5) 下雨时,我们先看到闪电,然后才听到雷声,是由于声音的传送速度比光的传送速度慢得多。(传递×)

2. 保养—保健

这两个词都可做动词。"保养"是指保护调养,是联合式结构,可带宾语,可用于人或别的东西,如:~皮肤、~身体、汽车~、草地~等;"保健"是指保护健康,是述宾式结构,一般用于指人,不能带宾语。它常做定语,如:~室、~站、~工作、~操、~球、~品等。

(1) 这种药不光有治疗抽筋的作用,还有保健的功效。(保养×)

(2) 现代时尚的女人,不但注意科学饮水保养自己亮丽的肌肤,延缓衰老,而且注意保养自己的汽车,常为汽车美容。(保健×)

(3) 为了摄取均衡的营养,各类绿色保健食品日益受到消费者的青睐。(保养×)

第十三课　生命之源——水

3. 延缓—推迟 ❋❋

"延缓"是指延迟工程进度等或推迟做某一项工作,也可用于延迟人衰老的进程;"推迟"是把预定日期、钟点向后改动。"延缓"后边不能接时量词,如不能说"延缓三天"、"延缓一小时",但"推迟"后边能接时量词,如可以说"推迟三天"、"推迟一年"等。

(1) 抢险工程进度不容延缓。(推迟×)
(2) 适当地补水可以延缓衰老。(推迟×)
(3) 因天气原因,本周的班级活动推迟一天举行。(延缓×)
(4) 大家一致同意,足球比赛推迟到期中考试后举行。(延缓×)

4. 势必 ❋

副词,根据形势推测必然会怎样。一般用在书面语中。如:

(1) 在足球赛场上,不注重团队的配合,单靠个人技术,~会错过一些进球机会。
(2) 任何事物都是发展变化的,我们必须动态地进行分析研究,否则,~得不到正确的答案。
(3) 植树要注意间隔一定的空间,如果间隔太小,~影响树木的成长。

5. 烦躁—烦恼 ❋❋

这两个词做形容词时,都有心情烦闷的意思。

(1) 最近几天小李似乎很烦躁。(烦恼√)

"烦躁"含有"性急"、"不冷静"的意思,通常有表情、行动表现出来;"烦恼"则只是"心里不痛快"的意思。

(2) 自体检得知患有高血压以后,他心情一直不好,这几天更是烦躁不安。(烦恼×)
(3) 笼子里的黑猩猩这几天正处于发情期,因而特别烦躁。(烦恼×)

但"烦恼"还可做名词。此时一般不能互换。如:

(4) 人的一生中会遇到各种各样的烦恼,如工作上的烦恼、生活上的烦恼、爱情上的烦恼等,只要我们坦然面对,很快就会雨过天晴。(烦躁×)
(5) 就餐时听听音乐,可以帮助我们放松心情,忘却烦恼。(烦躁×)

6. 缓解—缓和 ❋❋

这两个词都可做动词,表示使严重、紧张的程度得到减轻,都可带宾语,都可以与矛盾、局势、局面搭配。如:

(1) 这次会议使双方一度紧张的局面得到缓和。(缓解√)
(2) 交谈可以缓解一下他们之间的矛盾。(缓和√)

但"缓和"还可以与气氛、心情、态度、关系、语气等搭配;而"缓解"可以与病痛、压力、困难、紧张的现象等搭配。如:

(3) 他的调解终于缓和了紧张的气氛。(缓解√)
(4) 听了我的解释,他的态度才缓和下来。(缓解×)
(5) 常喝蜂蜜可以缓解便秘的症状。(缓和×)
(6) 轻松的谈话使她心里的巨大压力得到缓解。(缓和×)

此外,"缓和"还可做形容词,可受"很"、"比较"等程度副词的修饰,后面可以带"下来"、"一些"、"一下"、"多了"、"不少"等补语;"缓解"不可受程度副词修饰,后面只可以带"一些"、"一下"。如:

(7) 一系列行之有效的外交活动取得了成效,最近两国关系比较缓和了。(缓解×)

(8) 后来他又给我写了一封信,语气缓和多了。(缓解×)

(9) 紧张的局势慢慢缓和下来了。(缓解×)

(10) 用电紧张的现象缓解了一些。(缓和×)

(11) 用这种药,可以暂时缓解一下病情。(缓和×)

7. 空虚—无聊 ✽✽

两个词都是形容词,"空虚"是指里面没有什么实在的东西,空洞、不充实、不丰富,多用来形容生活、精神、思想等;而"无聊"是由于清闲而烦闷的意思。

(1) 精神空虚的年轻人,切忌陷入吸毒的深渊。(无聊×)

(2) 现在正无聊,我们不如去美容院保养一下皮肤。(空虚×)

(3) 闲着无聊时,他要么上网聊天,要么玩儿游戏,就是不爱锻炼身体。(空虚×)

"无聊"还有因言谈、行动等没有意义而使人讨厌的意思。指文章内容时有时可互换,但意思不同。如:

(4) 这篇小说虽然篇幅很长,但内容无聊,故事情节也不吸引人,不值得一读。(空虚√)

(5) 他讲的笑话太低级趣味,很无聊。(空虚×)

(6) 他一打开话匣子,就老谈吃穿,无聊极了。(空虚×)

8. 辞格(11):婉曲 ✽✽

所谓"婉曲",就是有意不直接说明某事物,而是借用一些与某事物相应的同义语句婉转曲折地表达出来,令人感到易于接受或体会到言外之意,这种辞格也叫"婉转"。如:

(1) 在炎热的沙漠中,倘若两个小时不喝水,生命的极限就会受到挑战,死神就会降临。

在这个句子里,"死神就会降临"运用了婉曲的修辞手法,不直接说出"你就会死掉"。

(2) "你的个人问题怎么处理呀?""个人问题"是个代名词,那意思谁都知道,大姐一提起这事,我的脸就热得发烫……

这个句子用"个人问题"代替婚姻恋爱问题,含蓄得体,有分寸。

(3) 聂耳以23岁的青春年华,过早地写下他生命的休止符。

这个句子是通过比喻来委婉地说明音乐家的过早去世。

第十三课 生命之源——水

四、练 习

(一) 在下列四字词语中填入缺少的汉字,并分别用这些词语造句

1. 行____有效
2. 刻____容缓
3. 当务____急
4. 迎刃____解
5. 日____一日
6. 恰如____分
7. 不谋____合
8. 一成____变
9. 不____一顾
10. ____心应手
11. 转____即逝
12. 有目共____
13. ____寝忘食
14. 百折不____
15. ____空见惯
16. 获益____浅
17. 不可思____
18. 有____一日
19. 由来已____
20. 一____二白

(二) 选择合适的词语填空

极限 负荷 运作 势必 损伤 营造 适时 畅通 切忌 不容

1. 潮湿季节时,风湿性关节炎患者_____受寒着凉。

2. 全球环境污染_____影响人类的饮水质量,因此,治理污染、改善饮水质量是当前环保工作的重要内容之一。

3. 完成铁人三项赛事后,他的体能消耗达到了_____。

4. 善于_____快乐轻松的学习气氛是教师要掌握的教学技巧之一。

5. 在学生的教育工作中,要注意方式方法,不要_____他们的积极性和主动性。

6. 救援期间,务必保证各种抢险车辆、运送救灾物品的车辆_____无阻。

7. _____置疑,在这种危急情况下,我们必须冷静、冷静、再冷静,沉着应对。

8. "桶装水+饮水机"的_____模式,其弊端是二次污染和不方便。

9. 由于超_____的脑力劳作,一些中青年学者英年早逝,留下未竟的事业和不尽的遗憾。

10. 有关农学专家指出,要保证这种农作物高产,必须_____播种、收割。

(三) 改错

1. 她说话声音不大,语气也缓解多了。

2. 以前他患有严重的气喘,去乡下休养了几年后,居然没再犯病过了。
3. 不要传播这些空虚的消息。
4. 地铁开通以后,这个城市的交通堵塞得到了缓和。
5. 期末考试太紧张,大家一致同意毕业晚会延缓到考试结束后举行。
6. 都市生活节奏太快,一些白领需要通过心理治疗来抑制焦虑和烦恼。
7. 生活中的烦躁事很多,不要都记在心上。
8. 饮酒要适时,喝得过量,容易引起酒精中毒。

(四)根据意思选择合适的词语改写句子(每个词语限用一次)

比重　势必　迎刃而解　痊愈　均衡　切忌　老化　刻不容缓

1. 由于风力的影响,火情没有得到有效的控制,我们必须尽快转移周边居民。

2. 因为有乐观积极的心态,在医生的精心治疗下,他的癌症居然治好了。

3. 现代科技的发展日新月异,他在大学学的很多知识都已经过时了。

4. 灾情的严重远远超出我们的预料,如果不抢修加固河堤,一定会造成更大的灾难。

5. 这个问题看起来很复杂,可一旦找到了窍门,问题就变得很容易解决了。

6. 专家指出:现在的独生子女挑食现象比较严重,要想儿童健康成长,一定要注意摄取各种营养,不能偏食。

7. 中外专家认为:水对人体所需矿物质的贡献很小,我们千万不要为了水中微不足道的无机矿物质而将可能的各种污染、细菌、病毒等一起喝进去。

8. 这次考试,语法和词汇知识所占的分量很小,语言的综合运用所占的分量很大。

(五)为带点字选择一个合理的解释

容:A. 脸上的神情和气色　B. 允许,让　C. 宽容,原谅　D. 容纳　E. 相貌
适:F. 恰好　G. 去,往　H. 舒服　I. 适合

缓：J. 慢，迟　K. 推迟

戒：L. 防备，警惕　M. 戒除　N. 最高

1. 刻不容缓：_____　　2. 容光满面：_____

3. 整容：_____　　4. 情理难容：_____

5. 这间教室容不下二十个学生：_____

6. 身体不适：_____　　7. 适可而止：_____

8. 无所适从：_____　　9. 适龄儿童都已入学：_____

10. 缓不济急：_____　　11. 这事缓几天再说：_____

12. 戒烟：_____　　13. 戒心：_____

14. 极限：_____

(六) 指出下面的句子运用了哪些修辞格

1. 在交通复杂的大都市，开车切记要集中注意力，要不然脑袋就容易搬家了。
2. 为了抢救那个落水儿童，他永远地睡了，安详地睡在那个洁净的世界里。
3. 炎热的盛夏，太阳像一个大火球炙烤着大地，徒步走在沙漠里，人就像铁锅里的烙饼，一瞬间被烫熟了一样。
4. 你看你多聪明！把这么简单的问题都弄错了。
5. 你们是早晨八九点钟的太阳，是祖国的花朵，未来的希望。
6. 接过爸爸手中的礼物，他觉得像拿了千斤重的东西一样，沉甸甸的。

(七) 综合填空

经研究发现，开水自然冷却后，其生物活性比自然水要高出4—5倍，_1_ 容易被人体吸收。_2_，20多年来，世界各地纷纷掀起"喝凉开水"热。_3_ 是早晨起来坚持空腹饮一杯凉开水，会有祛病健身的作用。

日本医学专家曾对469名年龄在65岁以上的老人进行了一次调查，发现有82%老人面色红润，精力充沛，牙齿坚固，_4_ 他们从来未得过大病，_5_ 其原因，是他们5年来不间断地坚持晨饮一杯凉开水。

1. A. 然而　　B. 连　　C. 并且　　D. 但是
2. A. 因此　　B. 虽然　　C. 因而　　D. 固然
3. A. 如果　　B. 一旦　　C. 尽管　　D. 尤其
4. A. 不过　　B. 反而　　C. 而且　　D. 但是
5. A. 经　　　B. 究　　　C. 究竟　　D. 据

(八) 根据课文的内容判断正误

1. ( ) 人如果三天没有摄入水,就会失去生命。
2. ( ) 人体摄入足够的水,能够缓解高血压和所有关节炎的病情。
3. ( ) 如果每天摄入充足的水,人就不会得病毒性感冒。
4. ( ) 随着年龄的增长,水占人体体重的比例会逐渐上升。
5. ( ) 为保持人体内水的均衡,每天须从饮水中获取2千多毫升水。
6. ( ) 在日常生活中,喝咖啡、茶、可乐等也能代替喝水。
7. ( ) 心脑血管病患者容易在清晨发病,是因为体内缺水造成血压升高。
8. ( ) 边吃饭边喝水有助于食物消化。
9. ( ) 纯净水、蒸馏水是对人体有益的健康水。
10. ( ) 世界卫生组织认为改善水质是一个刻不容缓的问题。

(九) 用"A、B、C、D、E"把下面的句子连成一篇短文

1. ( ) 与人类生活息息相关的饮用水的污染更引起了国家卫生部乃至世界卫生组织的密切关注。
2. ( ) 因此,治理污染、改善饮水质量已成为当前环保工作刻不容缓的重点内容之一。
3. ( ) 世界卫生组织调查发现:人类疾病80%与水有关。
4. ( ) 现代营养学家也提出:饮水质量是我们生活质量的重要组成部分。
5. ( ) 伴随着现代工业的迅猛发展,环境污染日益成为人们关注的焦点。

五 副课文

饮水与健康

中国有句古话:"民以食为天,食以水为先,水以净为本。"自20世纪以来,因为健康的需要,人类的饮水经历了三次革命。

一、三次饮水革命

第一次饮水革命——自来水:19世纪以前,人们喝的水大多是江河湖泊的自然水。这种水中的微生物引起的各种传染病,如霍乱、伤寒、瘟疫等夺走了千百万人的生命。1897年,英国流行伤寒病,人们发现氯可以用来消毒饮水。1902年比利时最先开始采用氯气来消毒供水,氯的使用战胜了水中的微生物污染,制止了瘟疫的流行,产生了流入千家万户的自来水,这就是第一次饮水革命。

第十三课 生命之源——水

第二次饮水革命——桶装水:现代工业的发展加剧了对水的污染,专家已先后发现自来水中存在着几十种致癌物质及新的病原微生物。目前我国自来水厂还是采用传统工艺,设备老化、陈旧,它无法对付化学污染,诸如农药、重金属、合成洗涤剂、有机化合物等,难以达到安全无毒的水质要求。桶装水作为第二次饮水革命的代表应运而生了。

第三次饮水革命——直饮水:利益的驱使使一些不具备条件的厂家进入了桶装水的行业。近几年桶装水也出现了二次污染的问题,因此市场呼吁一种全新饮水方式。随着高新技术的普及与应用,国际上发达国家已普遍采取R/O逆渗透技术进行饮用水处理。该技术是目前世界上最先进的水处理技术,经处理的水质达到国际卫生组织(水)标准。这种安装在消费者身边能够即制即饮、新鲜卫生的自来水终端制水系统,也叫纯水机,它将饮用水与生活水彻底分流,分质供给,解决了水源污染及二次污染等问题。目前纯水机已风靡欧美,普及率高达70%以上。中国很多高档商品房的销售广告中也经常可以看到"小区直饮水入户"的字眼。

二、科学饮水之"四要四不要"

"水是生命之源。"早在李时珍所著的《本草纲目》中,"水篇"就放在"食篇"之前,说明他已经意识到了饮水对健康的重要。我们今天的饮水习惯也将决定着自己10年后的健康状况,因此专家认为,有了健康水,还要讲究科学的饮水原则。

第一,要定时饮水,不要口渴时才想起饮水。要知道,当身体特别想喝水时,身体的器官已经在一种极限的情况下运行了。而且口渴时喝水容易大口吞咽,这样会把很多空气一起吞咽下去,容易引起打嗝或是腹胀。

专家建议,养成定时饮水的习惯。一般而言,最好清晨喝一杯白开水,上午10时喝一杯,午饭前再喝一杯,下午3时左右喝一杯,晚上睡觉前再来一杯。人们还可以根据自己尿液的颜色来判断是否需要饮水,一般来说,人的尿液为淡黄色,如果颜色太浅,则可能是水喝得过多,如果颜色偏深,则表示需要多补充一些水了。

第二,要多喝开水,不要喝生水。煮开并沸腾3分钟的开水,可以使水中的氯气及一些有害物质被蒸发掉,同时又能保持水中人体必需的营养物质。喝生水的害处很多,因为自来水中的氯可以和生水中的残留有机物质相互作用,导致一些疾病发生的机会增加。

第三,要喝新鲜开水,不要喝放置时间过长的水。新鲜开水不但无菌,还含有人体所需的十几种矿物质。如果让凉开水暴露在空气中四小时以上或者饮用自动热水器中隔夜重煮的水,不仅没有了各种矿物质,还可能含有某些有害物质,如亚硝酸盐等,由此引起的亚硝酸盐中毒情况并不鲜见,因此以喝迅速冷却的凉开水为好。凡是习惯喝凉开水的人都不易疲劳,也不容易患咽炎。

　　第四,要多喝加盐的温热水,不要喝冰水。在夏季,不少人在大量出汗后,常选择饮用冰水或冷饮。其实这是不科学的。虽然它会带来暂时的舒适感,但大量饮用冰水或冷饮,会导致汗毛孔排泄不畅通、肌体散热困难、余热蓄积,极易引发中暑。正确的方法是,多喝一些淡盐水,以补充丢失的盐和水。盐水进入肌体后,会迅速渗入细胞,使不断出汗而缺水的肌体及时得到水分的补充。

(据王志振《科学饮水之"四要四不要"》及
http://www.tsinghua.lh.com.cn 文《三次饮水革命》)

 回答问题

1. 你是如何理解"民以食为天,食以水为先,水以净为本"这句话的?
2. 20世纪以来,人类的饮水经历了哪几次革命?你们国家的人们现在主要饮用什么水?
3. 科学饮水主要有哪些原则?你认为呢?
4. 谈谈你的饮水习惯。你认为自己的饮水习惯科学吗?

第十四课　近在眼前的历史
——紫禁城

一　生词语

1.	图片	túpiàn	（名）	用来说明某一事物的图画、照片等。>画片　名片
2.	不假思索	bùjiǎsīsuǒ		用不着想，形容说话做事迅速：他~就把88个星座的名称全说了出来。
3.	更换 ≈更改　变更	gēnghuàn	（动）	变换；替换：~位置｜~校长。>更新　调换　兑换　切换
4.	坐落	zuòluò	（动）	建筑物位置处在（某处）。>落成
5.	星象学	xīngxiàngxué	（名）	对星星的明暗、位置等现象进行研究的学科。迷信的人往往借观察星象推测人事的运气好坏。
6.	星座	xīngzuò	（名）	天文学上为了研究的方便，把星空分为许多区域，每一个区域叫做一个星座，有时也指每个区域中的一群星，每个星座分别给以不同的名称。现代天文学上共分为88个星座。
7.	天帝	tiāndì	（名）	中国古代指天上统治和支配一切事物的神。
8.	天子	tiānzǐ	（名）	天的儿子，指国王或皇帝。
9.	~称	chēng		不能单独使用，跟在别的词语后面构成名词或名词短语，如：俗~｜简~｜统~｜（有）……之~。
10.	宫殿	gōngdiàn	（名）	泛指帝王居住的高大华丽的房屋。
11.	君主专制	jūnzhǔ zhuānzhì		通常指奴隶制、封建制国家实行的君主（国王、皇帝等）独自掌握控制国家政权、不受任何限制的政治制度。

12. 退位	tuìwèi	（动）	最高统治者让出统治地位。
13. 国有	guóyǒu	（动）	国家所拥有：~企业｜土地~。
←→私有			
14. 大洋	dàyáng	（名）	旧时使用的大型银质硬币，圆形，又称银圆：五块~。
15. 密集	mìjí	（形）	稠密：人口十分~。
			>密度 集合 集中 筹集 聚集 集会 集市 收集 召集 汇集
			密—蜜
16. 争先恐后	zhēngxiān-kǒnghòu		争着向前,只怕落后：人们~地向受到地震破坏的地区捐赠物品。
17. 动用	dòngyòng	（动）	使用(人员、钱物等)：~人力｜~公款。
18. 强制	qiángzhì	（动）	用政治或经济力量强迫。
≈强迫			
(强迫)	qiǎng		
19. 劳动力	láodònglì	（名）	指参加劳动的人：全体~。
20. 耗费	hàofèi	（动）	消耗;花费：~时间。
≈消耗			
21. 中轴线	zhōngzhóuxiàn	（名）	把平面或立体从中间分成对称的两部分的直线。
			轴—袖—油
22. 居室	jūshì	（名）	居住的房间：这套房子有四~。
			室—宝
23. 妃子	fēizǐ	（名）	皇帝在皇后之外的妻子。皇帝在同一时期只能有一名皇后,但可以同时拥有多位妃子。
24. 名称	míngchēng	（名）	事物的名字(也用于人的集体)。
25. 纵向	zòngxiàng	（形）	指上下方向的或南北方向的：太行山是~的。
←→横向			>纵横 风向
26. 并列	bìngliè	（动）	不分前后地平着排列在一条线上：大院里~着三栋大楼。
27. 台基	táijī	（名）	高出地面的建筑物底座,用来承托建筑物并使其少受地下潮气的侵蚀,一般由砖石砌成。
28. 潮气	cháoqì	（名）	指空气里所含的水分：南方的春天~太大。
29. 气势	qìshì	（名）	(人或事物)表现出的某种力量和形势：~雄伟。

第十四课 近在眼前的历史——紫禁城

			势—挚
30. 公侯	gōnghóu	(名)	封建君主国家把贵族分为公、候、伯、子、男五个等级。有时也泛指贵族或职位高的官员。
31. 三品	sānpǐn	(名)	"品"是中国封建时代官员所分的等级,一共有九品,这是第三个等级。
32. 大臣	dàchén	(名)	君主国家的高级官员。
33. 至高无上	zhìgāowúshàng		最高;没有更高的:人民的利益~｜在封建社会,皇帝有着~的权力。
34. 即或	jíhuò	(连)	书面语。即便,即使:这件事~你去找经理,也解决不了问题。
35. 反之	fǎnzhī	(连)	与此相反;反过来说或反过来做。
36. 屋檐	wūyán	(名)	屋顶向旁边伸出的边。
37. 化身	huàshēn	(名)	指抽象观念的具体形象:画中的女神是自由的~。
38. 解除 ≈消除	jiěchú	(动)	去掉;消除:~职务｜~武装。
39. 琉璃瓦	liúlíwǎ	(名)	内层用较好的黏土、表面用某些矿物原料烧制成半透明绿色或金黄色的瓦片,用来铺屋顶。颜色鲜艳发光,多用来修盖宫殿或庙宇等。
40. 主体	zhǔtǐ	(名)	事物的主要部分:这个工程的~是10层的图书馆大楼。
41. 九五之尊	jiǔwǔzhīzūn		指帝王的权威。
42. 居	jū		在(某种位置):~左｜~中。
43. 改建	gǎijiàn	(动)	在原有的基础上加以改造,使适合于新的需要(多指建筑物等)。
44. 跨度	kuàdù	(名)	房屋等建筑物中,屋梁等两端的柱子或墙等承受重量的结构之间的距离。
45. 助长	zhùzhǎng	(动)	帮助增长(多指坏的、不好的方面):你别~他的野心。
46. 火势	huǒshì	(名)	火燃烧的状况和发展的趋势:~已得到控制。
47. 躲藏	duǒcáng	(动)	把身体隐蔽起来,不让人看见:他~在树林里。
48. 烘托	hōngtuō	(动)	利用另一些事物使主体事物更加鲜明突出:绿叶把红花~得更为娇艳。

49. 意境	yìjìng	（名）	文学艺术作品通过形象描写表现出来的境界和情调。
50. 必定 ≈必然	bìdìng	（副）	表示主观上认为确定不移：有大家的共同努力，这项任务~能完成。
51. 宽大 ⟵⟶窄小	kuāndà	（形）	面积或容积大：衣服~。
52. 意向 ≈意图	yìxiàng	（名）	意图；打算：他们初步谈了两家公司今后合作的~。
53. 下达	xiàdá	（动）	向下级宣布或传达（命令、指示等）：~通知。
54. 指令	zhǐlìng	（名）	上级给下级的说明处理某个问题的方法和原则；命令：这是谁下的~？
55. 失 ⟵⟶得	shī	（动）	失掉；丢掉：~血｜你不要对自己的能力~了信心。
56. 图纸	túzhǐ	（名）	画了图的纸；设计图：施工~。
57. 存放	cúnfàng	（动）	放（在某处）；保存：~图书｜这个房间是用来~旧报刊的。
58. 策划	cèhuà	（动）	制订规划；商量，做计划：这次活动是由他负责~的。
59. 宏大	hóngdà	（形）	巨大；雄伟：规模~。
60. 杰出	jiéchū	（形）	（才能、成就）超出许多人：~人物。
61. 动工	dònggōng	（动）	开工（指土木工程）；施工：听说在这里要建一座大楼，你知道什么时候~吗？

专 名

1. 清朝	Qīng Cháo	中国朝代名，公元1616—1911年。
2. 辛亥革命	Xīnhài Gémìng	1911年（农历辛亥年）孙中山领导的、推翻清朝封建统治的资产阶级民主革命。
3.《清室优待条件》	Qīngshì Yōudài Tiáojiàn	作为和平退位的交换，清室和当时的民国政府签订的协议。主要是允许退位皇室居住紫禁城后宫，保留皇帝的尊号不变，每年政府给他们四百万元生活费等。
4. 玉皇大帝	Yùhuáng Dàdì	道教中地位最高、职权最大的神，简称玉帝。
5.《四库全书》	Sìkù Quánshū	清朝乾隆皇帝主持编写的中国历史上规模最大的一部浓缩中华传统文化精髓的丛书。

第十四课　近在眼前的历史——紫禁城

| 6. 文渊阁 | Wényuān Gé | 公元1776年建成的清宫藏书楼,专门用于储存《四库全书》。 |
| 7. 永乐 | Yǒnglè | 明成祖朱棣(dì)的年号,公元1403—1424年使用。永乐十五年即公元1417年。 |

二、课文

提示一 故宫为什么又叫"紫禁城"、"故宫博物院"？

当人们从图片或电视上看到这样的一组建筑物时,很多人都会不假思索地说:这是故宫。也可能会有人说:这是紫禁城,这是故宫博物院。这些说法都对,紫禁城、故宫、故宫博物院,这些名字的更换,道出了它的历史变迁。

紫禁城坐落于北京城的正中心,已经有五百八十多年的历史了。虽然人们已经习惯了它的存在,但常常还会有人问:它的名字为什么叫紫禁城呢？

文化部副部长、故宫博物院院长郑欣淼(miǎo)说:"中国古代星象学认为紫微垣(yuán)星座是天帝所在的地方,皇帝有天子之称,他所住的宫殿就比喻为紫微垣。'禁'是戒备的意思,由于皇帝的宫殿戒备很严,所以就被称做紫禁城。"

15世纪初开始,明朝的14位皇帝和清朝的10位皇帝曾经在这里生活居住。大约过了500年,在1911年爆发了辛亥革命。辛亥革命推翻了清政府,结束了中国2000多年的封建君主专制制度。1912年2月12日,清朝的最后一个皇帝——6岁的溥仪退位。接着紫禁城被收归国有,这时的它有了一个新的名字——故宫。

郑欣淼说:"故宫就是以前的皇帝宫殿的意思。它是历史上后一个朝代对前一个朝代皇帝宫殿的称呼。就像明朝的时候把元大都称做故宫一样,明朝灭亡以后,紫禁城由清朝来继续使用,直到清朝灭亡以后才被称为故宫。"

按照《清室优待条件》,清朝皇帝及其家庭成员仍暂时居住在故宫。直到

1924年11月5日下午,溥仪才离开故宫。第二年,即1925年10月,政府把故宫的名字更改为故宫博物院并对外开放。开放的当天,故宫博物院的参观门票是1块大洋。那个时候,民间有俗话说,4块大洋1头牛,可见门票不便宜。尽管这样,据报道,北京市内依然人山人海,密集的人群和车流造成交通堵塞,人们争先恐后地想亲眼目睹这座神秘的宫殿。

> **提示二** 紫禁城的建筑有何特色?最主要的宫殿有哪些?为什么宫殿要建在台基上?宫殿里哪里显示出等级?

从史书中我们可以了解到,紫禁城是由明朝第三个皇帝朱棣(dì)于1406年下令建造的。共花了14年时间,动用了十万工匠,强制百万劳动力无偿劳动、耗费无数金钱,到1420年终于建成了北京紫禁城。建成后的紫禁城,就坐落在北京的正中心,重叠在北京城的中轴线上。

紫禁城最主要的宫殿建筑是前三殿和后三宫:前三殿指太和殿、中和殿、保和殿,是皇帝日常处理政治事务的地方;后三宫指乾清宫、交泰殿和坤宁宫,是皇帝和皇后的居室。这六大宫殿都位于北京城的中轴线上,而东西六宫是皇帝的妃子和其他家庭成员居住的地方,就都不在紫禁城中轴线上了。

在紫禁城最重要的六座宫殿中,最大的宫殿是太和殿,由于它光芒四射,所以通俗的名称叫金銮殿(jīnluándiàn),它也是我国现存的古建筑中最大的宫殿。整个宫殿占地2300多平方米,与中和殿和保和殿纵向并列建在三重台基上。

紫禁城的宫殿为什么要建在台基上呢?前三殿的台基又为什么不止一重呢?

早在春秋战国的时候,我国的宫殿建筑就喜欢把房屋建在台基上,一来房屋可以少受地下潮气的侵蚀,二来外观气势雄伟。紫禁城的台基也一样,而且在建筑艺术上达到了历史最高水平。

台基的高低是有严格规定的,公侯以下、三品以上大臣住宅的台基不能高于0.6米,而前三殿这座三重台基高达8米以上。由于用了三重台基,太和殿就成为紫禁城内最高的建筑。高大庄严的太和殿不愧是皇帝至高无上权威的象征。

宫殿里的东西处处都显示着等级,即或是作为点缀的小动物也是如此,数量越多,等级越高;反之,则等级越低。金銮殿殿顶屋檐的小动物比别的宫殿都多。这些小动物在古代神话中是吉祥的化身，放在屋檐角上据说能解除火灾和迷信所说的一些祸害。这些小动物除了表示吉祥、显示等级外，还有什么实用价值呢？

故宫博物院研究员郑连璋说："最初是怕屋檐角的琉璃瓦滑落，因此需要用钉子加以固定，但是屋檐角露出钉子不美观，所以就用小动物把它整个装饰起来，这样既实用又美观。"

金銮殿在平时是不使用的。据记载，明清两朝皇帝只在重大事情和重要节日的时候，才会使用金銮殿，而且隆重的典礼都要在这里举行。

提示三 为何把皇帝称为"九五之尊"？紫禁城有些什么建筑之谜？

在紫禁城中，还有许多建筑之谜至今也没有被破解。比如，为什么唯独太和殿的横面是11间？紫禁城中主体建筑基本上都是9间或5间，这是因为皇帝是九五之尊。

关于九五之尊，一种简单的说法是，中国古代认为表示数目的字里面1、3、5、7、9为阳，2、4、6、8为阴。阳数中9为最高，5居中间，因此以"九"、"五"象征皇帝的权威，把皇帝称为"九五之尊"。

有人认为太和殿本来也是宽9间、纵向5间的，后来就地改建为宽11间是为了防火。因为太和殿全部采用木质结构，历史上曾5次在大火中毁灭。还有一种说法认为太和殿修建成11间的理由很简单，就是因为当时找不到足够长度的优质楠木，如果建成9间的话，木材的跨度不够，只好改成11间了。

紫禁城三大殿院子内没有树木，也是一个谜：有人说没有树是怕着火的时候，树木会助长火势；也有人说是怕有人躲藏于树丛中威胁皇帝的安全；还有人认为这主要是为了烘托意境。从天安门起，所经过的一系列院子内都没有树木。这样，当人们去拜见天子时，经过长长的通道，走在不断变化的建筑物空间中，必定会感到一种逐渐加强的精神压力，最后进入太和门，看到宽大的广场与高竖在三重台基上的雄伟大殿，精神压力势必达到顶点。而这正是掌握了最高权威的天子所要求的。

紫禁城建成后，各种房屋加起来总共是8707间半。为什么会是这么一个数字呢？这也是一个谜。

根据传说，修建紫禁城时，永乐皇帝最初的意向是把宫殿的总间数建成10000间。但他下达指令后，梦见玉皇大帝很生气，原因是这和天上宫殿

10000间的数目相同。一个叫刘伯温的官员建议改为9999间半。这样既不失玉皇大帝的面子，又不失人间皇帝的尊严。但后来刘伯温看到工程未免太庞大，导致老百姓的日子越过越苦，于是他把设计好的图纸减少了很多间。他觉得反正紫禁城很大，数也数不过来的。这些都只是传说而已，不过紫禁城中确实有个半间。在清朝存放四库全书的文渊阁的西边，有一个地方和一般的房屋不同，两柱之间不是一丈多的间隔，而仅有五尺左右的距离，紫禁城的半间说的就是那里。

紫禁城建筑中最神秘的是到底由谁负责策划、设计了如此宏大的工程？大多数人认为是明朝一位杰出的工匠蒯祥(Kuǎi Xiáng)设计的。但是近来有人却提出不同的看法，认为蒯祥只是故宫的施工主持人，故宫真正的设计者是名声不大的蔡信。理由是永乐十五年紫禁城宫殿开始进入大规模施工高潮时，蒯祥才跟随朱棣从南京来到北京。而在此之前，从动工开始，蔡信就已主持故宫和北京城的规划、设计和建造了。

紫禁城建筑之谜还有很多，有待科学家们做进一步的考证。人们说，那已经过去了的，将越来越遥远；而紫禁城的存在，却使历史近在眼前。

(据央视《探索·发现》——《紫禁城》第一集解说词)

注 释

1. 更换—更改 ❋❋

两个都是动词，都有"由于人为的因素使某物更换"的意思。"更换"表示把A换成B，换的可以是具体事物，如电脑、手机、经理以及具体的时间、名字等；也可以是抽象事物，如"时间"、"名字"等，使用范围较广。"更改"侧重于改变而不是替换，这种改变一般都较大，多用于时间、名字、数字、文字、计划等抽象事物。当表示完全改变的意思时，也可以用"更换"；但用"更换"表示具体事物时，不能用"更改"。如：

(1) 这台电脑已经用了8年，该更换了。(更改✗)
(2) 我们公司最近更换了很多管理人员，大家对工作还不太习惯。(更改✗)
(3) 银行从下个月开始把顾客原先使用的四位数密码更改为六位数。(更换√)
(4) 他把张三的名字更改为汤姆。(更换√)

2. 坐落—位于 ❋❋

都是动词，都表示位置在某处，"坐落"一般指建筑物等的位置，后面要跟介词"在"或"于"及其所带的宾语。"位于"使用的范围比"坐落"宽，既可表示建筑物的位置，也可表示国家、城市、乡村等的位置，还可表示山、河等自然物的位置，后面直接跟宾语，不能再跟"在"或"于"。因此两个词不能直接替换。使用"坐落"的句子，删去后面的"于"或"在"后都可以换成"位于"。如：

(1) 我们学校<u>坐落在</u>风景优美的山脚下。(位于√)
(2) <u>坐落于</u>山顶的佛寺,已经有一千多年的历史了。(位于√)
(3) 中国位于亚洲大陆东南部。(坐落在×)
(4) 珠江位于中国南部。(坐落在×)

3. 强制—强迫

都是动词,都指使别人服从。但两者在实际使用时一般不能互换。当强调用政治或经济力量强迫时,用"强制"不用"强迫";当表示用某个人或某些人的意志给别人压力使之服从时,一般用"强迫"不用"强制"。如：

(1) 不要强迫别人接受自己的意见。(强制×)
(2) 有些家长常常强迫孩子在周末去上各种兴趣班。(强制×)
(3) 许多国家都强制规定在办公室、会议室等公共场所禁止吸烟。(强迫×)

"强制"还可以构成名词性词语如：~性、~力,"强迫"不能。"强制"可以做定语,"强迫"不能。

(4) 对违反了该《办法》规定的单位和个人,都有强制性的处理办法。(强迫×)
(5) 中国古代法没有普遍的强制力和至高无上的权威性,不仅帝王可以随意更改,而且在执行过程中的弹性也相当惊人。(强迫×)
(6) 对严重违法犯罪人员要采取限制公民人身自由的强制措施。(强迫×)

4. 耗费—消耗

"消耗"指(精神、力量、东西等)因使用或受损失而渐渐减少,如：消耗精力、消耗能量。"耗费"包括消耗和花费两重意思,所以除了指精神、力量、东西等外,还可以指金钱、时间、财物等因使用而减少,如：耗费时间、耗费人力物力。"消耗"没有这个意思。"消耗"一般指渐渐减少,"耗费"的东西不一定是渐渐减少,有时可以是短时间内或一次性减少。如：

(1) 这台冷冻机不需耗费大量的电力。(消耗√)
(2) 要建造这样一座宫殿,不知得耗费多少人力、物力、财力和时间？(消耗×)

"消耗"有使动用法,即"使……消耗","耗费"没有这个用法。

(3) 这种训练方法消耗了运动员的不少体力。(耗费×)

此外,在搭配习惯上两者也有一些不同。"消耗"常跟能源、能量、资源等搭配,这时候也可以用"耗费";"耗费"则常跟心血搭配,这时候不能用"消耗"。如：

(4) 使用这种设备后,生产同样数量的产品所消耗的原材料和能源将大大减少。(耗费√)
(5) 曹雪芹耗费了将近大半生的心血才写出了《红楼梦》这部巨著。(消耗×)

5. 反之

连词。与此相反；反过来说或反过来做。用在两个小句、句子和段落中间,起转折作用,引出与上文相反的意思。"反之"后要有停顿。如：

(1) 抓住机遇可以加快落后地区的经济发展;~,丧失机遇,就会进一步增大与经济发达地区的差距。

(2) 有了学习兴趣,便能积极主动地学习,学习效率就高。~,没有学习兴趣,对学习便感到厌倦,学习效率就低。

有时候"反之"后面没有小句、句子和段落,而是用"反之亦然"或"反之也一样"来表示在相反的情况下规律和道理跟前面说的一样,"反之"后面没有停顿。如:

(3) 人生不可能完美无缺,很多时候,有所得必然有所失。~亦然,有所失也必然有所得。

(4) 温度越高,金属的体积越大,~也一样,温度越低体积越小。

6. 解除—消除 ✽❀

动词。"消除"只能表示除去不利的事物,如隐患、隔阂、战争威胁、误会、压力、负担、疲劳、忧虑、痛苦等,使其不存在。"解除"则含有"化解"、"分解"的意思,当表示去掉不利的事物时,常可互换。如:

(1) 很多食物都可以用来消除疲劳。(解除×)

(2) 该产品通过有力的技术论证,消除了人们的疑虑,一举中标。(解除√)

"解除"除可表示去掉不利的事物外,也可表示去掉不一定不利的事物,如合同、婚约、约定、禁令、命令等;还可以用来表示对施事来说是有利的事物,如职务、武装、力量等。

(3) 经双方当事人商量同意后,这个合同从今天起解除。(消除×)

此外,表示去除疾病或某些具体病痛、疾患时,用"消除",不用"解除"。

(4) 我们请王医生给大家介绍消除黑眼圈的六个步骤。(解除×)

7. 必定—必然 ✽❀

都可以表示判断或推论的准确性,都可做状语,有时可互换。但"必定"偏重于主观肯定;而"必然"偏重于客观性,如事理上的确切性或规律性,因而不常用于第一人称。如:

(1) 价格竞争是市场经济的一个最显著的特征。价格的变动,可以促使经济资源合理配置。价格竞争的结果必然是优胜劣汰。(必定√)

(2) 在我看来,大师和英雄是有差别的。大师必定是英雄,而英雄未必就是大师。(必然×)

(3) 美的着装必定是和实用功能相一致的,反之则必然不美。

"必定"可以表示意志的坚决,"必然"无此意义。如:

(4) 你放心,后天我必定来接你。(必然×)

"必定"只能做副词,"必然"可以做非谓形容词和名词。如:

(5) 城市化是人类文明发展的必然趋势。(必定×)

(6) 拜金主义的产生有其必然性,但不能认为它是积极的、正当的。(必定×)

(7) 中国统一既是全世界炎黄子孙的共同愿望,也是中国政治之必需,更是21世纪中国和世界历史之必然。(必定×)

(8) 称帝后的拿破仑逐渐走上独裁、侵略、扩张的道路,失败是必然的。(必定×)

第十四课　近在眼前的历史——紫禁城

8. 意向—意图　✽✽

都是名词。"意向"侧重表示心愿和愿望的方向、趋向,可与达成、签订、提出、决定搭配使用;"意图"侧重表示目的,可与揣摩、迎合、把握、实现、破坏、贯彻、理解、体现等搭配。如:

(1) 这次洽谈会期间,共有 173 个项目签订了合同、协议和意向。(意图×)

(2) 笔者同意第二种意见,因为这种观点较好地把握了立法意图。(意向×)

"意向"可修饰一些名词性词语,"意图"很少这样用。如:

(3) 布朗肩负总统使命率团访华,与中方签署了一系列经贸合作项目和合作意向书。(意图×)

(4) 截止 1995 年年初,仅能源部门就已获得了 150 亿美元的外商意向性投资。(意图×)

"意图"有时可做动词,意思是"企图",但不单独做谓语,而是后接另一动词结构。"意向"无此用法。如:

(5) 李某某声称"台湾是大陆一部分"的说法"无法接受",意图否定台湾是中国不可分割的领土。(意向×)

9. 存放—放　✽✽

都是动词。首先是语体有差别,"存放"适用于书面语,而"放"则口语和书面语都可用。意义上,"存放"比"放"多了一层"储存"、"保存"的意思,因此一定是时间较长的。如:

(1) 每个家庭都或多或少地会存放一些药品,但药品的保存应该有正确的方法,否则易霉变。(放×)

(2) 以下是 8 项保管存放化妆品的注意事项。(放×)

"放"则侧重在使某物处于一定位置。可以是暂时性的,也可以是长期的。如:

(3) 生活百科节目告诉我们一些食物不宜存放在冰箱内。(放√)

例(3)如果用"存放"一般是指较长时间储存在冰箱内,而用"放"则可以只是一两天。"存放"可以用于介词和某些方位词之间,"放"不行。如:

(4) 茶叶在存放中陈化变质的原因很多,归纳起来有内因、外因两个方面。(放×)

(5) 车辆在长期存放后经常会发生一些在使用过程中不易出现的故障,譬如车辆不易启动、车门关闭不严等,这主要是由于在存放过程中没有采取一些保护措施。(放×)

"存放"可做主语、宾语,"放"一般不行。如:

(6) 这种经过干燥处理的东西存放起来很方便。(放×)

(7) 真空包装的食品易于存放。(放×)

10. 修辞知识:肯定句和否定句　✽✽

肯定句和否定句在语义深浅、口气轻重、感情色彩等方面都有区别。肯定句语气一般比较明确、强烈。对事物的判断,陈述语气要比否定重些。如:

(1) 屋檐角露出钉子不美观,所以就用小动物把它整个装饰起来,这样既实用又美观。

(2) 公侯以下、三品以上大臣住宅的台基不能高于0.6米。

例(1)如果把"不美观"改为"难看"语气就重得多了。例(2)台基的标准是包括0.6米的,如改为肯定句"台基只能低于0.6米",那么标准就不含0.6米了。

双重否定意思是肯定,但是语气比肯定句要强。试比较:

(3) 明清两朝皇帝只在重大事情和重要节日的时候,才会使用金銮殿。

(4) 明清两朝皇帝不是在重大事情和重要节日的时候,就不会使用金銮殿。

有的双重否定句用来表示一种委婉的语气。如:

(5) 我们不能不感谢那些地质勘探队。

肯定句和否定句连用,可以从正反两方面说明情况或描写事物。有的互相对照、衬托,使观点明确,态度鲜明;有的交替使用,避免说法单调;有的用来抒发感情,增强联想。如:

(6) 两柱之间不是一丈多的间隔,而仅有五尺左右的距离。

(7) 那时候坎儿井里流的不是清清的泉水,是穷人的眼泪;戈壁滩上长出来的不是庄稼,是穷人的怒火;葡萄沟累累结着的不是马奶葡萄,是穷人的心头肉!

四 练 习

(一) 找出含有与带点字同义的词语

1. 不假思索(假期 真假 假借)   2. 争先恐后(落后 前后 后代)
3. 至高无上(上班 上等 上网)   4. 九五之尊(反之 随之 天伦之乐)
5. 天子(子孙 妃子 钳子)   6. 气势(潮气 生气 气派)
7. 图片(相片 片面 片刻)   8. 名称(称赞 称呼 称职)
9. 退位(位于 座位 地位)   10. 居室(教室 皇室 办公室)

(二) 把可以搭配的词语找出来并连线

1. 更换   A. 命令
2. 动用   B. 演出
3. 强制   C. 位置
4. 耗费   D. 合同
5. 解除   E. 武力
6. 下达   F. 精力
7. 策划   G. 劳动
8. 助长   H. 不良风气

(三) 选择合适的词语填空

策划　不假思索　动用　躲藏　助长　坐落
气势　即或　反之　更换　烘托　强制

1. 耗费大量人力、物力的宫殿_____在城市的中轴线上。
2. 每个朝代的_____都反映了历史的变迁。
3. 高高在上的台基更加_____出皇帝至高无上的气势。
4. 这种简单的事情不用_____到高科技产品吧。
5. 对孩子的过分宠爱只会_____他们唯我独尊的习惯。
6. 对于不按规定缴纳税金的,税务机关唯有_____征收了。
7. 此次大型演出是由著名导演李正_____的。
8. 盗窃犯被见义勇为的群众追赶得无处_____。
9. 多么希望能在有生之年亲眼看一下_____雄伟的天安门广场啊!
10. _____你是天帝的化身,恐怕也无法解除他们的痛苦。
11. 人们对电视的接受几乎是_____的。长时间的不假思索就可能造成认知能力的减退或丧失,对孩子尤甚。
12. 在国家财力有限的情况下,投入到经济领域的财力多一些,投入到文化领域的财力就会少一些,_____亦然。

(四) 用括号里的词语回答问题

1. 这种写作方法有什么效果?(烘托)
2. 在君主专制的国家里,君王的地位是怎样的?(至高无上)
3. 目前农村计划生育工作成效显著,究竟是什么使农民们改变了以往的旧观念呢?(解除……后顾之忧)
4. 我记得这里原来是一个防空洞啊,难道我记错了?(改建)
5. 那部文学作品最吸引你的地方是什么?(意境)
6. 文渊阁是用来做什么的?(存放)
7. 这里的废墟什么时候变成了一座大楼的?(动工)
8. 像长城这样规模宏大的工程一定颇为劳民伤财吧?(耗费)
9. 中国对吸食、注射毒品成瘾人员采取什么样的措施帮助其戒除毒瘾?(强制)
10. 中国人口分布情况是怎样的?(密集)

(五) 判断画线词语能否用括号内的词语替换，可以替换的打"√"，不可替换的打"×"

1. 食物都有一定的保质期，<u>存放</u>时间过长不宜食用。（放____）
2. <u>消除</u>疲劳可以有多种方法，闭目养神只是最简单的一种。（解除____）
3. 目前年轻人都流行频繁<u>更换</u>手机，一年不到就要买一部新的。（更改____）
4. 台湾岛<u>位于</u>中国东南海域，西隔台湾海峡与福建省相望。（坐落____）
5. 部队里呆板不动的队列姿势，单调重复的射击动作，长时间的体力<u>消耗</u>，使女兵们有点儿吃不消。（耗费____）
6. 两国本着平等互利的原则签订了一系列合作<u>意向</u>书。（意图____）
7. 中国经济和世界经济的全面接轨，是中国扩大对外开放的<u>必然</u>结果，是世界经济一体化的<u>必然</u>趋势。（必定____）
8. 对行政案件的<u>强制</u>执行权，是我国有关法律、法规赋予人民法院的权力。（强迫___）

(六) 改错

1. 用简单粗暴的态度教育孩子不但不能收到预期的效果，反之还会激化与孩子之间的矛盾。
2. 这个计划也不是完全不可取，更换一下就行了。
3. 人民英雄纪念碑坐落天安门广场，每天参观的游客络绎不绝。
4. 这部巨著消耗了作者毕生的心血，成为不朽的作品。
5. 警报消除后，躲藏在防空洞里的市民才陆续回到自己的家。
6. 小明常常不假思索，我们都很佩服他。
7. 我们需要通过各种新闻传媒获取信息，了解天下大事，助长思想交流。
8. 主人公此刻的心情可以很好地烘托灯光和音乐。
9. 我们一定要争先恐后地向灾区人民捐献救援物资。
10. 三架宏大的飞机并列在蓝天中，时高时低，变换着各种造型，看得观众们眼花缭乱。

(七) 根据课文内容判断正误

1. （　）故宫是明朝就开始使用的名称。
2. （　）中国的封建君主专制制度延续了2000多年。
3. （　）建造紫禁城耗费了大量的人力、物力、财力。
4. （　）紫禁城内所有的宫殿都位于北京的中轴线上。
5. （　）太和殿又叫金銮殿，是举行隆重典礼的地方。
6. （　）宫殿屋檐上的小动物不仅可以表示吉祥、显示等级，还可以起到防止琉璃瓦滑落的作用。

7. （　）三大殿院子内没有树木的原因可能有三个：一是怕树木引起火灾；二是怕树木威胁皇帝安全；三是为了烘托意境。
8. （　）紫禁城的宫殿没建成一万间，是因为玉皇大帝不允许。
9. （　）负责策划、设计紫禁城的人已经确定是蔡信了。
10. （　）紫禁城建筑之谜已经无从考证了。

（八）更正短文中的肯定句和否定句使用不自然之处

　　从前，有一人家，请风水先生给父母看坟地。
　　与风水先生往村南走，边走边聊。
　　此时正是杏子黄熟时，行至离主人家的地很近处，主人却停住脚步说："先生，咱们停止往南走吧，先到村西地里看看。"
　　风水先生问为什么，主人说："我家城南地里杏树上并非没有一窝斑鸠，刚才看见南边杏林上斑鸠乱飞，恐怕是有小孩在偷摘杏儿呢。咱们这会儿过去，孩子们一受惊吓，从树上不会不摔下来怎么办呢？"
　　风水先生将罗盘（测定方向的仪器）一合，向主人鞠了一躬说："主人家，这坟地不用看了，埋到哪儿都不会不是风水宝地，子孙不可能不贤啊！哈哈……"

（九）把课文缩写为400—500字的短文

五　副课文

全球十大著名宫殿

一、白宫

美国总统官邸，在美国首都华盛顿，是一座白色的二层楼房。1792年始建，从1800年以后成为历届总统的官邸，1902年美国总统罗斯福首先使用"白宫"一词。后成为美国政府的代称。

二、白金汉宫

英国王宫，在英国伦敦。1703年白金汉宫爵始建，1837年维多利亚女王继位，正式成为王宫。宫殿豪华，内有宴会厅、音乐厅等600多个厅室，正宫前广场中心有维多利亚女王石像。宫前每日上午11时半至12时之间举行皇家卫队换岗仪式，吸引游人。

三、克里姆林宫

在俄罗斯莫斯科市中心,曾为莫斯科公国和18世纪以前的沙皇皇宫,十月革命胜利后,成为党政领导机关驻地。1156年始建,后屡经扩建,为一古老建筑群,主要有大克里姆林宫、圣母升天教堂、政府大厦、伊凡大帝钟楼等。宫内塔楼装有五角红宝石星。现亦作为俄罗斯政府的代称。

四、凡尔赛宫

凡尔赛宫是法国封建时代的帝王行宫,在巴黎市西南凡尔赛城。始建于16世纪,后屡经扩建形成现存规模。包括宫前大花园、宫殿和放射形大道三部分。形体对称,轴形东西向。宫内装潢极其豪华,内壁悬挂壁毯、油画、雕刻,大厅内陈列著名雕刻家的青铜或大理石雕像,享有艺术宫殿之盛誉。1919年《凡尔赛和约》在此签订。

五、故宫

故宫是中国明、清两朝最大的皇家处理政务和生活起居场所。现辟为国家级博物馆,供中外游客参观游览。它位于北京市中心,前通天安门,后倚景山,东近王府井街市,西临中南海。1961年,故宫被定为全国第一批重点文物保护单位。1987年,故宫被联合国教科文组织列入"世界文化遗产"名录。

明代第三位皇帝朱棣在夺取帝位后,决定迁都北京,即开始营造这座宫殿,至明永乐十八年(1420年)落成。在这前后五百余年中,共有24位皇帝曾在这里生活居住和处理政务。宫内有雄奇瑰丽的建筑和艺术珍宝,成为中外旅游胜地。

六、布达拉宫

布达拉宫在西藏拉萨西北的玛布日山上,是著名的宫堡式建筑群,藏族古建筑艺术的精华。始建于公元7世纪,是藏王松赞干布为远嫁西藏的唐朝文成公主而建。现占地41公顷,宫体主楼13层,高115米,全部为石木结构,5座宫顶覆盖镏(liú)金铜瓦,金光灿烂,气势雄伟。布达拉宫分为两大部分:红宫和白宫。居中央的是红宫,主要用于宗教事务;两翼刷白粉的是白宫,是达赖喇嘛生活起居和政治活动的场所。1994年12月初,布达拉宫被列入《世界遗产名录》。

七、托普卡普皇宫

在博斯普鲁斯海峡与金角湾及马尔马拉海的交汇点上有一座辉煌的建筑,这就是从15世纪到19世纪奥斯曼帝国的中心——托普卡普皇宫,这迷宫般的豪华至极之地,是当年苏丹们办公的地方。宫殿外侧是绿木葱郁的第一庭院,原本是宫廷餐室的第二庭院,现在成为帝国时代水晶制品、银器以

第十四课　近在眼前的历史——紫禁城

及中国陶瓷器的藏馆。左侧是苏丹的后宫,当年这里发生了种种阴谋。在第三庭院有谒(yè)见室、图书馆、服装珠宝馆(可看到世界第二大的钻石)以及价值连城的中世纪的绘画书籍。宫殿的中央是圣遗物室。

八、贝勒贝伊宫

这是伊斯坦布尔的著名宫殿,由 19 世纪苏丹阿布都拉兹在博斯普鲁斯海峡的亚洲沿岸用白色大理石为原料建造。这座充满着玉兰花、庭院如梦境般的宫殿,过去是苏丹的夏日别墅和招待外国贵宾的场所。宫殿以一系列楼阁与清真寺为一体,其中最宏伟雅致的"夏垒"是苏丹们生活、娱乐的地方,可谓奢侈至极。庭院里有来自全世界的奇花异木,其景色被称为博斯普鲁斯海峡最杰出的一角。游客还可观赏郭克苏宫、埃娜勒、卡瓦克夏阁、马斯拉克楼阁等。

九、莱尼姆宫

位于英国的牛津郡。宫殿四隅建有方形塔楼,中轴线上的门廊和大厅则高高隆起,形成高低错落的天际线。四角塔楼带有巴洛克风格的豪放,中央古典式科林斯柱廊则严谨整饬(chì),二者形成对比。宫殿高耸的角楼和楼顶上的小尖塔、门廊上方三角壁上的浮雕和屋顶栏杆上的雕像弥漫着一种浪漫而神秘的气息。今天这座杰出的宫殿建筑已列入联合国世界文化遗产名录。

十、卢浮宫

这个举世闻名的艺术宫殿始建于 12 世纪末,当时是用做防御目的的,后来经过一系列的扩建和修缮逐渐成为一个金碧辉煌的王宫。从 16 世纪起,弗朗索瓦一世开始大规模地收藏各种艺术品,以后各代皇帝延续了这个传统,充实了卢浮宫的收藏。如今博物馆收藏的艺术品已达 40 万件,其中包括雕塑、绘画、工艺美术及古代东方、古代埃及和古希腊罗马等 7 个门类。1981 年,法国政府对这座精美的建筑进行了大规模的整修,从此卢浮宫成了专业博物馆。值得一提的是卢浮宫正门入口处有一个透明的金字塔建筑,它的设计者就是著名的美籍华人建筑师贝聿铭。

卢浮宫目前已经成为世界三大博物馆之一,其艺术藏品种类之丰富,档次之高堪称世界一流。其中最重要的镇宫三宝是世人皆知的《米洛的维纳斯》、达·芬奇的《蒙娜丽莎》和《萨莫特拉斯的胜利女神》。其他著名作品还有:《狄安娜出浴图》、《丑角演员》、《拿破仑一世加冕礼》、《自由之神引导人民》、《编花带的姑娘》等。

根据课文内容判断正误

1. (　)白宫是美国政府的代称,坐落在首都华盛顿。
2. (　)白金汉宫正式成为王宫已经有200多年的历史了。
3. (　)克里姆林宫一直都是俄罗斯党政领导机关驻地。
4. (　)法国的凡尔赛宫被人们称之为艺术宫殿。
5. (　)具有五百多年历史的故宫已经被列入"世界文化遗产"名录中。
6. (　)布达拉宫是公元7世纪唐朝的文成公主下令建成的。
7. (　)托普卡普皇宫坐落在博斯普鲁斯海峡与金角湾及马尔马拉海的交汇点上。
8. (　)贝勒贝伊宫的庭院里有来自全世界的奇花异木。
9. (　)莱尼姆宫到处弥漫着神秘而浪漫的气息。
10. (　)美国的卢浮宫是由杰出的华人建筑设计师贝聿铭设计的。

总复习

一、给下面的多音字注音并另组一个与其读音词形相同的词语

1. 血液_____(　　)
   流血_____(　　)

2. 当天_____(　　)
   当场_____(　　)

3. 看护_____(　　)
   看见_____(　　)

4. 自发_____(　　)
   理发_____(　　)

5. 奔丧_____(　　)
   丧失_____(　　)

6. 衡量_____(　　)
   力量_____(　　)

7. 执著_____(　　)
   着急_____(　　)

8. 差错_____(　　)
   差不多_____(　　)
   差不多_____(　　)

9. 朝向_____(　　)
   朝气_____(　　)

10. 调查_____(　　)
    调整_____(　　)

11. 间隔_____(　　)
    中间_____(　　)

12. 变更_____(　　)
    更加_____(　　)

13. 称颂_____(　　)
    称心_____(　　)

14. 肝脏_____(　　)
    肮脏_____(　　)

15. 难关_____(　　)
    空难_____(　　)

16. 相应_____(　　)
    应该_____(　　)

17. 挑衅_____(　　)
    挑选_____(　　)

18. 赠与_____(　　)
    人参_____(　　)

19. 赠与_____(　　)
    参与_____(　　)

20. 强制_____(　　)
    强迫_____(　　)

21. 系统_____(　　)
    系鞋带_____(　　)

22. 流露_____(　　)
    露马脚_____(　　)

23. 哽咽_____(　　)
    咽喉_____(　　)
    咽下去_____(　　)

24. 加重_____(　　)
    重复_____(　　)

二、辨别下列形近字,并分别组词

1. 孤( ) / 抓( )　　2. 奈( ) / 夸( )　　3. 狠( ) / 狼( )　　4. 履( ) / 屡( )

5. 摩( ) / 魔( )　　6. 殴( ) / 欧( )　　7. 博( ) / 搏( )　　8. 悲( ) / 辈( )

9. 幻( ) / 幼( )　　10. 顺( ) / 须( )　　11. 辨( ) / 辩( )　　12. 募( ) / 慕( )

13. 巧( ) / 朽( )　　14. 绿( ) / 缘( )　　15. 漫( ) / 慢( )　　16. 爆( ) / 瀑( )

17. 躁( ) / 燥( )　　18. 载( ) / 栽( )　　19. 拟( ) / 似( )　　20. 扑( ) / 朴( )

21. 稍( ) / 销( )　　22. 津( ) / 肆( )　　23. 挂( ) / 佳( )　　24. 酒( ) / 洒( )

25. 虚( ) / 虐( )　　26. 饶( ) / 侥( )　　27. 险( ) / 俭( )　　28. 待( ) / 侍( )

29. 豚( ) / 逐( )　　30. 捕( ) / 哺( )　　31. 滑( ) / 猾( )　　32. 状( ) / 壮( )

33. 阵( ) / 栋( )　　34. 截( ) / 戴( )　　35. 睹( ) / 赌( )　　36. 赠( ) / 憎( )

37. 缓( ) / 援( )　　38. 逝( ) / 渐( )　　39. 密( ) / 蜜( )　　40. 势( ) / 挚( )

三、从括号里找出含有与前边带点字意思相同的词语

1. 间隔(房间　中间　间断)　　2. 意向(意境　意愿　意思)
3. 就地(就近　就餐　成就)　　4. 切记(切忌　一切　切换)
5. 不容(容量　美容　容许)　　6. 空虚(虚心　虚伪　虚幻)
7. 共处(处世　处理　处罚)　　8. 应验(应该　顺应　答应)
9. 交叉(成交　交错　交配)　　10. 流淌(流逝　流浪　气流)
11. 资深(资产　资信　资格)　　12. 遇难(空难　困难　难关)
13. 坦白(苍白　表白　空白)　　14. 赠与(参与　交与　与日俱增)
15. 漫步(弥漫　漫长　漫不经心)　　16. 效颦(仿效　效力　行之有效)
17. 临终(临近　降临　临水而葬)　　18. 陈旧(陈列　陈先生　新陈代谢)
19. 采纳(采集　无精打采　兴高采烈)　　20. 无穷无尽(贫穷　穷困　层出不穷)

四、根据意思和提示字填出成语

1. _____不绝:形容话很多,连续不断。

2. _____不入:完全不合适,所以不能互相接受。

3. _____有味:形容兴趣浓厚或很有滋味。

4. ___不___失:得到的比失去的少。

5. ___不容___:片刻也不能拖延。形容形势紧迫。

6. ___流不___:(行人、车马等)像水流一样连续不断。

7. ___能为___:用不上力量;没有能力或能力达不到。

8. ___寝___食:顾不得睡觉,忘记吃饭,形容非常专心努力。

9. ___如___分:形容说话、办事正合分寸。

10. ___深___固:比喻基础稳固,不容易动摇。

11. ___所未___:历史上从未有过。

12. ___所周___:不需要举出例证,人人都知道的。

13. ___先___后:争着向前,只怕落后。

14. ___想___知:可以通过想象而得知。

15. ___心所___:指随着自己的想法,想要干什么就干什么。

16. 百___不___:无论受多少挫折都不退缩,形容意志坚强。

17. 别___一___:另有一种风格。

18. 不_____力:不能正确估计自己的能力,而去做自己做不到的事。

19. 不相_____:分不出高低、好坏。

20. 当___之___:当前最急需要办的事。

21. 断断_____:时而中断,时而继续。

22. 力___能___:自己的能力所能办到的。

23. 麻___不___:肢体麻痹,没有感觉,比喻对外界的事物反应迟钝或漠不关心。

24. 眉___色___:形容喜悦或得意。

25. 弄___作___:耍花招以骗人。

26. 热泪_____:形容非常感动或悲伤,满眼含泪。

27. 一___一___：形容完全相同，没什么两样。

28. 有___共___：人人都能看见。形容极其明显。

29. 眼花_____：眼睛看到纷繁复杂的东西或耀目的光华而感到迷乱。比喻现象复杂，无法辨清，使人感到迷乱或困惑。

30. 迎___而___：只要用刀在竹子上劈开了口，下面的一段就迎着刀口自己裂开。比喻主要的问题解决了，其他有关的问题就容易解决。也比喻问题的顺利解决。

五、选词填空

恍惚　当场　打发　公认　赋予　告诫　冲动　不无　足以　仓促　掌管　赏识
敷衍　寻求　忧虑　有待　确保　迫使　凭借　酝酿　夹杂　极限　助长

1. 我们班长做事情一向认真负责，从来不_____了事。

2. _____着一口发音纯正的英语，王芳被一家外资企业录取了。

3. 他们公司_____已久的改革方案终于出台了。

4. 因为家里人出意外了，李燕最近精神有点儿_____。

5. 攀登世界最高峰珠穆朗玛峰几乎可以说是挑战生命_____的运动。

6. 他是财务处处长，自然_____着公司所有与财政有关的业务。

7. 陈中是我们公司最得力的业务员之一，上上下下的领导对他都十分_____。

8. 这辆汽车是张明一时_____买下来的，过后就后悔了。

9. 这次试验非常关键，一定要_____不出问题才行。

10. 小伟是我们学校_____的校园歌星，没想到却在全市歌唱比赛的初赛上就被淘汰出局了。

11. 听到儿子成为高考状元的消息时，母亲_____激动得说不出话来。

12. 雨中，工人们正在紧张地抢修泄漏的煤气管，雨水_____着汗水顺着他们的脸庞流了下来。

13. 组长曾一再_____你切勿骄傲自满，可你不听，结果失败了吧？

14. 世界各国在治理通货膨胀方面积累起来的经验和教训无疑是一种世界财富，对各国_____借鉴意义。

15. 据闻某电视节目主持人患了忧郁症，必须_____心理医生的帮助。

16. 退休以后，很多老人觉得时间不知道如何_____，精神空虚。

17. 这个问题我们是经过深思熟虑的,并非_____决定的。

18. 全球气温升高的问题令人_____,应该引起世界各国的高度重视。

19. 环保问题是时代_____我们的责任,不容忽视。

20. 工业化的同时也加快了环境破坏的速度,_____人类为经济增长付出越来越高的代价。

六、选择一个最合适的词语填空

1. 小王一家最近因为一场官司陷入窘境,小王因此感觉十分_____。
   A. 迷惑　　　B. 困惑　　　C. 疑惑　　　D. 迷惘

2. 临行前,队长一再_____我遇事要谨慎,千万不可大意。
   A. 叮嘱　　　B. 建议　　　C. 干预　　　D. 倡导

3. 最近年轻人有一股_____的风气,令老一代人担忧不已。
   A. 枯燥　　　B. 着急　　　C. 浮躁　　　D. 沉闷

4. 这样_____不经的故事竟然都能骗得了人?实在令人难以置信!
   A. 荒诞　　　B. 荒谬　　　C. 荒唐　　　D. 荒凉

5. 日暮_____,夕阳从窗外洒入院子里,替院子镶了一道五光十色的金边。
   A. 时刻　　　B. 时候　　　C. 时期　　　D. 时分

6. 在文化生活_____的农村,人们每日的娱乐只有围坐在一起看电视了。
   A. 贫穷　　　B. 贫乏　　　C. 匮乏　　　D. 贫瘠

7. 新年即将到来,家家户户张灯结彩,到处_____出一片祥和的节日气氛。
   A. 呈现　　　B. 表现　　　C. 展现　　　D. 涌现

8. 前人很多古训是人类自我认知的智慧结晶,历经千百年,_____依旧。
   A. 光线　　　B. 光亮　　　C. 光芒　　　D. 光明

9. 运动会上,老师用亲切的目光_____我为班集体争光。
   A. 勉励　　　B. 激励　　　C. 激发　　　D. 鼓励

10. 在人生的道路上,不要_____自我,要有自强不息的奋斗精神。
    A. 迷失　　　B. 迷惑　　　C. 迷惘　　　D. 丢失

11. 这一带园林建筑颇有特色,_____典雅的庭院、曲折回旋的长廊、巧夺天工的雕塑,每一个都是精致的工艺美术品。
    A. 宁静　　　B. 幽雅　　　C. 幽静　　　D. 寂静

12. 现代科技离不开电脑,IT产业人才日趋_____。
    A. 畅销　　　B. 递增　　　C. 走俏　　　D. 林立

13. 职场上要_____与人沟通,避免产生不必要的误会,影响工作。
    A. 善于　　　B. 擅长　　　C. 拿手　　　D. 专长

14. 模特在台上_____着各种各样的姿势,台下的闪光灯闪烁不停,惊叹声不绝于耳。
    A. 变更　　　B. 变动　　　C. 变换　　　D. 更改
15. 历史是过去的事实,历史教科书的内容必须是真实可信的,任何人都无权_____历史。
    A. 更换　　　B. 变换　　　C. 变动　　　D. 更改
16. 那个明星做什么事情都是我行我素,_____大家要说闲话了。
    A. 难免　　　B. 不免　　　C. 未免　　　D. 免不了
17. 大学四年的美好时光令我难以_____,恍如昨日。
    A. 忘记　　　B. 忘却　　　C. 忘怀　　　D. 忘
18. 全球气温不断上升,令我们不得不_____。
    A. 忧虑　　　B. 顾虑　　　C. 担忧　　　D. 担心
19. 新来的技术员_____经验,出现了一些小小的技术问题。
    A. 匮乏　　　B. 缺乏　　　C. 贫乏　　　D. 不乏
20. _____到这个问题的严重性,我们不得不立刻采取果断措施。
    A. 琢磨　　　B. 思考　　　C. 想　　　D. 考虑

七、连词成句

1. 政府　干预　应该　各　物价　的　中央　不　过多　地方
2. 无限　这　带　纵横　高速　的　来　商机　交错　公路　一带　了　的
3. 勇于　陈旧　的　能　社会　进步　抛弃　才　使　观念　不断
4. 的　助长　干部　包容　领导　不正之风　蔓延　了　的　滋生
5. 洪水　和　每　泛滥　造成　直接　经济　达　亿　间接　的　损失　三　元　年
6. 借助　的　战胜　就　入侵　自然　我们　群众　力量　足以　灾害　的　了
7. 的　一　昨日　场　暴雨　地区　得到　大　使　华北　的　旱情　缓解
8. 教练　栽培　筛选　用心　经过　那　体育　的　苗子　些
9. 祖国　统一　不容　人　任何　大业　阻挡
10. 美好　金钱　衡量　纯真　是　的　感情　无法　用　来　的
11. 诗歌　在　日记　地　自己　她　情感　的　王娟　的　和　中　尽情　抒发
12. 后　中国　开放　物质　条件　改革　农村　改善　文化　生活　大为
13. 因为　不足　工程　近期　致使　进展　资金　缓慢
14. 追求　盲目　造成　激化　利益　供需　个人　势必　矛盾　的

八、用括号内的词语改写句子

1. 有些新闻报道不符合事实,当事人为了避免打官司的麻烦,往往就不追究了,过一段时间也就完事了。(不了了之)

2. 出版物上的错别字虽然不全是编者或作者的过失,但是错字终究是错字。(总归)
3. 她织的毛衣很大,图案复杂。难怪要不停地小声念叨,唯恐织错了花样。(生怕)
4. 对别人犯下的错误,我们不能不加分析就全盘否定,要学会宽容。(一棍子打死)
5. 外国的成功经验我们要借鉴,但是不顾国情一味模仿,效果会适得其反。(东施效颦)
6. 班里几名最差的学生虽然都很用功,但成绩总上不去,老师只好额外给他们辅导。(开小灶)
7. 据科学家考证,在几亿年前这里并无此洞,后来因为山崖上面的雨水滴落下来,时间长了才形成的,真可谓水滴石穿啊!(久而久之)
8. 广州春天潮湿多雨,每年这个时候都要下一两个月,十分讨厌。(一V就是……)
9. 有些学生对阅读课外书的重要性认识不足,这样,在中学期间从未认真阅读过一本名著的学生也大有人在。(如此一来)
10. 随着人民生活水平的提高,购买汽车的人也就增加了,接着带来的交通问题将成为阻碍城市发展的一大瓶颈。(随之)

九、选择合适的词语完成句子(每词限用一次)

无奈　　大为　　未免　　多少　　反之　　顺理成章
未尝　　归根到底　　免不了　　耐人寻味　　足以　　~来说

1. 本来自己的实力应该比对方强,没想到这次比赛却输了,心里_____,所以决定再一次向对方挑战。
2. 几年后重返家乡,我惊讶于她的变化之大:一排排木屋被一座座小洋房所取代,一条条泥泞弯曲的小路也变成了平直宽敞的柏油路。之所以有如此巨大的变化,其原因_____。
3. 俗话说"失败乃成功之母",这一次的失败_____,起码你认识到自己的不足之处了。
4. 当学生们得知学校要提前放假的消息,当然_____。
5. 派出去的使节办事敷衍了事,自然使皇帝_____。
6. 善于把握机遇的人成功的几率自然就大,_____。
7. 这块钻石背后还有_____,不知道你听说过没有?
8. _____,商品价格是在供求关系和市场竞争的基础上形成的。
9. 虽然出游是我盼望已久的事,_____,只好作罢。
10. 在李谦看来,舍弃国外优越的生活回来报效祖国_____,因为是祖国培养了他,他必须知恩图报。

11. 这尊雕像栩栩如生，_____。
12. 眼看着朋友处于危难之中而不出手相助，_____。

十、改错

1. 雨停后，我们又立即延续前进，不敢耽搁了。
2. 大卫十分中意打篮球，他每天都准时出现在运动场上。
3. 每天听取蛙声入睡，对于都市人来说也可算是一种奢侈的享受了。
4. 对于上级领导的来临，我们感到万分荣幸。
5. 能够取得这样的成绩，我们不无骄傲。
6. 从某个角度来说，失去记忆未免不是一件好事，起码可以忘却烦恼。
7. 我们难以忘却初恋时的美好时光。
8. 那家跨国公司已经暴露出匮乏资源的问题了。
9. 要保持安静，请勿在教室里追随打闹。
10. 西北地区的人民试图过征服沙尘暴。

十一、填上合适的字

(1) 一个富商___终前对妻子表___，要把全部财产300万法郎___与她。"你对我___在太好了。"妻子热泪___眶地说，"你还有什么心___吗？""我想把冰箱里那一盘火腿吃完。""这可不行。"妻子厉声地说："那是准备在你的___礼之后招待客人的。"

(2) 为庆___我和妻子的结婚周年纪念日，我在一家文具店给她___选了一张卡片。店员对我用时之短深感___异，不由得联想起上次有个顾客为找到一段___如其分的卡片致辞，___然花了一个半小时的事。当时那个男人在一张又一张卡片前徘徊，她便过去看是否可以帮什么忙："有什么问题吗？""是的。"男人不___遗憾地回答："我找不到一张能___我妻子相信的卡片。"

(3) 你有权发怒，但不应践踏别人的尊___。你有___嫉妒别人的成___，但不___希望别人遭殃。你有权失___，但不应自暴自弃。你有权憧憬未来，但不应忘___眼前的___任。你有权争取成___，但不应以___牲他人为代价。你有权富有，但不应忘记与不太___运的人分___财富。你有权要求正义，但不应___复仇为手段。你有权要求生活___更美好，但不应以今天的欺___来换取明天的快___。

十二、完形填空

在美国的普林斯顿大学，一个男孩深深地爱上了一个女孩。_____，他一直不知道如何向她表白，_____他怕被拒绝。一天，他终于想到了一个接近女孩的好办法，_____他鼓起勇气，向正在小院里漫步的女孩走去。

他对女孩说:"你好!我在这张字条上写了一句关于你的话。_____你觉得我写的是事实,那_____麻烦你送我一张你的照片好吗?"

女孩立即想到,这只是一个找借口追求自己的男孩。她想:_____他写什么,_____自己_____说不是事实,这样不_____可以了吗?_____女孩欣然答应了男孩的请求。

"_____我说的不是事实,你千万不要把照片送给我!"男孩急忙说。"那当然!"女孩俏皮地回答。

男孩把那张字条递给了女孩。女孩胸有成竹地打开了字条。_____,随即她却皱起了眉头,_____她绞尽脑汁也想不出拒绝男孩的方法,_____恭敬地把自己的照片送到了男孩的手中。

那个聪明的男孩究竟写了什么呢?_____,他写的只不过是一句极其简单的话:"你不会吻我,也不想把你的照片送给我。"

这个智慧的男孩名叫罗纳德·斯穆里安。_____,他成了美国著名的逻辑学家,_____那个女孩,成了他的妻子。

十三、把下面短文中不通顺的地方改正过来

七百多年前,威尔士的王子有一条很大的狗,它的名字叫吉尔特,它很勇敢。它经常跟王子一起去打猎。有一天,吉尔特被王子留在家里,照看正在小木床里睡觉的王子的年幼的儿子。

几小时后,当王子回到家时,吉尔特跑出去迎接他。突然被王子看到吉尔特下巴和头上有血迹。

"你干了些什么?"王子警觉地问。他冲到房间里,小床被侧翻在地板上,他儿子衣服上也不是没有血迹。

"你把我儿子杀了!"王子愤怒地喊着,"你这不忠实的狗!"他拔出剑,他一下子刺中了那条狗。就在这时婴儿的哭声被他听见了。

王子冲出屋子,看见儿子安然无恙地躺在地上,在他儿子身旁有一只死去的狼,这狼曾经试图从床上叼走他的孩子。这时,王子才意识到吉尔特为了救他的儿子而击败了狼。王子跑回屋子,但是已经太晚了,勇敢的吉尔特已经死了。当王子意识到他把他忠实的朋友杀害了时,泪水从他的脸上滚落了下来。他把吉尔特的尸体背到一个山顶并且把它埋葬在那里。每天早上他都要爬上山顶,为的是能在吉尔特的墓旁站几分钟。

假如你到威尔士的斯诺登山,人们会告诉你吉尔特被埋葬的地方。它让人们想起一只勇敢而忠实的狗,它也提醒人们在未充分了解事实前不要匆忙下结论。

十四、用"A、B、C、D……"把下列句子排列成一篇短文

1. （　）戈达毫不犹豫地说："那当然！因为巴黎女人二十岁时美如玫瑰。"
2. （　）老太太莞尔一笑说："只不过是迟了四十年而已！"
3. （　）那位英国太太又问："那么四十岁以后呢？"
4. （　）西方哲人说："愉快的性格，是成功的灵魂。"
5. （　）莎士比亚也说过："甜中加甜，不见其甜；乐中加乐，才是大乐！"
6. （　）三十岁时，也像情歌一样迷人；
7. （　）以前，法国有一位总统名叫戈达，他一向是以机智出名的。
8. （　）有一个英俊的美国青年，住在一家度假旅馆中，但是他迷迷糊糊地走错了，未敲门，就走进一位老太太的房间。
9. （　）戈达总统微笑着说："太太，你知道吗？一个巴黎女人，不论她多大年纪，看起来都不会超过四十岁啊！"
10. （　）"对不起，我走错房间了！"英俊青年抱歉地说。
11. （　）而且，诙谐、妙答、自嘲、机智也都是幽默的表现，能使人在压力中充满着欢愉。
12. （　）而四十岁时，就更完美了。"
13. （　）一天，一位英国太太问他："法国女人是不是真的比其他国家的女人更迷人？"
14. （　）"那倒也不一定！"
15. （　）的确，幽默是开自己的玩笑，和别人共享快乐。

十五、阅读以下短文后写一篇500字左右的议论文（要求以下词语中选用五个或以上）

顺理成章　得不偿失　体验　擅长　未尝　任用　足以
可想而知　固然　有朝一日　势必　切忌　起码　免不了

这是全市最忙的一部电梯，上下班高峰时间，和公共汽车差不多，人挨着人。

上电梯前和公司的人力资源总监相遇，说笑间，电梯来了，我们随人群一拥而进。每个人转转身子，做一小小的调整，找到了一种相对融洽的关系。

这时，一只胳膊从人缝中穿过来，出现在我的鼻子前头。我扭头望去，一个小伙子隔着好几个人，伸手企图按电梯。他够得很辛苦，好几个人刚刚站踏实的身子不得不左避右闪，发生了一阵小小的骚动。

那个人力资源总监问道："你要去哪一层？""九层。"有人抬起一个手指头立刻帮他按好了。没有谢谢。

下午在楼道里又碰到那个人力资源总监。"还记得早上电梯里那个要去九层的小伙子吗？"她问我。

"记得呀，是来应聘的吧？"九层，是人力资源部所在地。

"没错。挺好的小伙子,可我没要他。""为什么?"

"缺少合作精神。"她露出一副很专业的神情,"开口请求正当的帮助对他来说是件很困难的事情,得到帮助也不懂得感激。这种人很难让别人与他合作。"

是啊,追求独立是好事,但太过了,就成了缺乏合作精神,独立的意志就不再受到尊重。

参考答案

第一课

(一) 1. C 2. F 3. H 4. A 5. I 6. B 7. J 8. E 9. D 10. G

(二) 1. yān B 2. yè C 3. yàn A 4. F 5. D
   6. E 7. G 8. H 9. I 10. J
   11. K 12. L 13. M 14. N

(三) 1. 迷惘 2. 迷惑 3. 迷惘 4. 嘉奖/奖励 5. 奖励 6. 奖励
   7. 时分 8. 时候 9. 时候 10. 嘱咐 11. 吩咐 12. 嘱咐/叮嘱
   13. 惊讶 14. 诧异/惊讶 15. 惊讶 16. 真诚 17. 真诚 18. 诚挚/真诚

(四) (1) 浃 (2) 盈 (3) 沸 (4) 所 (5) 息 (6) 仁
   1. 热血沸腾 2. 汗流浃背 3. 力所能及 4. 麻木不仁 5. 川流不息 6. 热泪盈眶

(五) 稳健 心地 赏 诧异 无奈 叮嘱 祈祷 时分 苍白 当场 燃放 直至

(六) 1. √ 2. √ 3. √ 4. × 5. × 6. √ 7. × 8. × 9. × 10. ×

(七) 5 6/7 8 9/10 11 14 16 19 20

(八) 1. 拟人;本体:星星;拟体:人
   2. 拟人;本体:春风、夜雨;拟体:人
   3. 拟人;本体:时雨;拟体:人
   4. 拟人;本体:真理;拟体:人
   5. 拟人;本体:风儿;拟体:人
   6. 拟人;本体:月牙儿;拟体:人
   7. 拟人;本体:月亮;拟体:人
   8. 拟物;本体:宏儿;拟体:鸟
   9. 拟物;本体:水生;拟体:植物(莲藕)
   10. 拟物;本体:火苗;拟体:动物(有舌头的)

副课文:
   1. A 2. D 3. B 4. C 5. D

第二课

(一) 1. B 2. E 3. H 4. F 5. A 6. D 7. C 8. G 9. J 10. I

(二) 1. 目瞪口呆 2. 稍微 3. 总归 4. 荒诞 5. 荒唐
   6. 荒谬 7. 不对劲儿 8. 难以置信 9. 随心所欲 10. 略微
   11. 似是而非 12. 终究 13. 没精打采

(三) 1. 等→等一下 2. 慢→慢了一些 3. √ 4. 困惑→疑惑 5. √ 6. √ 7. 疑惑→

困惑 8. 总归→终究 9. √ 10. 总归→终究 11. √ 12. 推测→推断 13. √
14. 推测→推断

(四) 1. 无神论者 2. 一模一样 3. 过后 4. 推断 5. 确认 6. 来临 7. 不了了之
8. 谨小慎微 9. 总归 10. 生怕

(五) 1. 荒唐 2. 不解 3. 点缀 4. 生怕 5. 错过 6. 荒诞 7. 限于 8. 惨重 9. 争执 10. 惯例

(六) 1. × 2. √ 3. × 4. × 5. × 6. √ 7. × 8. × 9. × 10. √

(七) 1. 但是把垃圾都清到自己的角落→反而把……。
2. 旁边卖菜的墨西哥妇人把她观察了好几天→……墨西哥妇人观察了她好几天
3. 你看我不是把生意做得越来越好吗→你看我的生意不是做得越来越好吗
4. 面对一些难题,你可以把它处理得更妥善→……,你可以处理得更妥善
5. 这不但能把诅咒化为祝福,反而能把危机化为转机→这不但能把诅咒化为祝福,而且能把危机化为转机

副课文:
1. 翅膀 单纯的想象虽然不能真正征服自然,但会给科学以灵感和启迪
2. 希望 精彩
3. 可视电话
4. 20世纪12个完全
5. 大半年钻心疼痛的折磨
6. 20世纪5个部分
7. 断言

第三课

(一) 1. 活蹦乱跳 2. 争奇斗艳 3. 眉飞色舞 4. 若即若离 5. 根深蒂固 6. 细嚼慢咽

(二) 1. C 2. D 3. A 4. B 5. F 6. E 7. G 8. J 9. I 10. H

(三) 1. 多少 2. 就算 3. 滋味 4. 坦白 5. 气息 6. 尽情 7. 争奇斗艳、断断续续
8. 漫步 9. 隔阂 10. 腻味

(四) 1. 享有(拥有) 2. 形形色色(各种各样) 3. 优雅(高雅) 4. 惊慌(慌张)
5. 包容(宽容) 6. 凶狠(凶恶)

(五) 1. 鲜红 粉红 火红 2. 鹅黄 蜡黄 金黄 3. 翠绿 墨绿 碧绿 4. 雪白 银白 灰白
5. 漆黑 乌黑 墨黑 6. 碧蓝 天蓝 湛蓝

(七) 1. F 2. G 3. B 4. A 5. H 6. D 7. E 8. C

(八) 1. 所以 因为 只 都 只要 就 只好
2. 只见 原来 时深时浅 忽而 确实
3. 都 然而 更 宁愿 而 再 如果说 那么 就

第四课

(一) 1. B 2. F 3. A 4. C 5. D 6. H 7. G 8. E

(二) 1. 接轨 2. 赋予 3. 栽 4. 执著 5. 干预 6. 刺眼 7. 涮 8. 诱惑 9. 打发
10. 反思 11. 告诫 12. 久而久之

(三) 1. 佩服 2. 贫乏 3. 小心 4. 沉闷 5. 贫乏 6. 公布 7. 有意思

(四) 1. 归功　2. 过滤　3. 维系/久而久之　4. 划时代　5. 约定俗成/久而久之　6. 沉闷　7. 侧面
　　 8. 东施效颦
(五) 1. 公布→颁布　2. 不值得→得不偿失　3. 好玩儿→带劲儿　4. 单调→枯燥
　　 5. 喜欢听京剧→是个京剧迷　6. 又没什么自然资源→自然资源贫乏
　　 7. 没什么奇怪的→也是顺理成章的事。　8. 尊敬佩服→钦佩。
(六) 1. √　2. ×　3. ×　4. √　5. √　6. ×　7. √　8. √　9. ×　10. √
(七) 1. "加强了归属感"本来是一件好事,说明学生们认为自己属于自己的学校;在这里是反语,讽刺学校强迫学生在学校买衣服。
　　 2. "黄鼠狼给鸡拜年——没安好心"是歇后语,专吃鸡的动物黄鼠狼为什么给鸡拜年？当然是想吃它啦。这里运用了双关的修辞方式,表面上说黄鼠狼,实际上是说毒贩子没安好心。
　　 3. "顺理成章"原来是说某种情况是符合道理的,这里是反语,讽刺政府部门为事程序复杂的情况很常见,好象成了"道理"。
　　 4. 这首诗用了双关的手法来写,表面上写树和藤,实际上写爱情。
　　 5. "可塑性强"常用来说人学习能力强,这里是反语,讽刺做整形手术改变自己的容貌的人。
(八) 1. 而/然而/但是/可是　2. 却/并　3. 虽然　4. 但是/可是/然而　5. 却/并　6. 因/因为
　　 7. 在　8. 上　9. 因为　10. 但是　11. 而　12. 除了　13. 以外　14. 而且　15. 比
　　 16. 甚至

单元练习(一)

一、yù 忧郁　　　wǎng 迷惘　　　tiào 眺望
　　píng 草坪　　jiā 嘉奖　　　shùn 瞬间
　　lǚ 履行　　　chà 诧异　　　gěng 哽咽
　　ōu 殴打　　　hū 恍惚　　　zhì 诚挚
　　xū 废墟　　　è 噩梦　　　fú 辐射
　　táng 荒唐　　mèn 沉闷　　mù 募捐
　　nì 腻味　　　jué 咀嚼　　qián 钳子
　　cuì 翠绿　　　bì 碧绿　　màn 漫步
　　hé 隔阂　　　róng 融洽　　lǜ 过滤
　　zào 浮躁　　　bān 颁布　　guǐ 接轨
　　pín 效颦　　　fù 赋予　　chè 撤退
　　nì 亲昵　　　chān 掺杂　　dùn 迟钝

二、1. 病情、事情、国情、情报
　　2. 生前、生态、生猛、生活、救生艇
　　3. 确认、认同、公认、承认、否认、认定、认可
　　4. 脾气、气愤

三、递减　灵敏　喜剧　开朗　接受/收容　隐瞒　昏迷　庸俗　违背/违反　镇定/镇静　融洽
　　带劲儿　丰富　高估　进攻　正面　顺眼　勤劳/勤快　罚　雅

四、眶川置微之采呆随模蹦眉即蒂俗格层章人似
　　1. 活蹦乱跳、热泪盈眶　2. 似是而非、不了了之　3. 落荒而逃、难以置信
　　4. 没精打采、眉飞色舞　5. 谨小慎微、随心所欲　6. 层出不穷、目瞪口呆

284

参考答案

7. 川流不息、一模一样 8. 约定俗成、别具一格 9. 根深蒂固、格格不入
10. 顺理成章、若即若离

五、1. B 2. C/D 3. C 4. B 5. B 6. D 7. D 8. A 9. B 10. A
六、1. B 2. A 3. D 4. A 5. D 6. D 7. A 8. B 9. C 10. B 11. A 12. B
七、1. C 2. B 3. A 4. A 5. C 6. B 7. D 8. D 9. C 10. A
八、1. 汗流浃背 2. 似是而非 3. 一棍子打死 4. 千奇百怪 5. 得不偿失
6. 断断续续 7. 东施效颦 8. 力所能及 9. 麻木不仁 10. 多少
11. 热血沸腾 12. 久而久之
十、曾、悯、启、靠/看、融、包/宽、滋、处、专、耐/用、小、怕、糟、忍、把/个、属
十一、把一只被烧焦的鸟发现了→发现了一只被烧焦的鸟；几只雏鸟钻了出来→钻出了几只雏鸟；为了不把灾难降临→为了不让灾难降临；它带几只小鸟到大树下→它把几只小鸟带到大树下；它不能让自己的孩子丢在大火中→它不能把自己的孩子丢在大火中；把翅膀底下的孩子们来保护→保护翅膀底下的孩子们
十二、可、却、便/就、如果/要是、把、即使/即便/就算、也、只有、才、而、结果、事后、其实、反而/反倒、而、更
十三、3 7 8/10 13/15 (16) 20/24 (26) 27/28 32 37 39 41 (42) 45/46 47 53 54 61 64

第五课

（一）1. E 2. D 3. C 4. B 5. A 6. G 7. F
8. J 9. I 10. H 11. N 12. K 13. M 14. L
（二）1. 飞翔 2. 隐藏 3. 闪耀 4. 洽谈 5. 涌现 6. 勉励 7. 正规 8. 加重
9. 延续 10. 衡量
（三）1. 利弊 2. 擦边球 3. 轩然大波 4. 开小灶 5. 迷失 6. 寄托 7. 掩饰 8. 流露 9. 表态
10. 退出
（五）1. 延续→继续 2. 勉励→鼓励 3. 表彰→表扬 4. 光线→光彩
5. 不管→尽管 都→也/还 6. 在刘翔的生活中→刘翔的生活
7. 还→还是/也 8. 未免→以免
（六）1. 明喻；本体：寒冷的北风；喻词：仿佛；喻体：一把刀
2. 暗喻；本体：地中海沿岸；喻词：成了；喻体：西方文明的摇篮
3. 明喻；本体：他；喻词：好像……一样；喻体：风雨中的树叶
4. 暗喻；本体：那团白云；喻词：变成；喻体：一只大狮子
5. 暗喻；本体：弯弯的月亮；喻词：是；喻体：一只安静的小鸟
6. 明喻；本体：这帮孩子；喻词：跟……似的；喻体：猴子
（七）1. 喻体：垃圾；本体：不文明的语言
2. 喻体：纯洁的珍珠，悲哀的露；本体：泪珠
3. 喻体：千万条瀑布；本体：暴雨
4. 喻体：一张灰色的网；本体：乌云
5. 喻体：太阳、星星和月亮；本体：水果

(八) 1. (B—A—D—C—E)
2. (D—A—F—E—C—B)
3. (F—E—B—D—C—A—G)

第六课

(一) 1. D 2. F 3. A 4. J 5. I 6. H 7. C 8. E 9. B 10. G

(二) 1. 正襟危坐 2. 归根到底 3. 耐人寻味 4. 眼花缭乱 5. 出神 6. 体验 7. 冲动 8. 交叉 9. 深远 10. 阻挡

(三) 1. 弥漫了→弥漫着/充满了 2. 时光→时间 3. 中意→喜欢 4. 拿手→擅长/善于
5. 幽静→平静 6. 津津乐道→津津有味 7. 足以不→不足以
8. 小雨零星→下着零星小雨

(四) 1. 津津有味 2. 反感 3. 不相上下 4. 有一句没一句 5. 整天
6. 座无虚席 7. 屈指可数 8. 一……就是…… 9. 足以 10. 如此一来

(五) 1. 味道鲜美的食品→美味佳肴 2. 低声自语或含糊不清地说个不停→念念有词
3. 朴素、不华丽→朴实 4. 在心中惦念→挂念 5. 行走缓慢、迈步不稳→步履蹒跚
6. 在别人说话过程中插进去说话→插嘴 7. 畅销→走俏 8. 该有的全都有了→应有尽有

(六) 1. C 2. A 3. D 4. B 5. E 6. F 7. G 8. H 9. I 10. K 11. J 12. N 13. L 14. O 15. M

(七) 1. B 2. C 3. C 4. A 5. A 6. B 7. D 8. A 9. B 10. B 11. C 12. D 13. D 14. B 15. A

(八) 1. (1) "把……掀了个底朝天"往往用来表示不好的事情,有弄得乱七八糟的意思,而此处是表达喜庆的事情。
(2) 像长了翅膀似的很快就传了出来,常指喜事,这样夸张有幸灾乐祸之嫌。
(3) 违背了现实基础。如果说"燕山雪花大如席",是夸张,因为燕山确实有雪,经过夸张后我们可知那里原来那么冷。
(4) 违背了现实基础,有浮夸之嫌。
2. (5) 十里以外都能闻到香。
(6) 黑压压一片,遮天蔽日。
(7) 大如斗。
(8) 身上一根汗毛也没被断过。

(九) 1. √ 2. × 3. √ 4. × 5. √ 6. × 7. √ 8. × 9. × 10. ×

第七课

(一) A：1. 变动 2. 变更 3. 变换 4. 变换 5. 变更 6. 变更 7. 变动
B：8. 采纳 9. 采纳 10. 接受 11. 接受
C：12. 仓促 13. 匆忙 14. 仓促 15. 仓促/匆忙
D：16. 转移 17. 迁移 18. 迁移
E：19. 筛选 20. 筛选 21. 挑选
F：22. 听取 23. 听取 24. 听 25. 听/听取
G：26. 命令 27. 下令

H：28. 掌管　29. 管理　30. 掌管

I：31. 依照　32. 遵照　33. 依照

(二) 1. 爱憎分明　2. 雌雄难辨　3. 成就感　4. 风调雨顺　5. 无穷无尽　6. 雄狮
7. 未尝不/没　8. 前赴后继

(三) 1. 更新　2. 交错　3. 穷尽　4. 调研　5. 遍体鳞伤　6. 就近　7. 大使馆　8. 间隔
9. 依照

(四) 1. 得力　2. 不愧　3. 使命感　4. 就地　5. 前往　前赴后继　6. 未尝　7. 随之
8. 特定　安居乐业

(五) 1. 仓促　2. 风调雨顺　3. 不愧　4. 未尝　5. 迁移　6. 起程　7. 变更　8. 就地

(六) 1. √　2. √　3. ×　4. √　5. √　6. √　7. √　8. ×　9. √　10. ×

(七) 1. 我们为什么写文章呢？　怎样才能把理想变成现实呢？
2. 什么是研究？　我们需要什么样的研究者呢？

(八) 1. D A E C F B　2. E B D F A C

第八课

(一) 1. I　2. E　3. A　4. J　5. G　6. H　7. F　8. B　9. C　10. D

(二) 1. 抵达　2. 起用　3. 翩翩　4. 获悉　5. 富饶　6. 称颂　7. 激化　8. 查问　9. 发病　10. 宴请

(三) 1. 不满意→不满　2. 免不了不会发病→免不了会发病/难免会发病/难免不会发病
3. 任命→起用　4. 展现→展示　5. 来临→到来
6. 被很多日本人受欢迎→很受日本人欢迎　7. 敷衍→应付　8. 激发→激起

(四) 1. 滔滔不绝　2. 与日俱增　3. 恰如其分　4. 大为　5. 免不了　6. 敷衍　7. 展示　8. 激发

(五) 1. 弄虚作假　2. 问世　3. 出产　4. 慕名　5. 探险　6. 胜任　7. 央求　8. 畅谈

(六) 1. A　2. D　3. C　4. B　5. F　6. E　7. H　8. G　9. I　10. J

(七) 1. D　2. B　3. A　4. C　5. C　6. D　7. A　8. B　9. B　10. C

(八) 1. 门上的漆是深绿色的,配着上面的金字,被那支白亮亮的电灯照得发光;出来进去的又是漂亮的车,黑漆的黄漆的都一样地发光,配着雪白的垫套,连车夫们都感到一些骄傲,仿佛都自居为车夫中的贵族。(根据老舍《骆驼祥子》改写)

2. 他的二十多件作品参加了上海民间工艺品的征集活动,大部分入选,在民间工艺品展览中展出,深受人们好评。

3. 当年有些科技人员在某些人眼里成了"不可救药"的分子,被"打入冷宫",不为所用。可是王厂长并不嫌弃他们,仍然听取他们的意见。

4. 我把所有的密码都存在电子信箱里,忘记时就打开查一下。昨天妻子拿出三年前的存折,问我密码。我想了半天也没想起来,就去书房上网。糟糕,电子信箱好久没打开了,密码也忘记了。还好,可以登录找回密码,网页上出现提示:"最喜欢的人是谁?"我毫不犹豫打上妻子的名字,不料显示的是"不正确"。我笑了,用这个密码时还没跟她谈恋爱呢,于是重新输入上一个女朋友的名字。奇怪,还是"不正确"。我连着输入了几个跟我谈过恋爱或者是我喜欢过的女生的名字,可都是"不正确"。正在我左思右想之时,妻子站在我背后生气地问:"说,你到底还有多少喜欢的女人?"

单元练习（二）

一、光彩、表扬、掩盖、正式、商谈、鼓励、继续、天分、隐瞒、荒诞/荒唐、愿望、体会、磕头、充满、寂静/宁静、畅销、拿手/善于、牵挂、匆忙、管理、接受、商议/讨论、转移、依照/按照、请求、惊讶、任命/起用、应付、出现、展现

二、消失、轻巧/轻松、进入/加入、忽略/疏忽、好感、明亮、定居、真实、缓和、打开、收购、山脚、宗教、滞销、揭露、减轻、暴露、离开/起程、平民、雄

三、难以胜任、胜任工作、不可阻挡、阻挡历史的进程、反复权衡、权衡利弊、得到采纳、采纳意见、深刻体验、体验生活、受到表彰、表彰先进、精心构思、构思巧妙、就地视察、视察工作、不断激化、激化矛盾、大大激发、激发热情

四、1. D 2. C 3. B 4. E 5. A 6. F 7. B 8. C 9. H 10. D 11. G 12. F 13. E 14. A
15. K 16. A 17. I 18. G 19. D 20. F 21. C 22. J 23. F 24. K 25. E 26. H

五、1. 眼花缭乱 2. 轩然大波 3. 无能为力 4. 不相上下 5. 屈指可数 6. 念念有词
7. 耐人寻味 8. 应有尽有 9. 津津有味 10. 步履蹒跚 11. 正襟危坐 12. 归根到底
13. 与日俱增 14. 美味佳肴 15. 弄虚作假 16. 座无虚席 17. 爱憎分明 18. 灯火通明
19. 丰衣足食 20. 风调雨顺 21. 无穷无尽 22. 前赴后继 23. 安居乐业 24. 恰如其分
25. 滔滔不绝

六、1. 辟谣 2. 衡量 3. 慕名 4. 延续 5. 先前 6. 凯旋 7. 掩饰 8. 荒谬 9. 寄托
10. 弥漫 11. 内涵 12. 零星 13. 哲理 14. 争议 15. 表态 16. 利弊 17. 敷衍

七、1. 总统一行在店铺林立的唐人街里流连忘返。
2. 前辈们前赴后继的精神足以感动几代人。
3. 借此机会向人们展示一下你的实力也未尝不是一件好事。
4. 最近几天，陈风整天望着幽暗的街灯出神。
5. 记者长途跋涉走访了几个传闻中的大腕。
6. 仓促之间外国使节竟然忘记了向皇帝叩头/忘记向皇帝叩头了。
7. 王妃慕名前往参观我国最大的服装产地。
8. 我对妹妹在公共场所吸烟大为反感。
9. 最近发生的一连串侵犯肖像权的事件十分耐人寻味。
10. 内战过后遍地是落荒而逃的敌兵的尸体。
11. 龙和鱼交错在一起的图案所显示的内涵受到了人们的非议。
12. 面对如此晶莹剔透的玉石女人免不了会有购买的冲动。

八、略

九、1. A 2. D 3. B 4. D 5. A 6. B 7. C 8. A 9. D 10. B 11. C 12. D 13. A 14. B
15. C 16. A

十、1. A 2. B 3. D 4. C 5. D 6. A 7. B 8. C 9. A 10. D

十一、稍、突然/忽然、但/但是、就这样、目睹、本来、但是、还/而且、继续、因为、不仅/不但、而且/也

十二、借→猎 免→兔 借→猎 外→处 浅→线 昌→冒 偶→遇 漫→蔓 像→向 木→本
借→猎 紫→柴 地→的 快→块 娆→烧 跑→抱 豪→毫 娆→烧 具→惧

十三、
在去教堂举行婚礼的路上，一对年轻的情侣遇到一场致命的车祸。两人的灵魂飘到<u>了</u>天堂门口，等待天使圣彼得开门让<u>他们</u>进入天堂。在等待<u>的</u>时候，两人讨论起<u>了</u>他们是否可以在天堂结婚这个问

题。讨论了半天,也没得出结果。

当圣彼得终于打开门时,他们迫不及待地向圣彼得提出了这个问题。圣彼得说:"我也不太清楚,因为以前从未有人提出过这种要求,让我回去查查看。"说完,他转身走了。

两个人耐心地等着,两个月过去了,圣彼得还没回来。他们又开始设想如果他们可以在天堂结婚的话,他们怎样幸福地生活。突然两个人谈到一个敏感的话题:如果有一天两个人不相爱了,怎么办?一时间,他们都不作声。

一个月后,圣彼得满脸疲惫地回来了,他告诉这对情侣他们可以在天堂结婚。"太好了!"这对情侣兴奋地喊。接着,他们问道:"如果有一天两个人不相爱了,我们可以在天堂离婚吗?"

圣彼得愤怒的脸涨得通红,手中的记事本"啪"的一声掉到了地上。

"怎么了?"这对情侣惊慌地问。

"天哪!"圣彼得惊叫道,"为了让你们能够结婚,我花了三个月才在天堂找到一位牧师,如果你们要离婚,我得花多长时间才能给你们找一位律师啊?"

第九课

(一) 1. 忘怀/忘记 2. 忘却/忘记 3. 忘记 4. 忘怀/忘记 5. 忘怀/忘记 6. 缺乏 7. 匮乏/贫乏
   8. 贫乏 9. 匮乏/贫乏 10. 匮乏/缺乏 11. 试图 12. 尝试 13. 尝试 14. 尝试 15. 尝试
   16. 起码/至少 17. 至少 18. 起码 19. 起码 20. 擅自/私自 21. 私自/擅自 22. 擅自
   23. 寻求 24. 寻找 25. 寻求 26. 寻求/寻找 27. 顾虑 28. 担忧 29. 忧虑 30. 忧虑/担忧

(二) 1. zāng,不干净——zàng,人或动物的内部器官
   2. mǎ,表示数目的用具——mǎ,表示数目的符号
   3. bǎo,保持——bǎo,尽力照顾
   4. tú,计划——tú,用绘画表现出来的形象
   5. xī,可惜——xī,爱惜
   6. rán,后缀——rán,对、不错
   7. zhāo,早上——cháo,向着
   8. nán,困难——nàn,灾难

(三) 1. 众所周知 2. 不然 3. 当务之急 4. 可想而知 5. 无偿 6. 迎刃而解 7. 擅自 8. 由来已久

(四) 1. 捐献→捐赠 2. 至少→起码 3. 寻求→寻找 4. 贫乏→缺乏 5. 顾虑→担忧
   6. 试图→尝试 7. 忘怀→忘记、忘却 8. 试图→尝试

(五) 1. 有朝一日 2. 有待 3. 惋惜 4. 进展 5. 擅自 6. 谈虎色变 7. 生机 8. 由来已久

(六) 1. × 2. × 3. √ 4. × 5. × 6. √ 7. √ 8. × 9. √ 10. √

(七) 1. 他说得这么神奇,你肯定不会相信。
   2. 你应该觉得他是一位伟大的英雄。
   3. 母亲病了,他当然应该去探望。
   4. 在这种情况下放弃,太可惜了。
   5. 跟长辈说话,难道不应该充满敬意吗?
   6. 作为一名大夫,救死扶伤难道不是他的职责吗?
   7. 在一个陌生的城市,你难道不感到非常寂寞吗?
   8. 这是父母的一片苦心,我们作为孩子不应该理解吗?

(八) 1. C 2. A 3. B 4. D 5. A 6. C 7. D 8. B
副课文：
　　1. × 2. × 3. × 4. √ 5. √ 6. ×

第十课

(一) 1. D 2. E 3. A 4. G 5. C 6. B 7. I 8. F 9. K 10. H
(二) 1. 参与/参加 2. 参与 3. 参加 4. 狡猾 5. 圆滑 6. 骄傲 7. 骄傲 8. 傲慢 9. 吸引
　　10. 引诱 11. 追随 12. 追逐 13. 思考 14. 琢磨 15. 考虑 16. 恐惧 17. 恐怖
(四) 1. 引诱→吸引　　　2. 参与→参加　　　3. 琢磨→考虑　　　4. 追逐→追随
　　5. 恐惧→恐怖　　　6. 参与→参加　　　7. 很忠于→忠于　　8. 很兴许→兴许
(五) 1. 起劲 2. 霸道 3. 交情 4. 和平共处 5. 挑剔 6. 震惊 7. 炫耀 8. 阴险
(六) 1. √ 2. × 3. √ 4. √ 5. × 6. × 7. √ 8. × 9. √ 10. √
(七) 1. 明喻 2. 借喻 3. 设问 4. 反问 5. 夸张 6. 排比、暗喻 7. 反语
(八) 2—4—1—3—6—7—5
副课文：
　　1. × 2. √ 3. × 4. √ 5. √ 6. ×

第十一课

(一) 1. D 2. F 3. A 4. B 5. G 6. C 7. H 8. E
(三) 1. 过程 2. 历程 3. 过程/历程 4. 弊病 5. 弊病 6. 缺点 7. 出色 8. 卓越
　　9. 依靠 10. 凭借 11. 凭借
(四) 1. D 2. G 3. B 4. C 5. H 6. N 7. J 8. M 9. K 10. I 11. L 12. A 13. F 14. E
(六) 1. 历程→过程 2. 卓越→出色 3. 弊病→缺点 4. 依靠→凭借 5. 消除→改正
　　6. 截然→截然不同 7. 属于旅游型的→是个旅游爱好者
(七) 1. 振奋　凭借　历程　搁浅　遨游　获益匪浅 2. 酝酿　截然　过程　长征

第十二课

(一) 1. 飞沙走石 2. 一般来说 3. 司空见惯 4. 对/从/就/拿……来说 5. 前所未有 6. 遮天蔽日
　　7. 从/就/由……来看 8. 地质体
(二) 1. 覆盖 2. 肆虐 3. 凸 4. 荒凉 5. 线索 6. 参照 7. 交替 8. 贫瘠 9. 坚实 10. 流逝
(三) 1. 遮天蔽日 2. 司空见惯 3. 飞沙走石 4. 前所未有 5. 宝库 6. 流失 7. 揭示
　　8. 共处 9. 侵蚀 10. 赠与
(四) 1. 致使 2. 常年 3. 携带 4. 断定 5. 借助 6. 觉察 7. 夹杂 8. 腐烂 9. 测算 10. 泛滥
(五) 1. 侵蚀→入侵 2. 带→携带 3. 致使→使 4. 贫穷→贫瘠 5. 测定→测算 6. 贫瘠→贫穷
　　7. 入侵→侵蚀 8. 测算→测定 9. →一般来说腐烂的水果不能食用
　　10. 两辆汽车使发生→致使两辆汽车发生
(六) 1. √ 2. × 3. × 4. √ 5. × 6. √ 7. √ 8. √ 9. × 10. ×
(七) 1. B 2. A 3. B 4. C 5. A 6. A 7. C 8. C 9. D 10. C
(八) 参考答案
　　一个不吃肉的人很容易缺乏蛋白质，而蛋白质是对维持人体健康具有重要作用的营养元素。用大

豆蛋白替代猪肉可以防止因为缺乏蛋白质而引起的一系列不良症状的出现,如体力下降、对病毒的抵抗力减弱、精神紧张、身体各种功能低下、皮肤干燥、过早衰老等。因为大豆中含有丰富的植物蛋白。

单元练习(三)

一、mù 仰慕　　xī 据悉　　shǎng 赞赏　　sòng 歌颂　　huàn 患病　　mào 繁茂
　　juān 捐款　　rǎn 传染　　qīng 轻松　　yīn 阴谋　　bà 霸王　　háng 航空
　　zhuàng 壮大　gē 耽搁　　zhuó 卓著　　zhé 百折不挠　qiān 牵动　　sì 放肆
　　qīn 侵略　　fǔ 腐朽　　huǎn 缓慢

二、zāng 肮脏／zàng 心脏　　nán 困难／nàn 灾难　　yīng 应该／yìng 应验　　shān 扇一扇／shàn 扇子
　　tiāo 挑选／tiǎo 挑衅　　xuè 血液／xiě 流血　　cān 参加／shēn 人参　　fā 发动／fà 理发
　　zhé 折磨／zhē 折腾　　jiān 房间／jiàn 间隔　　zhāo 朝夕／cháo 朝向　　diào 调查／tiáo 调整
　　yān 咽喉／yè 哽咽　　gèng 更加／gēng 变更　　chā 差错／chà 差一点　　jué 咀嚼／jiáo 嚼烂
　　qiāo 悄悄／qiǎo 悄然　　mēn 闷热／mèn 沉闷　　zháo 着急／zhuó 穿着　　xì 关系／jì 系领带
　　chēng 称赞／chèn 对称　　lù 暴露／lòu 露马脚　　zhòng 重量／chóng 重复　　cáng 隐藏／zàng 西藏

三、1—C—e　2—A—d　3—B—a　4—D—b　5—G—f　6—I—h　7—F—c
　　8—E—j　9—J—m　10—L—i　11—H—g　12—N—l　13—M—k　14—K—n

四、思、周、而、由、急、虎、刃、朝、屑、得、处、瞬、清、睹、寝、图、挠、匪、穷、遮、司、所
　1. 不屑一顾　2. 由来已久　3. 迎刃而解　4. 得心应手　5. 谈虎色变
　6. 司空见惯　7. 可想而知　8. 有朝一日　9. 众所周知　10. 一清二白

六、1. 无偿　2. 进展　3. 瓶颈　4. 立志　5. 固有　6. 相应　7. 敏锐　8. 阴险　9. 力图
　　10. 迫使　11. 挑衅　12. 搁浅　13. 酝酿　14. 超标　15. 肆虐　16. 夹杂

七、1. A　2. C　3. D　4. B　5. C　6. A　7. D　8. C　9. C　10. A　11. D　12. B　13. B

九、1. 忘怀→忘记　2. 固然高雅是高雅→固然高雅/高雅固然高雅　3. 至少→起码
　　4. 恐惧→恐怖　5. 试图→尝试　6. 匮乏人才资源→人才资源匮乏　7. 忧虑→考虑
　　8. 致使→使　9. 大体→大概　10. 寻求→寻找

十、1. 我们期待着有朝一日能破解这个千古之谜。
　　2. 其后事态的发展证明我们的忧虑不无道理。
　　3. 我的追随者对敌方的挑衅不屑一顾。
　　4. 物质资源的匮乏使人们把目光投向广袤无垠的太空。
　　5. 我们十分钦佩他那非凡的毅力和百折不挠的精神。
　　6. 遮天蔽日的黄沙致使这一带水土流失日益严重。
　　7. 对我们来说,当务之急是要与自然和谐共处。
　　8. 这里的沉积物是否带有放射性元素尚有待进一步考察。

十一、
　　真理和谬误一起到河边去游泳,他们都脱得光光的,跳入水中。趁真理游得正高兴的时候,谬误偷偷地游回岸边,把真理的衣裳偷走了。
　　从此,谬误经常穿着真理的衣裳招摇过市,真理却赤条条地一丝不挂。
　　寓言是真理的好朋友。起初,他常常带着一丝不挂的真理到另外一些朋友家里去串门,但是,人们远远地一看见他们,就紧紧地拴上大门。
　　寓言伤心地说:"你们怎么能这样对待我的朋友呢?他虽然一丝不挂,却比任何穿着美丽的谬误都真诚、都纯洁、都值得信赖啊!"朋友们告诉他说:"人类赤身裸体的年代早已过去了。一丝不挂,毕竟是落后的象征。你要让你的朋友成为大家欢迎的人,还是给他穿上一件与时代相称的衣裳吧!"
　　寓言听从朋友们的劝告,经常给真理设计一些新颖、独特、大方而又漂亮的服装。他们无论走到哪里,都受到人们的欢迎。
十二、从前　可　只有　因为　久而久之　就算/即便　只要　就　后来　并/而且　同时　更　于
　　　　是　就　而　把　但是/然而/可是　却
十三、C　B　D　A　E

第十三课

(一) 1. 之　2. 不　3. 之　4. 而　5. 复　6. 其　7. 而　8. 不　9. 屑　10. 得　11. 瞬　12. 睹
　　13. 废　14. 挠　15. 司　16. 匪　17. 议　18. 朝　19. 久　20. 清
(二) 1. 切忌　2. 势必　3. 极限　4. 营造　5. 损伤　6. 畅通　7. 不容　8. 运作　9. 负荷　10. 适时
(三) 1. 缓解→缓和　2. 犯病过→犯过病　3. 空虚→无聊　4. 缓和→缓解　5. 延缓→推迟　6. 烦恼→烦躁　7. 烦躁→烦恼　8. 适时→适量
(四) 1. 刻不容缓　2. 痊愈　3. 老化　4. 势必　5. 迎刃而解　6. 均衡　7. 切忌　8. 比重
(五) 1. B　2. A　3. E　4. C　5. D　6. H　7. F　8. G　9. I　10. J　11. K　12. M　13. L　14. N
(六) 1. 婉曲　2. 婉曲　3. 比喻、夸张　4. 反语　5. 比喻　6. 比喻、夸张
(七) 1. C　2. A　3. D　4. C　5. B
(八) 1. √　2. ×　3. ×　4. ×　5. ×　6. ×　7. √　8. ×　9. ×　10. √
(九) 1. E　2. C　3. D　4. A　5. B

第十四课

(一) 1. 假借　2. 落后　3. 上等　4. 天伦之乐　5. 子孙　6. 气派　7. 相片　8. 称呼　9. 地位　10. 教室
(二) 1. C　2. E　3. G　4. F　5. D　6. A　7. B　8. H
(三) 1. 坐落　2. 更换　3. 烘托　4. 动用　5. 助长　6. 强制　7. 策划　8. 躲藏　9. 气势　10. 即或　11. 不假思索　12. 反之
(五) 1. ×　2. √　3. ×　4. ×　5. ×　6. ×　7. ×　8. ×
(六) 1. 反之→反而　2. 更换→更改　3. 坐落→位于/坐落在　4. 消耗→耗费　5. 消除→解除　6. 不假思索→能不假思索地正确回答各种问题　7. 助长→增加　8. →灯光和音乐可以很好地烘托主人公此刻的心情。　9. 我们一定要→大家都　10. 宏大→巨型
(七) 1. ×　2. √　3. √　4. ×　5. √　6. √　7. ×　8. ×　9. ×　10. ×
(八) 咱们停止往南走吧→咱们不要往南走了吧

参考答案

我家城南地里杏树上并非没有一窝斑鸠→我家城南地里杏树上有一窝斑鸠
从树上不会不摔下来怎么办呢→从树上摔下来怎么办呢
埋到哪儿都不会不是风水宝地→埋到哪儿都会是风水宝地

副课文：
1. √   2. ×   3. ×   4. √   5. √   6. ×   7. √   8. √   9. ×   10. ×

总复习

一、1. xuè 血汗   xiě 血淋淋   2. dàng 当晚   dāng 当今   3. kān 看管   kàn 看法
4. fā 发现   fà 头发   5. sāng 丧事   sàng 丧气   6. liáng 量体温   liàng 质量
7. zhuó 附着   zháo 着火   8. chāi 出差   chā 差别   chà 差一点
9. cháo 朝代   zhāo 朝阳   10. diào 调动   tiáo 调理   11. jiàn 间断   jiān 之间
12. gēng 更换   gèng 更多   13. chēng 称赞   chèn 对称   14. zàng 心脏   zāng 脏话
15. nán 困难   nàn 灾难   16. yìng 应验   yīng 应当   17. tiǎo 挑战   tiāo 挑剔
18. cān 参照   shēn 党参   19. yǔ 与日俱增   yù 与会   20. qiáng 加强   qiǎng 勉强
21. xì 维系   jì 系围裙   22. lù 露出   lòu 泄露
23. yè 呜咽   yān 咽炎   yàn 狼吞虎咽   24. zhòng 重力   chóng 重新

二、1. 孤独 抓住   2. 无奈 夸大   3. 狠心 狼狈   4. 履行 屡次   5. 摩托车 魔鬼   6. 殴打 欧洲
7. 博士 搏斗   8. 悲痛 长辈   9. 幻想 幼稚   10. 顺利 必须   11. 辨别 辩论
12. 募捐 仰慕   13. 巧合 腐朽   14. 绿色 缘分   15. 浪漫 傲慢   16. 爆炸 瀑布   17. 烦躁 干燥
18. 记载 栽培   19. 拟人 相似   20. 扑灭 朴实   21. 走俏 销魂   22. 津津有味 肆虐
23. 挂念 佳肴   24. 喝酒 潇洒   25. 虚心 虐待   26. 富饶 侥幸   27. 危险 勤俭
28. 对待 侍候   29. 海豚 追逐   30. 捕获 哺乳   31. 滑轮 狡猾   32. 状况 壮志
33. 阵容 一栋楼   34. 截然 爱戴   35. 目睹 赌博   36. 捐赠 憎恨   37. 缓解 援助
38. 逝世 日渐   39. 周密 蜂蜜   40. 气势 诚挚

三、1. 间断   2. 意愿   3. 就近   4. 切忌   5. 容许   6. 虚幻   7. 处世   8. 顺应   9. 交错
10. 流逝   11. 资格   12. 空难   13. 表白   14. 交与   15. 漫不经心   16. 仿效   17. 临近
18. 新陈代谢   19. 采集   20. 层出不穷

四、1. 滔滔不绝   2. 格格不入   3. 津津有味   4. 得不偿失   5. 刻不容缓   6. 川流不息
7. 无能为力   8. 废寝忘食   9. 恰如其分   10. 根深蒂固   11. 前所未有   12. 众所周知
13. 争先恐后   14. 可想而知   15. 随心所欲   16. 百折不挠   17. 别具一格   18. 不自量力
19. 不相上下   20. 当务之急   21. 断断续续   22. 力所能及   23. 麻木不仁   24. 眉飞色舞
25. 弄虚作假   26. 热泪盈眶   27. 一模一样   28. 有目共睹   29. 眼花缭乱   30. 迎刃而解

五、1. 敷衍   2. 凭借   3. 酝酿   4. 恍惚   5. 极限   6. 掌管   7. 赏识   8. 冲动   9. 确保
10. 公认   11. 当场   12. 夹杂   13. 告诫   14. 不无   15. 寻求   16. 打发   17. 仓促
18. 忧虑   19. 赋予   20. 迫使

六、1. B   2. A   3. C   4. A   5. D   6. B   7. A   8. C   9. D   10. A   11. C   12. C   13. A   14. C
15. D   16. A   17. C   18. A   19. B   20. D

七、1. 中央政府不应该过多干预各地方的物价。
2. 纵横交错的高速公路给这一带带来了无限的商机。
3. 勇于抛弃陈旧的观念才能使社会不断进步。

293

4. 领导干部的包容助长了不正之风的滋生蔓延。
5. 每年洪水泛滥直接和间接造成的经济损失达三亿元。
6. 我们借助群众的力量就足以战胜自然灾害的入侵了。
7. 昨日的一场大暴雨使华北地区的旱情得到缓解。
8. 教练用心栽培那些经过筛选的体育苗子。
9. 祖国统一大业不容任何人阻挡。
10. 纯真美好的感情是无法用金钱来衡量的。
11. 王娟在她的诗歌和日记中尽情地抒发自己的情感。
12. 改革开放后中国农村物质文化生活条件大为改善。
13. 因为近期资金不足致使工程进展缓慢。
14. 盲目追求个人利益势必造成供需矛盾的激化。

九、1. 多少 2. 归根到底 3. 未尝 4. 免不了 5. 大为 6. 反之 7. 耐人寻味 8. 一般来说
   9. 无奈 10. 顺理成章 11. 足以 12. 未免

十、1. 延续→继续 2. 中意→喜欢 3. 听取→听着 4. 来临→光临 5. 不无→十分
   6. 未免→未尝 7. 忘却→忘怀 8. 匮乏资源→资源匮乏 9. 追随→追逐 10. 试图→尝试

十一、1. 临、示、赠、实、盈、愿、葬   2. 祝、挑、诧、恰、竟、无、使/让/叫
   3. 严、权、就、应、败、记/却、责、功、牺、幸、享、以、得、骗、乐

十二、但是/可是、因为、于是、如果/要是、就、无论/不管、只要、都、于是、如果/要是、但是/可是、因为、只好、其实、后来、而

十三、

七百多年前,威尔士的王子有一条很大的狗,它的名字叫吉尔特,它很勇敢。它经常跟王子一起去打猎。有一天,王子把吉尔特留在家里,让它照看正在小木床里睡觉的年幼的儿子。

几小时后,当王子回到家时,吉尔特跑出去迎接他。突然王子看到吉尔特下巴和头上有血迹。

"你干了些什么?"王子警觉地问。他冲到房间里,发现小床侧翻在地板上,他儿子衣服上也有血迹。

"你杀了我儿子!" 王子愤怒地喊着,"你这不忠实的狗!"他拔出剑,一下子刺中了那条狗。就在这时他听见了婴儿的哭声。

王子冲出屋子,看见儿子安然无恙地躺在地上,在他儿子身旁有一只死去的狼,这狼曾经试图把这小孩从床上叼走。这时,王子才意识到吉尔特为了救他的儿子而击败了狼。王子跑回屋子,但是已经太晚了,勇敢的吉尔特已经死了。当王子意识到他杀害了他忠实的朋友时,泪水从他的脸上滚落了下来。他把吉尔特的尸体背到一个山顶并且把它埋葬在那里。每天早上他都要爬上山顶,为的是能在吉尔特的墓旁站几分钟。

假如你到威尔士的斯诺登山,人们会告诉你吉尔特被埋葬的地方。它让人们想起一只勇敢而忠实的狗,它也提醒人们在未充分了解事实前不要匆忙下结论。

十四、1. C 2. K 3. F 4. L 5. O 6. D 7. A 8. H 9. G 10. I 11. N 12. E 13. B 14. J
   15. M

以前,法国有一位总统名叫戈达,他一向是以机智出名的。一天一位英国太太问他:"法国女人是不是真的比其他国家的女人更迷人?"戈达毫不犹豫地说:"那当然!因为巴黎女人二十岁时美如玫瑰;三十岁时,也像情歌一样迷人;而四十岁时,就更完美了。"那位英国太太又问:"那么四十岁以后呢?"戈达总统微笑着说:"太太,你知道吗?一个巴黎女人,不论她多大年纪,看起来都不会超过四十岁啊!"

参考答案

有一个英俊的美国青年,住在一家度假旅馆中,但是他迷迷糊糊地走错了,未敲门,就走进一位老太太的房间。"对不起,我走错房间了!"英俊青年抱歉地说。"那倒也不一定!"老太太莞尔一笑,说:"只不过是迟了四十年而已!"西方哲人说:"愉快的性格,是成功的灵魂。"的确,幽默是开自己的玩笑,和别人共享快乐。而且,诙谐、妙答、自嘲、机智也都是幽默的表现,能使人在压力中充满着欢愉。莎士比亚也说过:"甜中加甜,不见其甜;乐中加乐,才是大乐!"

生词表

A

爱戴	àidài	(动)	(1)
爱憎分明	àizēngfēnmíng		(7)
安放	ānfàng	(动)	(2)
安分	ānfèn	(形)	(6)
安居乐业	ānjū-lèyè		(7)
安然	ānrán	(形)	(13)
暗杀	ànshā	(动)	(2)
昂扬	ángyáng	(形)	(11)
遨游	áoyóu	(动)	(11)
傲慢	àomàn	(形)	(10)

B

跋涉	báshè	(动)	(8)
霸道	bàdào	(形)	(10)
百折不挠	bǎizhébùnáo		(11)
拜见	bàijiàn	(动)	(8)
颁布	bānbù	(动)	(4)
斑	bān	(名)	(4)
帮手	bāngshǒu	(名)	(10)
绑架	bǎngjià	(动)	(5)
包容	bāoróng	(动)	(3)
孢子	bāozǐ	(名)	(12)
饱满	bǎomǎn	(形)	(3)
宝库	bǎokù	(名)	(12)
保健	bǎojiàn	(动)	(13)
保养	bǎoyǎng	(动)	(13)
保障	bǎozhàng	(名)	(9)
报答	bàodá	(动)	(1)
爆竹	bàozhú	(名)	(3)
悲剧	bēijù	(名)	(2)
备	bèi	(副)	(11)
备用	bèiyòng	(动)	(11)

奔丧	bēnsāng	(动)	(2)
比重	bǐzhòng	(名)	(13)
笔画	bǐhuà	(名)	(4)
必定	bìdìng	(副)	(14)
碧绿	bìlǜ	(形)	(3)
弊病	bìbìng	(名)	(11)
变更	biàngēng	(动)	(7)
变换	biànhuàn	(动)	(7)
变形	biànxíng	(动)	(2)
变质	biànzhì	(动)	(9)
便秘	biànmì	(名)	(13)
辨认	biànrèn	(动)	(2)
表态	biǎotài	(动)	(5)
表彰	biǎozhāng	(动)	(5)
别具一格	biéjùyìgé		(4)
冰盖	bīnggài	(名)	(12)
冰期	bīngqī	(名)	(12)
冰芯	bīngxīn	(名)	(12)
并列	bìngliè	(动)	(14)
病情	bìngqíng	(名)	(1)
播放	bōfàng	(动)	(1)
搏斗	bódòu	(动)	(1)
跛	bǒ	(动)	(13)
哺乳动物	bǔrǔ dòngwù	(名)	(10)
不对劲儿	búduìjìnr	(形)	(2)
不假思索	bùjiǎsīsuǒ		(14)
不可思议	bùkěsīyì		(9)
不愧	búkuì	(副)	(7)
不了了之	bùliǎoliǎozhī		(2)
不然	bùrán	(形)	(9)
不容	bùróng	(动)	(13)
不无	bùwú	(动)	(9)
不相上下	bùxiāngshàngxià		(6)

不屑一顾	búxièyígù		(10)	撤退	chètuì	(动)	(4)
不自量力	búzìliànglì		(4)	沉淀	chéndiàn	(动)	(13)
步履蹒跚	bùlǚpánshān		(6)	沉积	chénjī	(动)	(12)
部位	bùwèi	(名)	(13)	沉闷	chénmèn	(形)	(4)
				陈旧	chénjiù	(形)	(13)

C

				~称	chēng		(14)
擦边球	cābiānqiú	(名)	(5)	称奇	chēngqí	(动)	(11)
财力	cáilì	(名)	(13)	称颂	chēngsòng	(动)	(8)
采纳	cǎinà	(动)	(7)	成交	chéngjiāo	(动)	(6)
参数	cānshù	(名)	(11)	成名	chéngmíng	(动)	(1)
参与	cānyù	(动)	(10)	诚挚	chéngzhì	(形)	(1)
参照	cānzhào	(动)	(12)	承受	chéngshòu	(动)	(2)
惨案	cǎn'àn	(名)	(2)	程序	chéngxù	(名)	(13)
惨重	cǎnzhòng	(形)	(2)	迟钝	chídùn	(形)	(4)
仓促	cāngcù	(形)	(7)	迟缓	chíhuǎn	(形)	(12)
苍白	cāngbái	(形)	(1)	尺度	chǐdù	(名)	(10)
草坪	cǎopíng	(名)	(1)	冲动	chōngdòng	(名)	(6)
侧面	cèmiàn	(名)	(4)	重	chóng	(量)	(11)
测定	cèdìng	(动)	(12)	崇拜	chóngbài	(动)	(7)
测算	cèsuàn	(动)	(12)	抽筋	chōujīn	(动)	(13)
策划	cèhuà	(动)	(14)	出产	chūchǎn	(动)	(8)
层出不穷	céngchūbùqióng		(4)	出神	chūshén	(动)	(6)
插嘴	chāzuǐ	(动)	(6)	出售	chūshòu	(动)	(6)
查明	chámíng	(动)	(2)	出台	chūtái	(动)	(9)
查问	cháwèn	(动)	(8)	揣	chuāi	(动)	(7)
诧异	chàyì	(形)	(1)	川流不息	chuānliúbùxī		(1)
掺	chān	(动)	(6)	传递	chuándì	(动)	(1)
掺杂	chānzá	(动)	(4)	传教	chuánjiào	(动)	(8)
长征	chángzhēng	(名)	(11)	传送	chuánsòng	(动)	(13)
常规	chángguī	(名)	(4)	传闻	chuánwén	(名)	(5)
常年	chángnián	(副)	(12)	纯净水	chúnjìngshuǐ	(名)	(13)
场所	chǎngsuǒ	(名)	(6)	慈爱	cí'ài	(形)	(1)
畅谈	chàngtán	(动)	(8)	慈善	císhàn	(形)	(5)
畅通	chàngtōng	(形)	(13)	磁化	cíhuà	(动)	(12)
倡导	chàngdǎo	(动)	(9)	雌	cí	(形)	(7)
超标	chāobiāo	(动)	(11)	刺眼	cìyǎn	(形)	(4)
超级	chāojí	(形)	(5)	粗细	cūxì	(名)	(12)
朝圣	cháoshèng	(动)	(6)	蹿	cuān	(动)	(3)
潮气	cháoqì	(名)	(14)	翠绿	cuìlǜ	(形)	(3)
车祸	chēhuò	(名)	(9)	存放	cúnfàng	(动)	(14)

| 错过 | cuòguò | (动) | (2) | 对接 | duìjiē | (动) | (11) |
| | | | | 躲藏 | duǒcáng | (动) | (14) |

D

打发	dǎfa	(动)	(4)
大臣	dàchén	(名)	(14)
大拇指	dàmǔzhǐ	(名)	(4)
大体	dàtǐ	(副)	(12)
大腕	dàwàn	(名)	(5)
大为	dàwéi	(副)	(8)
大洋	dàyáng	(名)	(14)
代谢	dàixiè	(动)	(11)
带劲儿	dàijìnr	(形)	(4)
担忧	dānyōu	(动)	(9)
当场	dāngchǎng	(副)	(1)
当务之急	dāngwùzhījí		(9)
当心	dāngxīn	(动)	(4)
到来	dàolái	(动)	(8)
得不偿失	débùchángshī		(4)
得力	délì	(形)	(7)
得心应手	déxīnyìngshǒu		(10)
灯火通明	dēnghuǒtōngmíng		(6)
低估	dīgū	(动)	(4)
低回	dīhuí	(动)	(6)
敌对	díduì	(形)	(10)
抵达	dǐdá	(动)	(8)
递增	dìzēng	(动)	(1)
点缀	diǎnzhuì	(动)	(2)
电源	diànyuán	(名)	(11)
店员	diànyuán	(名)	(6)
叼	diāo	(动)	(7)
叮嘱	dīngzhǔ	(动)	(1)
定居	dìngjū	(动)	(7)
动工	dònggōng	(动)	(14)
动情	dòngqíng	(动)	(1)
动态	dòngtài	(名)	(13)
动用	dòngyòng	(动)	(14)
独创	dúchuàng	(动)	(11)
断定	duàndìng	(动)	(12)
断断续续	duànduànxùxù		(3)
对策	duìcè	(名)	(9)

E

| 鹅黄 | éhuáng | (形) | (3) |
| 噩梦 | èmèng | (名) | (2) |

F

发病	fā bìng		(8)
发奋图强	fāfèn-túqiáng		(11)
发作	fāzuò	(动)	(1)
法案	fǎ'àn	(名)	(7)
烦躁	fánzào	(形)	(13)
繁重	fánzhòng	(形)	(5)
反感	fǎngǎn	(形)	(6)
反思	fǎnsī	(动)	(4)
反之	fǎnzhī	(连)	(14)
泛滥	fànlàn	(动)	(12)
贩卖	fànmài	(动)	(8)
放射性	fàngshèxìng	(名)	(12)
飞船	fēichuán	(名)	(11)
飞沙走石	fēishā-zǒushí		(12)
飞舞	fēiwǔ	(动)	(3)
飞翔	fēixiáng	(动)	(5)
妃子	fēizi	(名)	(14)
非凡	fēifán	(形)	(11)
非议	fēiyì	(动)	(5)
狒狒	fèifèi	(名)	(9)
废寝忘食	fèiqǐn-wàngshí		(11)
废墟	fèixū	(名)	(2)
分水岭	fēnshuǐlǐng	(名)	(11)
分享	fēnxiǎng	(动)	(10)
丰衣足食	fēngyī-zúshí		(8)
风波	fēngbō	(名)	(5)
风调雨顺	fēngtiáo-yǔshùn		(7)
风湿	fēngshī	(名)	(13)
蜂蜜	fēngmì	(名)	(13)
奉献	fèngxiàn	(动)	(1)
敷衍	fūyǎn	(动)	(8)
服装	fúzhuāng	(名)	(6)

浮躁	fúzào	(形)	(4)	谷地	gǔdì	(名)	(7)
辐射	fúshè	(动)	(2)	固然	gùrán	(副)	(9)
抚摸	fǔmō	(动)	(10)	固有	gùyǒu	(形)	(9)
腐烂	fǔlàn	(形)	(12)	挂念	guàniàn	(动)	(6)
付出	fùchū	(动)	(1)	关闭	guānbì	(动)	(6)
负荷	fùhè	(名)	(13)	关节	guānjié	(名)	(13)
赴	fù	(动)	(5)	关节炎	guānjiéyán	(名)	(13)
赋予	fùyǔ	(动)	(4)	惯例	guànlì	(名)	(2)
富饶	fùráo	(形)	(8)	光顾	guānggù	(动)	(6)
富庶	fùshù	(形)	(8)	光芒	guāngmáng	(名)	(5)
腹	fù	(名)	(1)	广袤	guǎngmào	(形)	(11)
覆盖	fùgài	(动)	(12)	归根到底	guīgēndàodǐ		(6)
				归功	guīgōng	(动)	(4)
G				归属	guīshǔ	(动)	(4)
改建	gǎijiàn	(动)	(14)	棍子	gùnzi	(名)	(3)
干预	gānyù	(动)	(4)	国会	guóhuì	(名)	(7)
肝脏	gānzàng	(名)	(9)	国有	guóyǒu	(动)	(14)
感染	gǎnrǎn	(动)	(9)	过后	guòhòu	(名)	(2)
高温	gāowēn	(名)	(12)	过滤	guòlǜ	(动)	(4)
高血压	gāoxuèyā	(名)	(13)				
告诫	gàojiè	(动)	(4)	**H**			
戈壁	gēbì	(名)	(12)	哈欠	hāqian	(名)	(5)
哥们儿	gēmenr	(名)	(10)	海豚	hǎitún	(名)	(10)
搁浅	gēqiǎn	(动)	(11)	海鲜	hǎixiān	(名)	(3)
格格不入	gégébúrù		(4)	汗流浃背	hànliújiābèi		(1)
格式化	géshìhuà	(动)	(4)	航天	hángtiān	(动)	(11)
隔阂	géhé	(名)	(3)	耗费	hàofèi	(动)	(14)
根深蒂固	gēnshēn-dìgù		(3)	浩劫	hàojié	(名)	(2)
跟头	gēntou	(名)	(2)	合伙	héhuǒ	(动)	(10)
更换	gēnghuàn	(动)	(14)	和平共处	hépíng gòngchǔ		(10)
耕种	gēngzhòng	(动)	(12)	核素	hésù	(名)	(12)
哽咽	gěngyè	(动)	(1)	贺词	hècí	(名)	(3)
公侯	gōnghóu	(名)	(14)	狠心	hěnxīn	(动)	(1)
公认	gōngrèn	(动)	(4)	横行	héngxíng	(动)	(3)
攻读	gōngdú	(动)	(5)	衡量	héngliáng	(动)	(5)
宫殿	gōngdiàn	(名)	(14)	烘托	hōngtuō	(动)	(14)
共处	gòngchǔ	(动)	(12)	宏大	hóngdà	(形)	(14)
共识	gòngshí	(名)	(11)	呼唤	hūhuàn	(动)	(1)
构思	gòusī	(动)	(7)	护送	hùsòng	(动)	(8)
孤儿	gū'ér	(名)	(1)	花粉	huāfěn	(名)	(12)

化身	huàshēn	（名）	（14）	间隔	jiàngé	（动）		（13）
划时代	huàshídài	（形）	（4）	间接	jiànjiē	（形）		（12）
欢笑	huānxiào	（动）	（3）	交叉	jiāochā	（动）		（6）
缓	huǎn		（3）	交错	jiāocuò	（动）		（7）
缓解	huǎnjiě	（动）	（13）	交会	jiāohuì	（动）		（11）
幻觉	huànjué	（名）	（2）	交配	jiāopèi	（动）		（10）
患者	huànzhě	（名）	（9）	交情	jiāoqing	（名）		（10）
荒凉	huāngliáng	（形）	（12）	交融	jiāoróng	（动）		（3）
荒唐	huāngtáng	（形）	（2）	交替	jiāotì			（12）
恍惚	huǎnghū	（形）	（2）	浇灌	jiāoguàn	（动）		（13）
毁灭	huǐmiè		（9）	教皇	jiàohuáng	（名）		（8）
浑然	húnrán	（形）	（7）	接轨	jiēguǐ	（动）		（4）
混账	hùnzhàng	（形）	（7）	揭示	jiēshì	（动）		（12）
活蹦乱跳	huóbèng-luàntiào		（3）	杰出	jiéchū	（形）		（14）
火锅	huǒguō	（名）	（6）	截然	jiérán	（副）		（11）
火势	huǒshì	（名）	（14）	解	jiě			（2）
获悉	huòxī	（动）	（8）	解除	jiěchú	（动）		（14）
获益匪浅	huòyìfěiqiǎn		（11）	戒严	jièyán	（动）		（13）
				借助	jièzhù	（动）		（12）
	J			金黄	jīnhuáng	（形）		（3）
机能	jīnéng	（名）	（13）	津津有味	jīnjīnyǒuwèi			（6）
机制	jīzhì	（名）	（12）	锦标赛	jǐnbiāosài	（名）		（5）
基因	jīyīn	（名）	（9）	谨小慎微	jǐnxiǎo-shènwēi			（2）
激发	jīfā	（动）	（8）	尽情	jìnqíng	（副）		（3）
激化	jīhuà	（动）	（8）	进展	jìnzhǎn	（动）		（9）
激活	jīhuó	（动）	（9）	劲头	jìntóu	（名）		（3）
激情	jīqíng	（名）	（11）	惊慌	jīnghuāng	（形）		（3）
极限	jíxiàn	（名）	（13）	晶莹	jīngyíng	（形）		（7）
即或	jíhuò	（连）	（14）	净化	jìnghuà	（动）		（13）
籍贯	jíguàn	（名）	（3）	竟	jìng	（动）		（10）
技艺	jìyì	（名）	（10）	九五之尊	jiǔwǔzhīzūn			（14）
寄托	jìtuō	（动）	（5）	久而久之	jiǔ'érjiǔzhī			（4）
加重	jiāzhòng	（动）	（5）	救生艇	jiùshēngtǐng	（名）		（2）
夹杂	jiāzá	（动）	（12）	就餐	jiùcān	（动）		（13）
家产	jiāchǎn	（名）	（8）	就地	jiùdì	（副）		（7）
嘉奖	jiājiǎng	（动）	（1）	就算	jiùsuàn	（连）		（3）
坚实	jiānshí	（形）	（12）	居	jū	（动）		（14）
兼容	jiānróng	（动）	（4）	居室	jūshì	（名）		（14）
检测	jiǎncè	（动）	（10）	咀嚼	jǔjué	（动）		（3）
间冰期	jiānbīngqī	（名）	（12）	捐献	juānxiàn	（动）		（9）

捐赠	juānzèng	（动）		(9)	懒惰	lǎnduò	（形）	(4)
觉察	juéchá	（动）		(12)	浪潮	làngcháo	（名）	(1)
均衡	jūnhéng	（形）		(13)	劳动力	láodònglì	（名）	(14)
君主专制	jūnzhǔ zhuānzhì			(14)	牢房	láofáng	（名）	(8)
					老化	lǎohuà	（动）	(13)
K					力所能及	lìsuǒnéngjí		(1)
卡通	kǎtōng	（名）		(4)	力图	lìtú	（动）	(10)
开朗	kāilǎng	（形）		(1)	历程	lìchéng	（名）	(11)
开小灶	kāi xiǎozào			(5)	立志	lìzhì	（动）	(9)
凯旋	kǎixuán	（动）		(5)	利弊	lìbì	（名）	(5)
看护	kānhù	（动）		(2)	连绵	liánmián	（动）	(6)
抗体	kàngtǐ	（名）		(9)	莲子	liánzǐ	（名）	(3)
颗粒	kēlì	（名）		(12)	联邦	liánbāng	（名）	(7)
可塑性	kěsùxìng	（名）		(4)	联赛	liánsài	（名）	(5)
可想而知	kěxiǎng'érzhī			(9)	脸谱	liǎnpǔ	（名）	(4)
刻不容缓	kèbùrónghuǎn			(13)	了事	liǎoshì	（动）	(8)
恳求	kěnqiú	（动）		(9)	猎豹	lièbào	（名）	(5)
空难	kōngnàn	（名）		(2)	林立	línlì	（动）	(6)
空虚	kōngxū	（形）		(13)	临近	línjìn	（动）	(2)
恐惧	kǒngjù	（形）		(10)	临终	línzhōng	（动）	(9)
恐龙	kǒnglóng	（名）		(4)	灵长类	língzhǎnglèi	（名）	(9)
口头禅	kǒutóuchán	（名）		(5)	零星	língxīng	（形）	(6)
口音	kǒuyīn	（名）		(1)	留心	liúxīn	（动）	(8)
口罩	kǒuzhào	（名）		(5)	流浪	liúlàng	（动）	(7)
叩头	kòutóu	（动）		(6)	流露	liúlù	（动）	(5)
枯燥	kūzào	（形）		(4)	流失	liúshī	（动）	(12)
跨度	kuàdù	（名）		(14)	流逝	liúshì	（动）	(12)
跨栏	kuàlán	（名）		(5)	流淌	liútǎng	（动）	(1)
跨越	kuàyuè	（动）		(11)	琉璃瓦	liúlíwǎ	（名）	(14)
快速	kuàisù	（形）		(11)	履行	lǚxíng	（动）	(1)
宽大	kuāndà	（形）		(14)	卵石	luǎnshí	（名）	(12)
矿物质	kuàngwùzhì	（名）		(13)	掠	lüè	（动）	(3)
框框	kuàngkuang	（名）		(6)	略微	lüèwēi	（副）	(2)
匮乏	kuìfá	（形）		(9)	落荒而逃	luòhuāng'értáo		(4)
困惑	kùnhuò	（形）		(2)				
困苦	kùnkǔ	（形）		(6)	**M**			
					麻木不仁	mámùbùrén		(1)
L					漫步	mànbù	（动）	(3)
来临	láilín	（动）		(2)	漫画	mànhuà	（名）	(4)
来年	láinián	（名）		(3)	漫卷	mànjuǎn	（动）	(12)

茂盛	màoshèng	（形）	（12）
没精打采	méijīngdǎcǎi		（2）
玫瑰	méigui	（名）	（2）
眉飞色舞	méifēi-sèwǔ		（3）
美容	měiróng	（动）	（13）
美味佳肴	měiwèi-jiāyáo		（6）
镁	měi	（名）	（13）
梦幻	mènghuàn	（名）	（5）
梦境	mèngjìng	（名）	（2）
弥漫	mímàn	（动）	（6）
迷宫	mígōng	（名）	（6）
迷人	mírén	（形）	（6）
迷失	míshī	（动）	（5）
迷惘	míwǎng	（形）	（1）
密集	mìjí	（形）	（14）
免不了	miǎnbuliǎo	（动）	（8）
免疫学	miǎnyìxué	（名）	（9）
勉励	miǎnlì	（动）	（5）
敏锐	mǐnruì	（形）	（10）
名称	míngchēng	（名）	（14）
铭记	míngjì	（动）	（5）
魔力	mólì	（名）	（1）
墨绿	mòlǜ	（形）	（3）
目瞪口呆	mùdèng-kǒudāi		（2）
募捐	mùjuān	（动）	（2）
慕名	mùmíng	（动）	（8）

N

奶油	nǎiyóu	（名）	（6）
耐人寻味	nàirénxúnwèi		（6）
南瓜	nánguā	（名）	（3）
难关	nánguān	（名）	（9）
难以置信	nányǐzhìxìn		（2）
内涵	nèihán	（名）	（7）
内战	nèizhàn	（名）	（7）
腻味	nìwei	（形）	（3）
黏	nián	（形）	（13）
黏膜	niánmó	（名）	（13）
念念有词	niànniànyǒucí		（6）
酿	niàng	（动）	（2）
纽带	niǔdài	（名）	（4）
弄虚作假	nòngxū-zuòjiǎ		（8）

O

殴打	ōudǎ	（动）	（1）

P

排卵期	páiluǎnqī	（名）	（10）
排泄	páixiè	（动）	（13）
盘旋	pánxuán	（动）	（3）
抛弃	pāoqì	（动）	（1）
跑道	pǎodào	（名）	（5）
配备	pèibèi	（动）	（2）
辟谣	pìyáo	（动）	（5）
篇幅	piānfu	（名）	（8）
翩翩	piānpiān	（形）	（8）
拼搏	pīnbó	（动）	（5）
贫乏	pínfá	（形）	（4）
贫瘠	pínjí	（形）	（12）
平民	píngmín	（名）	（8）
平台	píngtái	（名）	（11）
凭借	píngjiè	（动）	（11）
瓶颈	píngjǐng	（名）	（9）
迫使	pòshǐ	（动）	（10）
破译	pòyì	（动）	（4）
剖面	pōumiàn	（名）	（12）
仆人	púrén	（名）	（8）
朴实	pǔshí	（形）	（6）

Q

期待	qīdài	（动）	（9）
其间	qíjiān	（名）	（7）
奇缺	qíquē	（形）	（9）
奇特	qítè	（形）	（1）
祈祷	qídǎo	（动）	（1）
棋盘	qípán	（名）	（1）
鳍	qí	（名）	（10）
起程	qǐchéng	（动）	（7）
起劲儿	qǐjìnr	（形）	（10）

生词表

起码	qǐmǎ	（副）	（9）
起诉	qǐsù	（动）	（5）
起用	qǐyòng	（动）	（8）
气喘	qìchuǎn	（动）	（13）
气流	qìliú	（名）	（12）
气势	qìshì	（名）	（14）
气息	qìxī	（名）	（3）
掐	qiā	（动）	（4）
恰如其分	qiàrúqífèn		（8）
洽谈	qiàtán	（动）	（5）
千奇百怪	qiānqí-bǎiguài		（4）
迁移	qiānyí	（动）	（7）
牵引	qiānyǐn	（动）	（11）
前赴后继	qiánfù-hòujì		（7）
前所未有	qiánsuǒwèiyǒu		（12）
前往	qiánwǎng	（动）	（7）
钳子	qiánzi	（名）	（3）
强大	qiángdà	（形）	（11）
强制	qiángzhì	（动）	（14）
抢亲	qiǎngqīn	（动）	（10）
悄然	qiǎorán	（形）	（3）
巧合	qiǎohé	（形）	（2）
切换	qiēhuàn	（动）	（11）
切忌	qièjì	（动）	（13）
钦佩	qīnpèi	（动）	（4）
侵蚀	qīnshí	（动）	（12）
亲昵	qīnnì	（形）	（4）
禽流感	qínliúgǎn	（名）	（9）
青稞酒	qīngkējiǔ	（名）	（6）
轻快	qīngkuài	（形）	（10）
清新	qīngxīn	（形）	（4）
庆功	qìnggōng	（动）	（5）
求亲	qiúqīn	（动）	（8）
屈指可数	qūzhǐkěshǔ		（6）
权宜	quányí	（形）	（10）
痊愈	quányù	（动）	（13）
劝说	quànshuō	（动）	（10）
确保	quèbǎo	（动）	（10）
确认	quèrèn	（动）	（2）
群居	qúnjū	（动）	（10）

R

燃烧	ránshāo	（动）	（1）
热泪盈眶	rèlèiyíngkuàng		（1）
热血沸腾	rèxuèfèiténg		（1）
认同	rèntóng	（动）	（3）
任命	rènmìng	（动）	（8）
任用	rènyòng	（动）	（8）
日复一日	rìfùyírì		（13）
容量	róngliàng	（名）	（10）
溶解	róngjiě	（动）	（12）
融洽	róngqià	（形）	（3）
冗余	rǒngyú	（名）	（11）
入侵	rùqīn	（动）	（12）
润滑	rùnhuá	（动）	（13）
若即若离	ruòjí-ruòlí		（3）

S

三品	sānpǐn	（名）	（14）
沙尘暴	shāchénbào	（名）	（12）
筛选	shāixuǎn	（动）	（7）
山脚	shānjiǎo	（名）	（7）
扇	shān	（动）	（10）
闪耀	shǎnyào	（动）	（5）
擅长	shàncháng	（动）	（6）
擅自	shànzì	（副）	（9）
商讨	shāngtǎo	（动）	（7）
赏	shǎng	（动）	（1）
赏识	shǎngshí	（动）	（8）
上报	shàngbào	（动）	（7）
上瘾	shàngyǐn	（动）	（6）
摄	shè	（动）	（13）
深层	shēncéng	（名）	（9）
深沉	shēnchén	（形）	（1）
深远	shēnyuǎn	（形）	（6）
神态	shéntài	（名）	（4）
肾脏	shènzàng	（名）	（9）
生机	shēngjī	（名）	（9）
生猛	shēngměng	（形）	（3）
生怕	shēngpà	（副）	（2）
生前	shēngqián	（名）	（2）

胜任	shèngrèn	（动）		(8)		**T**		
圣洁	shèngjié	（形）		(7)	台基	táijī	（名）	(14)
盛产	shèngchǎn	（动）		(7)	太极	tàijí	（名）	(7)
盛开	shèngkāi	（动）		(3)	太空	tàikōng	（名）	(11)
盛名	shèngmíng	（名）		(5)	太平间	tàipíngjiān	（名）	(2)
盛情	shèngqíng	（名）		(5)	谈虎色变	tánhǔsèbiàn		(9)
失	shī	（动）		(14)	坦白	tǎnbái	（形）	(3)
施展	shīzhǎn	（动）		(10)	探险	tànxiǎn	（动）	(8)
时分	shífēn	（名）		(1)	滔滔不绝	tāotāobùjué		(8)
时光	shíguāng	（名）		(6)	特定	tèdìng	（形）	(7)
食欲	shíyù	（名）		(13)	腾跃	téngyuè	（动）	(3)
使节	shǐjié	（名）		(7)	剔透	tītòu	（形）	(7)
使命	shǐmìng	（名）		(11)	提取	tíqǔ		(9)
氏	shì	（名）		(7)	体验	tǐyàn	（动）	(6)
世俗	shìsú	（名）		(7)	天帝	tiāndì	（名）	(14)
势必	shìbì	（副）		(13)	天赋	tiānfù	（名）	(5)
试图	shìtú	（动）		(9)	天子	tiānzǐ	（名）	(14)
视察	shìchá	（动）		(8)	挑剔	tiāotī	（动）	(10)
视野	shìyě	（名）		(8)	挑衅	tiǎoxìn	（动）	(10)
适量	shìliàng	（形）		(13)	条纹	tiáowén	（名）	(7)
适时	shìshí	（形）		(13)	眺望	tiàowàng	（动）	(1)
授予	shòuyǔ	（动）		(5)	跳跃	tiàoyuè	（动）	(10)
漱	shù	（动）		(13)	听取	tīngqǔ	（动）	(7)
衰老	shuāilǎo	（形）		(13)	同类	tónglèi	（形）	(12)
涮	shuàn	（动）		(4)	同一	tóngyī	（形）	(12)
水仙	shuǐxiān	（名）		(3)	偷窃	tōuqiè	（动）	(10)
顺理成章	shùnlǐ-chéngzhāng			(4)	凸	tū	（形）	(12)
顺应	shùnyìng	（动）		(2)	图案	tú'àn	（名）	(4)
瞬间	shùnjiān	（名）		(1)	图片	túpiàn	（名）	(14)
司空见惯	sīkōngjiànguàn			(12)	图纸	túzhǐ	（名）	(14)
死神	sǐshén	（名）		(2)	推断	tuīduàn	（动）	(2)
似是而非	sìshì'érfēi			(2)	退出	tuìchū	（动）	(5)
肆虐	sìnüè	（动）		(12)	退位	tuìwèi	（动）	(14)
苏醒	sūxǐng	（动）		(1)	脱水	tuōshuǐ	（动）	(13)
酥油茶	sūyóuchá	（名）		(6)	妥	tuǒ	（形）	(5)
俗	sú	（形）		(4)				
酸	suān	（名）		(12)		**W**		
随机	suíjī	（形）		(5)	外号	wàihào	（名）	(8)
随心所欲	suíxīnsuǒyù			(2)	外籍	wàijí	（名）	(3)
损伤	sǔnshāng	（动）		(13)	外在	wàizài	（形）	(13)

完蛋	wándàn	(动)	(4)	橡树	xiàngshù	(名)	(7)
惋惜	wǎnxī	(形)	(9)	消防	xiāofáng	(动)	(2)
王朝	wángcháo	(名)	(7)	销魂	xiāohún	(动)	(6)
王妃	wángfēi	(名)	(8)	潇洒	xiāosǎ	(形)	(8)
往事	wǎngshì	(名)	(6)	肖像	xiàoxiàng	(名)	(5)
忘怀	wànghuái	(动)	(9)	效颦	xiàopín	(动)	(4)
威力	wēilì	(名)	(7)	携带	xiédài	(动)	(12)
微量元素	wēiliàng yuánsù		(12)	心地	xīndì	(名)	(1)
围攻	wéigōng	(动)	(1)	心头	xīntóu	(名)	(1)
围棋	wéiqí	(名)	(1)	心血	xīnxuè	(名)	(11)
维系	wéixì	(动)	(4)	心愿	xīnyuàn	(名)	(5)
未尝	wèicháng	(副)	(7)	欣慰	xīnwèi	(形)	(1)
瘟疫	wēnyì	(名)	(9)	新奇	xīnqí	(形)	(8)
稳固	wěngù	(形)	(10)	兴许	xīngxǔ	(副)	(10)
稳健	wěnjiàn	(形)	(1)	星象学	xīngxiàngxué	(名)	(14)
问世	wènshì	(动)	(8)	星座	xīngzuò	(名)	(14)
蜗牛	wōniú	(名)	(12)	猩猩	xīngxing	(名)	(9)
屋檐	wūyán	(名)	(14)	行之有效	xíngzhīyǒuxiào		(13)
无偿	wúcháng	(形)	(9)	形形色色	xíngxíngsèsè		(3)
无奈	wúnài	(动)	(1)	凶狠	xiōnghěn	(形)	(3)
无能为力	wúnéngwéilì		(5)	雄心	xióngxīn	(名)	(11)
无穷无尽	wúqióng-wújìn		(7)	雄鹰	xióngyīng	(名)	(7)
无垠	wúyín	(动)	(11)	熊熊	xióngxióng	(形)	(2)
舞	wǔ	(动)	(3)	休养	xiūyǎng	(动)	(1)
				修女	xiūnǚ	(名)	(1)
X				虚幻	xūhuàn	(形)	(6)
嬉戏	xīxì	(动)	(10)	虚拟	xūnǐ	(形)	(4)
下达	xiàdá	(动)	(14)	轩然大波	xuānrándàbō		(5)
下令	xiàlìng	(动)	(7)	选定	xuǎndìng	(动)	(7)
仙人掌	xiānrénzhǎng	(名)	(7)	炫耀	xuànyào	(动)	(10)
先前	xiānqián	(名)	(7)	血压	xuèyā	(名)	(11)
鲜红	xiānhóng	(形)	(3)	寻求	xúnqiú	(动)	(9)
显露	xiǎnlù	(动)	(12)				
限于	xiànyú	(动)	(2)	**Y**			
线索	xiànsuǒ	(名)	(12)	烟草	yāncǎo	(名)	(5)
相仿	xiāngfǎng	(形)	(2)	烟花	yānhuā	(名)	(3)
相符	xiāngfú	(形)	(13)	延缓	yánhuǎn	(动)	(13)
相间	xiāngjiàn	(动)	(7)	延续	yánxù	(动)	(5)
相应	xiāngyìng	(动)	(9)	严寒	yánhán	(形)	(11)
享有	xiǎngyǒu	(动)	(3)	炎热	yánrè	(形)	(13)

词	拼音	词性	课次
掩饰	yǎnshì	（动）	（5）
眼花缭乱	yǎnhuā-liáoluàn		（6）
宴请	yànqǐng	（动）	（8）
央求	yāngqiú	（动）	（8）
养分	yǎngfèn	（名）	（13）
耀眼	yàoyǎn	（形）	（3）
夜游症	yèyóuzhèng	（名）	（2）
一连串	yīliánchuàn	（形）	（5）
一模一样	yìmú-yíyàng		（2）
一清二白	yìqīng'èrbái		（10）
一行	yìxíng	（名）	（8）
医治	yīzhì	（动）	（9）
胰腺	yíxiàn	（名）	（9）
移植	yízhí	（动）	（9）
遗体	yítǐ	（名）	（2）
疑难	yínán	（形）	（9）
义气	yìqi	（名）	（10）
异味	yìwèi	（名）	（13）
意境	yìjìng	（名）	（14）
意向	yìxiàng	（名）	（14）
阴暗面	yīn'ànmiàn	（名）	（1）
阴部	yīnbù	（名）	（10）
阴险	yīnxiǎn	（形）	（10）
引诱	yǐnyòu	（动）	（10）
饮	yǐn	（动）	（13）
隐藏	yǐncáng	（动）	（5）
隐患	yǐnhuàn	（名）	（9）
应验	yìngyàn	（动）	（2）
应有尽有	yīngyǒujìnyǒu		（6）
英俊	yīngjùn	（形）	（8）
迎面	yíngmiàn	（副）	（3）
迎刃而解	yíngrèn'érjiě		（9）
营造	yíngzào	（动）	（13）
涌现	yǒngxiàn	（动）	（5）
优化	yōuhuà	（动）	（11）
优雅	yōuyǎ	（形）	（3）
忧虑	yōulǜ	（动）	（9）
忧郁	yōuyù	（形）	（1）
幽暗	yōu'àn	（形）	（6）
幽静	yōujìng	（形）	（6）
由来已久	yóuláiyǐjiǔ		（9）
邮差	yóuchāi	（名）	（3）
游记	yóujì	（名）	（8）
游历	yóulì	（动）	（8）
有朝一日	yǒuzhāoyīrì		（9）
有待	yǒudài	（动）	（9）
有目共睹	yǒumùgòngdǔ		（11）
诱惑	yòuhuò	（动）	（4）
与日俱增	yǔrìjùzēng		（8）
玉	yù	（名）	（7）
预感	yùgǎn	（动、名）	（2）
预示	yùshì	（动）	（11）
预言	yùyán	（动）	（2）
遇难	yùnàn	（动）	（2）
元器件	yuánqìjiàn	（名）	（11）
圆滑	yuánhuá	（形）	（10）
院士	yuànshì	（名）	（12）
约定俗成	yuēdìng-súchéng		（4）
月桂	yuèguì	（名）	（7）
运算	yùnsuàn	（动）	（4）
运作	yùnzuò	（动）	（13）
酝酿	yùnniàng	（动）	（11）

Z

词	拼音	词性	课次
栽	zāi	（动）	（4）
栽培	zāipéi	（动）	（5）
在位	zàiwèi	（动）	（8）
择偶	zé'ǒu	（动）	（10）
赠与	zèngyǔ	（动）	（12）
眨	zhǎ	（动）	（3）
展示	zhǎnshì	（动）	（8）
展望	zhǎnwàng	（动）	（11）
掌管	zhǎngguǎn	（动）	（7）
遮天蔽日	zhētiān-bìrì		（12）
折腰	zhéyāo	（动）	（10）
哲理	zhélǐ	（名）	（7）
侦察	zhēnchá	（动）	（10）
珍宝	zhēnbǎo	（名）	（8）
真空	zhēnkōng	（名）	（11）
阵容	zhènróng	（名）	（11）

振奋	zhènfèn	（动）	(11)	周密	zhōumì	（形）	(10)
振兴	zhènxīng	（动）	(11)	主人翁	zhǔrénwēng	（名）	(11)
震动	zhèndòng	（动）	(3)	主体	zhǔtǐ	（名）	(14)
震惊	zhènjīng	（动）	(10)	助长	zhùzhǎng	（动）	(14)
争奇斗艳	zhēngqí-dòuyàn		(3)	住所	zhùsuǒ	（名）	(2)
争先恐后	zhēngxiān-kǒnghòu		(14)	祝福	zhùfú	（动）	(3)
争议	zhēngyì	（动）	(5)	专用	zhuānyòng	（动）	(11)
争执	zhēngzhí	（动）	(2)	转经筒	zhuànjīngtǒng	（名）	(6)
蒸馏水	zhēngliúshuǐ	（名）	(13)	转瞬即逝	zhuǎnshùnjíshì		(10)
整天	zhěngtiān	（副）	(6)	壮志	zhuàngzhì	（名）	(11)
正规	zhèngguī	（形）	(5)	追随	zhuīsuí	（动）	(10)
正襟危坐	zhèngjīnwēizuò		(6)	追逐	zhuīzhú	（动）	(10)
芝麻	zhīma	（名）	(3)	坠毁	zhuìhuǐ	（动）	(2)
执著	zhízhuó	（形）	(4)	卓越	zhuóyuè	（形）	(11)
直播	zhíbō	（动）	(1)	琢磨	zuómo	（动）	(10)
直至	zhízhì	（动）	(1)	资深	zīshēn	（形）	(1)
指定	zhǐdìng	（动）	(5)	滋味	zīwèi	（名）	(3)
指令	zhǐlìng	（名）	(14)	自传	zìzhuàn	（名）	(2)
至高无上	zhìgāowúshàng		(14)	自发	zìfā	（形）	(2)
志气	zhìqì	（名）	(11)	宗主国	zōngzhǔguó	（名）	(7)
致使	zhìshǐ	（动）	(12)	总归	zǒngguī	（副）	(2)
窒息	zhìxī	（动）	(6)	纵向	zòngxiàng	（形）	(14)
智能	zhìnéng	（名）	(11)	走访	zǒufǎng	（动）	(8)
中枢	zhōngshū	（名）	(13)	走俏	zǒuqiào	（形）	(6)
中意	zhòngyì	（动）	(6)	足迹	zújì	（名）	(8)
中轴线	zhōngzhóuxiàn	（名）	(14)	足以	zúyǐ	（副）	(6)
忠于	zhōngyú	（动）	(10)	阻挡	zǔdǎng	（动）	(6)
终生	zhōngshēng	（名）	(10)	嘴巴	zuǐba	（名）	(10)
肿瘤	zhǒngliú	（名）	(9)	遵照	zūnzhào	（动）	(7)
众所周知	zhòngsuǒzhōuzhī		(9)	坐落	zuòluò	（动）	(14)
重力	zhònglì	（名）	(11)	座无虚席	zuòwúxūxí		(6)
州	zhōu	（名）	(7)				

专名

A
阿伯芬惨案	Ābófēn Cǎn'àn	(2)
阿拉斯加	Ālāsījiā	(12)

B
白垩纪	Bái'èjì	(12)
宝鸡	Bǎojī	(12)
柏林	Bólín	(12)
不丹	Bùdān	(7)
布达拉宫	Bùdálā Gōng	(6)
布哈拉	Bùhālā	(8)

D
大都	Dàdū	(8)
大昭寺	Dàzhāo Sì	(6)
道教	Dàojiào	(7)
第四纪	Dì-sì Jì	(12)
丁村人	Dīngcūn Rén	(12)

E
俄亥俄州	Éhài'é Zhōu	(2)

G
格林维尔	Gélínwéi'ěr	(2)

H
汉堡	Hànbǎo	(12)
忽必烈	Hūbìliè	(8)

J
江南	Jiāngnán	(6)

K
肯尼迪	Kěnnídí	(2)

L
拉萨	Lāsà	(6)
莱茵河	Láiyīn Hé	(1)
兰州	Lánzhōu	(12)
蓝田人	Lántián Rén	(12)
联邦航空局	Liánbāng Hángkōngjú	(2)
鲁思梯谦	Lǔsītīqiān	(8)
罗马	Luómǎ	(8)
洛川	Luòchuān	(12)

M
马可·波罗	Mǎkě Bōluó	(8)
马克·吐温	Mǎkè Tǔwēn	(2)
玛飞·波罗	Mǎfēi Bōluó	(8)
孟斐斯	Mèngfēisī	(2)
密西西比州	Mìxīxībǐ Zhōu	(2)
墨西哥	Mòxīgē	(7)

N
南极	Nánjí	(12)
尼泊尔	Níbó'ěr	(6)
尼古拉·波罗	Nígǔlā Bōluó	(8)

P
帕廓街	Pàkuò Jiē	(6)

Q
青藏高原	Qīngzàng Gāoyuán	(12)
清朝	Qīng Cháo	(14)
《清室优待条件》	Qīngshì Yōudài Tiáojiàn	(14)

R
热那亚	Rènàyà	(8)

S
上都	Shàngdū	(8)
圣路易斯	Shèng Lùyìsī	(2)
四川	Sìchuān	(6)
《四库全书》	Sìkù Quánshū	(14)

T

泰坦尼克	Tàitǎnníkè	(2)
唐人街	Tángrén Jiē	(3)

W

威尼斯	Wēinísī	(8)
文渊阁	Wényuān Gé	(14)

X

西藏	Xīzàng	(6)
辛亥革命	Xīnhài Gémìng	(14)
辛辛那提	Xīnxīnnàtí	(2)
新奥尔良	Xīn'ào'ěrliáng	(2)
新石器时代	Xīnshíqì Shídài	(12)

Y

亚细亚	Yàxìyà	(8)
仰韶文化	Yǎngsháo Wénhuà	(12)
意大利	Yìdàlì	(8)
印度	Yìndù	(6)
印度洋	Yìndù Yáng	(12)
永乐	Yǒnglè	(14)
玉皇大帝	Yùhuáng Dàdì	(14)

Z

芝加哥	Zhījiāgē	(2)
中亚	Zhōng Yà	(12)
周易	Zhōuyì	(7)
侏罗纪	Zhūluójì	(12)